CONFERÊNCIAS E DISCURSOS

OBRAS DO AUTOR PUBLICADAS PELA EDITORA RECORD

Romance
O estrangeiro
A morte feliz
A peste
O primeiro homem
A queda

Contos
O exílio e o reino

Teatro
Estado de sítio

Ensaio
O avesso e o direito
Bodas em Tipasa
Conferências e discursos – 1937-1958
O homem revoltado
A inteligência e o cadafalso
O mito de Sísifo
Reflexões sobre a guilhotina

Memórias
Diário de viagem

Coletânea
Camus, o viajante

ALBERT CAMUS
CONFERÊNCIAS E DISCURSOS

1937-1958

Tradução de
Clóvis Marques

1ª edição

EDITORA RECORD
RIO DE JANEIRO • SÃO PAULO
2023

CIP-BRASIL. CATALOGAÇÃO NA PUBLICAÇÃO
SINDICATO NACIONAL DOS EDITORES DE LIVROS, RJ

C218c   Camus, Albert, 1913-1960
           Conferências e discursos : 1937-1958 / Albert Camus ;
           tradução Clóvis Marques. - 1. ed. - Rio de Janeiro : Record, 2023.

           Tradução de: Conférences et discours : 1937-1958
           ISBN 978-65-5587-774-8

           1. Ensaios franceses. 2. Filosofia - Discursos, ensaios, conferências.
           I. Marques, Clóvis. II. Título.

23-84526   CDD: 845
                                        CDU: 82-5(44)

Meri Gleice Rodrigues de Souza - Bibliotecária - CRB-7/6439

Título original:
Conférences et discours

Copyright © Editions Gallimard, Paris, 2006, 2008 et 2017

Foto de capa: AFP / Getty Images

Texto revisado segundo o Acordo Ortográfico da Língua Portuguesa de 1990.

Todos os direitos reservados. Proibida a reprodução, no todo ou em parte, através de quaisquer meios. Os direitos morais do autor foram assegurados.

Direitos exclusivos desta edição reservados pela
EDITORA RECORD LTDA.
Rua Argentina, 171 - Rio de Janeiro, RJ - 20921-380 - Tel.: (21) 2585-2000.

Impresso no Brasil

ISBN 978-65-5587-774-8

Seja um leitor preferencial Record.
Cadastre-se em www.record.com.br
e receba informações sobre nossos
lançamentos e nossas promoções.

Atendimento e venda direta ao leitor:
sac@record.com.br

Nota à edição brasileira

A edição francesa de *Conferências e discursos* conta com notas de Albert Camus e do editor. As notas do autor foram marcadas com *, enquanto as notas da edição francesa, com números. Além disso, a edição brasileira conta com notas do tradutor e da revisão de tradução, ambas marcadas com letras minúsculas e identificadas com (*N. do T.*) e (*N. da R.*).

Sumário

Prefácio   9

Cultura nativa: a nova cultura mediterrânea (1937)   13
Defesa da inteligência (1945)   25
Palestra do Sr. Albert Camus [dirigida aos romenos]
(1945)   31
A crise do homem (1946)   34
Somos pessimistas? (1946)   59
Intervenção na mesa-redonda da associação
Civilisation (1946)   67
Mensagem lida por Jean Amrouche na Maison de
la Chimie (1946)   82
O descrente e os cristãos: conferência no Convento
de Latour-Maubourg (1946)   86
Espanha? Acho que já não sei falar dela...
(1946-1947)   110
Eu respondo... (1948)   113
Testemunha da liberdade (1948)   118
O tempo dos assassinos (1949)   130
A Europa da fidelidade (1951)   156

Conferência no Casal de Catalunya [Calendário da Liberdade: 19 de julho de 1936] (1951)	167
Albert Camus talks about the general election in Britain (1951)	177
Apelo em favor dos condenados à morte (1952)	186
A Espanha e a cultura (1952)	191
Pão e liberdade (1953)	200
Conferência na Mutualité [Calendário da Liberdade: 17 de junho de 1953] (1953)	213
O futuro da civilização europeia (1955)	222
Sobre o futuro da tragédia (1955)	253
A Espanha e o dom-quixotismo (1955)	271
Homenagem a um jornalista exilado (1955)	276
Por Dostoiévski (1955)	287
Apelo por uma trégua civil na Argélia (1956)	291
Poznań (1956)	305
O partido da liberdade: homenagem a Salvador de Madariaga (1956)	311
Mensagem aos jovens franceses em favor da Hungria (1956)	322
Kádár teve seu dia de medo (1957)	327
Mensagem aos escritores húngaros no exílio (1957)	337
Discurso de Estocolmo (10 de dezembro de 1957)	339
Conferência na Universidade de Uppsala (14 de dezembro de 1957)	346
O que devo à Espanha (1958)	372
Conferência na associação L'Algérienne (1958)	379

Prefácio

Este volume reúne os trinta e quatro textos conhecidos de palestras de Albert Camus, encerrando-se com a transcrição inédita de seu discurso no jantar oferecido na associação L'Algérienne, em Paris, no dia 13 de novembro de 1958. Com exceção da conversa de 1937 sobre "a nova cultura mediterrânea", esses discursos e conferências foram proferidos depois da guerra. A notoriedade do romancista, ensaísta, dramaturgo e editorialista na época faz com que seu ponto de vista sobre a situação do mundo e das consciências seja regularmente solicitado e esperado, na França e no exterior.

Mas Albert Camus no fundo não era um conferencista, prática que o expunha ao risco de ter de se pronunciar sobre temas nos quais não se sentia com competência nem legitimidade. "Não tenho idade para conferências", avisa ele em 1946. Apesar dessa ressalva, as declarações públicas seriam uma de suas formas de engajamento, sempre entre a constatação e o combate.

Em nenhum desses textos o escritor menciona ou cita qualquer de suas obras ou de seus personagens, como se a experiência do criador pouco tivesse em comum com a do orador eventual. Mas a questão do engajamento do artista de fato está no cerne dessas falas de tribuno, de "A crise do homem" (Nova York, 1946) aos famosos discursos da Suécia (Estocolmo e Uppsala, 1957). Não há solução de continuidade — é o que ele parece dizer-nos — entre o engajamento do cidadão e o engajamento do escritor, uma vez que este, por meio de sua própria obra, busca manter-se bem próximo de uma verdade humana mais que nunca exposta ao terror, à mentira, à abstração burocrática e ideológica, à injustiça. "O artista distingue, enquanto o conquistador nivela. O artista que vive e cria no nível da carne e da paixão sabe que nada é simples e que o outro existe." E essa carne pode ser feliz ou infeliz.

A revolta camusiana se situa no coração do absurdo, no reconhecimento simultâneo do destino comum e da liberdade individual. É a base dessas palestras. De uma conferência a outra, Albert Camus explicita e manifesta seu engajamento como homem, que visa a dar novamente voz, rosto e dignidade aos que foram privados delas em meio século de som e fúria, durante o qual o mau uso das palavras e o extremismo das ideias fizeram do homem um lobo de si mesmo. É preciso romper esse infernal movimento do pós-guerra, "transformar o ódio em desejo de justiça", "eliminar em si mesmo o veneno da morte". É esta a experiência geracional de que o escritor dá conta aqui.

Há uma "crise do homem". É preciso levá-la em conta, torná-la inteligível; e o orador empenha-se em fazê-lo, formulando e reformulando suas razões e seus sintomas, mesmo com o risco de se repetir. Porém o mais importante é solucioná-la, na esperança de que o homem possa reencontrar por si mesmo "esse gosto pelo humano, sem o qual o mundo sempre será apenas uma imensa solidão". Os artistas, os escritores têm seu papel a desempenhar, modesto mas necessário.

Para Albert Camus, existe um ofício de ser homem, que consiste em se opor à infelicidade do mundo para reduzir sua intensidade aos limites próprios de cada indivíduo. Sua autoridade de intelectual e seu percurso singular conferem às suas palavras um interesse especial, num mundo que já se globalizou — sobretudo por efeito dos totalitarismos e imperialismos. Albert Camus não limita seu engajamento às fronteiras nacionais; a Europa está no centro de suas preocupações, e mesmo de sua indignação, quando é a Europa de Franco e ninguém fica chocado. E Albert Camus sobe à tribuna quando seus irmãos da Europa Oriental são submetidos à opressão de um totalitarismo ensandecido, esmagando todas as liberdades no mais total desrespeito à pessoa humana e à justiça.

Mais que de cultura, é de civilização que se trata, além do sentimento fraterno que une os homens em luta contra seu destino. Delineia-se assim uma moral para si mesmo: esse ofício de ser homem é um aprendizado, uma disciplina do cotidiano e da vida inteira: "Gosto mais dos homens engajados do que das literaturas engajadas", escrevia ele em seus *Cadernos*. "Ter coragem na vida e talento nas obras já é alguma coisa."

Cultura nativa
A nova cultura mediterrânea

1937

Membro do Partido Comunista Argelino (PCA) desde o fim do verão de 1935, Albert Camus se lança na ação cultural fundando o Théâtre du travail [Teatro do Trabalho], companhia que dirige e na qual atua como adaptador, encenador e ator. Simultaneamente, torna-se secretário- -geral da Casa da Cultura de Argel, que promove projeções cinematográficas, concertos e conferências. É na inauguração dessa instituição, a 8 de fevereiro de 1937, que Albert Camus, então com 23 anos, profere a conferência que segue. O texto seria reproduzido no primeiro número do boletim da Casa da Cultura de Argel, Jeune Méditerranée, em abril de 1937. No outono do mesmo ano, Albert Camus se desliga do PCA.

I

A Casa da Cultura, que hoje se apresenta diante de vocês, pretende servir à cultura mediterrânea. Fiel aos preceitos gerais sobre Casas desse tipo, ela quer contribuir, no contexto regional, para a construção de uma cultura cuja existência e grandeza já não precisam ser demonstradas. Nesse sentido, talvez haja algo de surpreendente no fato de intelectuais de esquerda se colocarem a serviço de uma cultura que em nada parece interessar à causa que abraçaram, podendo mesmo, em certos casos, ter sido açambarcada por doutrinários de direita (como ocorreu com Maurras).[a]

De fato, pode parecer que servir à causa de um regionalismo mediterrâneo é restaurar um tradicionalismo vazio e sem futuro, ou exaltar a superioridade de uma cultura em relação a outra e — por exemplo, retomando o fascismo em sentido inverso — contrapor os povos latinos aos povos nórdicos. Temos aí um perpétuo mal-entendido. O objetivo desta conferência é tentar esclarecê-lo. Todo o erro vem do fato de se confundir Mediterrâneo com Latinidade e de se situar em Roma o que começou em Atenas. Para nós, é evidente que não se pode tratar de uma espécie de nacionalismo do sol. Não poderíamos

---

[a] Charles Maurras (1868-1952), escritor e político francês, fundador do movimento monarquista e reacionário Action Française. Destacou-se por uma militância nacionalista imbuída de tendências antissemitas e anticomunistas que influenciaram certas correntes do catolicismo francês. (*N. do T.*)

nos sujeitar a tradições e ligar nosso futuro vivo a realizações mortas. Uma tradição é um passado que falsifica o presente. O Mediterrâneo que nos cerca, pelo contrário, é uma região viva, cheia de jogos e sorrisos. Por outro lado, o próprio nacionalismo condenou-se por seus atos. Os nacionalismos sempre surgem na história como sinais de decadência. Quando o vasto edifício do Império Romano desmorona, quando se fragmenta sua unidade espiritual, da qual tantas regiões diferentes extraíam razão de viver, só então, na hora da decadência, surgem as nacionalidades. Desde então, o Ocidente não recuperou mais a unidade. No momento atual, o internacionalismo tenta conferir-lhe verdadeiro sentido e vocação. No entanto, o princípio já não é cristão, já não se trata da Roma papal do Sacro Império. O princípio é o homem. A unidade já não está na crença, mas na esperança. Uma civilização só é duradoura na medida em que, abolidas as nações, sua unidade e sua grandeza venham de um princípio espiritual. A Índia, quase tão grande quanto a Europa, sem nações, sem soberano, preservou fisionomia própria, mesmo depois de dois séculos de dominação inglesa.

Por isso, antes de qualquer outra consideração, rejeitaremos o princípio de nacionalismo mediterrâneo. Por outro lado, não se pode falar de superioridade da cultura mediterrânea. O homem se expressa em sintonia com seu país. E a superioridade, no terreno da cultura, reside apenas nessa sintonia. Não existe cultura maior ou menor. Existem culturas mais verdadeiras ou menos verdadeiras. Queremos apenas ajudar um país a se expressar. Localmente. Nada mais. A verdadeira pergunta: é factível uma nova cultura mediterrânea?

II
Evidências

a) Existe um mar Mediterrâneo, uma bacia que interliga uma dezena de países. Os homens que cantam em altos brados nos cafés da Espanha, os que vagam no porto de Gênova, nos cais de Marselha, a raça curiosa e forte que vive no nosso litoral, todos saíram da mesma família. Quando viajamos pela Europa, se descemos em direção à Itália ou à Provença, é com um suspiro de alívio que voltamos a encontrar gente que se veste com negligência, uma vida forte e colorida que todos conhecemos. Passei dois meses na Europa Central, entre a Áustria e a Alemanha, perguntando-me de onde vinham aquele estranho incômodo que pesava em meus ombros, a inquietação surda que tomava conta de mim. Entendi faz pouco tempo. Aquelas pessoas estavam sempre abotoadas até o pescoço. Não sabiam o que é descontrair-se. Não sabiam o que é alegria, tão diferente do riso. Mas é com detalhes assim que podemos dar um sentido válido à palavra Pátria. A Pátria não é a abstração que empurra os homens para o massacre, mas certo gosto pela vida que é comum a certos seres, pelo qual podemos nos sentir mais próximos de um genovês ou de um maiorquino do que de um normando ou de um alsaciano. O

Mediterrâneo é isso, esse cheiro ou esse perfume que seria inútil tentar exprimir: todos nós o sentimos na pele.

b) Há outras evidências, estas de caráter histórico. Toda vez que uma doutrina se encontrou com a bacia mediterrânea, no choque de ideias que se seguiu foi sempre o Mediterrâneo que se manteve intacto, a terra que venceu a doutrina. Em sua origem, o cristianismo era uma doutrina tocante, porém fechada, judaica antes de mais nada, ignorando as concessões, dura, excludente e admirável. Do seu encontro com o Mediterrâneo saiu uma nova doutrina: o catolicismo. Ao conjunto de aspirações sentimentais do início somou-se uma doutrina filosófica. O monumento foi concluído, embelezado — adaptou-se ao homem. Graças ao Mediterrâneo, o cristianismo pôde entrar no mundo e dar início à carreira miraculosa que conhecemos.

É também um mediterrâneo, Francisco de Assis, que faz do cristianismo, todo interiorizado e atormentado, um hino à natureza e à alegria ingênua. E a única tentativa de separação entre o cristianismo e o mundo deve-se a um nórdico, Lutero. O protestantismo é propriamente o catolicismo arrancado ao Mediterrâneo e à sua influência ao mesmo tempo nefasta e estimulante.

Olhemos mais de perto ainda. Para quem viveu tanto na Alemanha quanto na Itália, é evidente que o fascismo não tem o mesmo rosto nos dois países. Na Alemanha, podemos senti-lo em toda parte, nos rostos, nas ruas das cidades. Dresden, cidade militar, sufoca debaixo de um inimigo invisível. O que se sente antes de mais nada na Itália é o país. O que se vê no primeiro contato com um alemão é o hitlerista que nos diz bom-dia dizendo: *"Heil Hitler!"* No italiano, é o homem afável e alegre. Também aqui a doutrina parece ter recuado ante o país — e é um milagre do Mediterrâneo permitir que homens que pensam humanamente vivam sem opressão num país de lei desumana.

III

Mas essa realidade viva que é o Mediterrâneo nada tem de novo para nós. E parece que essa cultura é a imagem da antiguidade latina que o Renascimento, atravessando a Idade Média, tentou reencontrar. É essa latinidade que Maurras e seus seguidores tentam anexar. Foi em nome dessa ordem latina que, na questão da Etiópia,[a] vinte e quatro intelectuais do Ocidente assinaram um manifesto degradante que exaltava a obra civilizatória da Itália na Etiópia bárbara.

Não. Não é esse Mediterrâneo que a nossa Casa da Cultura reivindica. Pois não é o verdadeiro. Esse é o Mediterrâneo abstrato e convencional representado por Roma e pelos romanos. Esse povo de imitadores sem imaginação imaginou, apesar disso, que poderia substituir pelo gênio guerreiro o gênio artístico e o sentido da vida que lhe faltavam. E essa ordem que tanto se glorifica foi a ordem imposta pela força, e não a que respira na inteligência.

---

[a] Referência ao debate ocorrido na França em torno da ocupação da Etiópia pelas forças italianas, ocorrida a partir de 1935. (*N. do T.*)

No próprio ato de copiá-la, eles a desvigoraram. E nem sequer foi o gênio essencial da Grécia que imitaram, mas os frutos de sua decadência e dos seus erros. Não a Grécia forte e dura dos grandes trágicos ou dos grandes cômicos, mas a boniteza e a afetação dos últimos séculos. Não foi a vida que Roma extraiu da Grécia, mas a abstração pueril e raciocinante. O Mediterrâneo está em outro lugar. Ele é a própria negação de Roma e do gênio latino. Vivo, não precisa da abstração. E podemos convir com o Sr. Mussolini que ele é o digno continuador dos Césares e dos Augustos antigos, se entendermos com isto que, como estes, ele sacrifica a verdade e a grandeza à violência sem alma.

Não é o gosto pelo raciocínio e pela abstração que reivindicamos no Mediterrâneo, mas sua vida — pátios, ciprestes, réstias de pimenta —, Ésquilo e não Eurípides — os Apolos dóricos e não as cópias do Vaticano. É a Espanha, sua força e seu pessimismo, e não as fanfarronices de Roma — as paisagens abrasadas pelo sol e não os cenários de teatro em que um ditador se embriaga com a própria voz e subjuga multidões. O que nós queremos não é a mentira que triunfou na Etiópia, mas a verdade que está sendo assassinada na Espanha.

IV

Bacia internacional em que se cruzam todas as correntes, o Mediterrâneo, de todas as regiões, talvez seja a única que vai ao encontro dos grandes pensamentos orientais. Pois ele não é clássico nem ordenado, é difuso e turbulento, como os bairros árabes ou os portos de Gênova e da Tunísia. Esse gosto triunfante pela vida, esse senso do abrasamento e tédio, as praças desertas ao meio-dia na Espanha, a sesta, é esse o verdadeiro Mediterrâneo, e é do Oriente que ele se aproxima. Não do Ocidente latino. O norte da África é uma das únicas regiões em que o Oriente e o Ocidente coabitam. Nessa confluência não há diferença entre a maneira como vivem um espanhol e um italiano do porto de Argel e os árabes que os cercam. O que há de mais essencial no gênio mediterrâneo talvez brote desse encontro, único na história e na geografia, entre o Oriente e o Ocidente. (A esse respeito, não podemos deixar de remeter a Audisio.)[a]

Essa cultura, essa verdade mediterrânea, existe e se manifesta em todos os pontos: 1º unidade linguística — facilidade de aprender uma língua latina quando se conhece outra; 2º unidade de origem — prodigioso coletivismo da Idade Média — ordem dos cavaleiros, ordem dos religiosos, feudalismo etc. Em todos esses pontos, o Mediterrâneo nos dá a imagem de uma civilização viva e multicolorida, concreta, transformando as doutrinas à sua imagem — e recebendo as ideias sem mudar sua própria natureza.

Mas então, perguntarão, por que ir mais longe?

---

[a] Walter Audisio (1909-1973), político antifascista italiano de ativa participação na resistência ao regime de Benito Mussolini, que viria a ser o responsável pelo tiro que matou o dirigente fascista capturado no fim da Segunda Guerra Mundial. (*N. do T.*)

V

É que a mesma região que transformou tantas doutrinas precisa transformar as doutrinas atuais. Um coletivismo mediterrâneo será diferente de um coletivismo russo propriamente dito. A partida do coletivismo não está sendo jogada na Rússia: ela se joga na bacia mediterrânea e na Espanha no presente momento. É verdade que a partida do homem está sendo jogada há muito tempo, mas talvez seja aqui que ela atingiu maior tragicidade e que tantos trunfos se concentram em nossas mãos. Temos diante dos olhos realidades que são mais fortes que nós. Nossas ideias se curvarão e se adaptarão a elas. Por isso nossos adversários se enganam em suas objeções. Não temos o direito de prejulgar o destino de uma doutrina e de julgar nosso futuro em nome do passado, ainda que seja o da Rússia.

Nossa tarefa aqui mesmo é reabilitar o Mediterrâneo, retomá-lo àqueles que o reivindicam injustamente e prepará-lo para receber as formas econômicas que o aguardam. É descobrir o que há de concreto e vivo nele e, em todas as oportunidades, favorecer a diversidade dessa cultura. Estamos tanto mais preparados para essa tarefa por estarmos em contato direto com esse Oriente que tanto pode nos ensinar a respeito. Estamos aqui com o Mediterrâneo, contra Roma. E o papel essencial que pode ser desempenhado por cidades como Argel e Barcelona é servir, com sua pequena contribuição, a esse aspecto da cultura mediterrânea que favorece o homem em vez de esmagá-lo.

VI

O papel do intelectual é difícil em nossa época. Não é a ele que cabe modificar a história. Digam o que disserem, primeiro são feitas as revoluções, e as ideias vêm em seguida. Por isso, é necessária grande coragem hoje em dia para se declarar fiel às coisas do intelecto. Mas pelo menos essa coragem não é inútil. Se tanto desprezo e tanta reprovação estão ligados à denominação de intelectual, é por nela estar implicada a ideia do senhor discutidor e abstrato, incapaz de se vincular à vida, preferindo sua personalidade ao restante do mundo. Para aqueles que não querem fugir às suas responsabilidades, contudo, a tarefa essencial é reabilitar a inteligência regenerando a matéria que ela trabalha, devolver ao intelecto todo o seu verdadeiro sentido, restituindo à cultura seu verdadeiro rosto de saúde e de sol. E eu dizia que essa coragem não é inútil. Pois, de fato, se não cabe à inteligência modificar a história, sua tarefa específica será então agir sobre o homem, que, por sua vez, faz a história. Para essa tarefa, temos uma contribuição a dar. Queremos vincular a cultura à vida. O Mediterrâneo, que nos cerca de sorrisos, sol e mar, nos dá essa lição. Xenofonte conta, em sua "Retirada dos dez mil", que os soldados gregos que se aventuraram na Ásia, voltando à sua terra, morrendo de fome e sede, desesperados por tantos fracassos e humilhações, chegaram ao alto de uma montanha, de onde viram o mar. Começaram então a dançar, esquecendo o cansaço e a repulsa ante o espetáculo de toda a sua vida. Nós tampouco queremos nos separar do mundo. Existe apenas uma cultura. Não aquela que se nutre de abstrações e maiúsculas. Não aquela que condena. Não a que justifica os abusos e os mortos da Etiópia e legitima o gosto pela conquista brutal. Essa nós conhecemos bem e dela não queremos saber. Mas a cultura que vive na árvore, na colina e nos homens.

Por isso é que algumas pessoas de esquerda se apresentam hoje diante dos senhores, para servir a uma causa que à primeira vista nada tinha a ver com suas opiniões. Eu gostaria que, como nós, os senhores se convençam agora do contrário. Tudo que é vivo é nosso. A política é feita para os homens, e não os homens para a política. Para homens mediterrâneos é necessária uma política mediterrânea. Não queremos viver de fábulas. No mundo de violência e morte que nos cerca, não há lugar para a esperança. Mas talvez haja lugar para a civilização, a verdadeira, aquela que dá precedência à verdade sobre a fábula, à vida sobre o sonho. E essa civilização dispensa a esperança. Nela, o homem vive de suas verdades.*

É a esse esforço conjunto que devem dedicar-se os homens do Ocidente. No contexto do internacionalismo, a coisa é factível. Se cada um, em sua esfera, em seu país, em sua província, aceitar um trabalho modesto, o sucesso não estará longe. Quanto a nós, conhecemos nosso objetivo, nossos limites e possibilidades. Precisamos apenas abrir os olhos para ter consciência de nossa tarefa: mostrar que a

---

* Eu falava de uma nova civilização e não de um progresso na civilização. Seria perigoso demais brincar com esse brinquedo maligno chamado Progresso.

cultura só pode ser compreendida quando posta a serviço da vida, que o intelecto pode não ser inimigo do homem. Assim como o sol mediterrâneo é o mesmo para todos os homens, o esforço da inteligência humana deve ser um patrimônio comum, e não fonte de conflitos e homicídios.

Uma nova cultura mediterrânea conciliável com nosso ideal social seria factível? Sim. Mas cabe a nós e aos senhores contribuir para essa realização.

Defesa da inteligência

1945

Depois de quatro anos de interrupção durante a guerra, Temps présent[a] volta a ser publicado no fim de agosto de 1944. Em 15 de março de 1945, sob a égide da associação Amitié française, o semanário católico convida a "juventude intelectual" a se reunir no salão da Mutualité em Paris. Albert Camus fala nessa reunião, que também tem, entre os oradores, Stanislas Fumet, diretor de Temps présent, André Mandouze, Emmanuel Mounier e Maurice Schumann. Publicada no fim de 1945 no primeiro número da revista Variété, "Defesa da inteligência" seria retomada por Albert Camus no primeiro volume de sua coletânea Atuais (1950), na rubrica "Pessimismo e tirania".

---

[a] Semanário de reflexão intelectual e militante de uma corrente do catolicismo contrária ao conservadorismo político e a toda forma de totalitarismo. Publicado a partir de 1937, deixou de sair com a ocupação da França pelas forças nazistas. (N. do T.)

Se a amizade francesa, nosso tema, fosse uma simples efusão sentimental entre pessoas com afinidades, eu não lhe daria grande valor. Seria o mais fácil, mas seria o menos útil. E suponho que as pessoas que tomaram essa iniciativa quisessem outra coisa, uma amizade mais difícil, que fosse uma construção. Para não sermos tentados a ceder à facilidade e nos contentar com congratulações recíprocas, eu gostaria simplesmente, nos dez minutos que me são concedidos, de mostrar as dificuldades da empreitada. Deste ponto de vista, eu não saberia fazer nada melhor do que falar daquilo que sempre se opõe à amizade, e me refiro à mentira e ao ódio.

Com efeito, nada faremos pela amizade francesa se não nos livrarmos da mentira e do ódio. Em certo sentido, é verdade que ainda não nos livramos deles. Frequentamos sua escola por tempo demasiado. E a derradeira e mais duradoura vitória do hitlerismo talvez sejam essas marcas vergonhosas deixadas exatamente no coração daqueles que o combateram com todas as forças. E como poderia ser de outra maneira? Há anos este mundo está entregue a uma irrupção de ódio sem precedente. Durante quatro anos, aqui mesmo em nosso país, assistimos ao exercício consciente desse ódio. Pessoas como vocês e eu, que pela manhã acariciavam crianças no metrô, à noite se transformavam em carrascos meticulosos. Tornavam-se funcionários do ódio e da tortura. Durante quatro anos, esses funcionários puseram sua administração em funcionamento: nela se construíam aldeias de órfãos, fuzilavam-se homens em pleno rosto para que não fossem reconhecidos, calcavam-se com tacões cadáveres de crianças, para que coubessem em caixões pequenos demais para elas, torturava-se o irmão diante da irmã, plasmavam-se covardes e destruíam-se as almas mais altivas. Parece que essas histórias não merecem crédito no exterior. Mas durante quatro anos foi necessário que merecessem crédito em nossa carne e nossa angústia. Durante quatro anos, toda manhã, cada francês recebia uma ração de ódio e uma bofetada. Era o momento em que abria o jornal. Inevitavelmente ficou alguma coisa de tudo isso.

Ficou-nos o ódio. Ficou-nos esse movimento que outro dia, em Dijon, atirava uma criança de 14 anos contra um colaboracionista linchado, para lhe arrebentar o rosto. Ficou-nos essa fúria que nos queima a alma sempre que nos lembramos de certas imagens e certos rostos. Ao ódio dos carrascos respondeu o ódio das vítimas. E, quando os carrascos se foram, os franceses ficaram com seu ódio em parte não empregado. Olham-se ainda com um resto de raiva.

Pois bem, é isto que precisamos vencer antes de mais nada. Precisamos curar esses corações envenenados. E, amanhã, a vitória mais difícil sobre o inimigo deverá ser travada em nós mesmos, com o esforço supremo que transformará nosso apetite de ódio em desejo de justiça. Não ceder ao ódio, nada conceder à violência, não admitir que nossas paixões se tornem cegas, eis o que ainda podemos fazer pela amizade e contra o hitlerismo. Ainda hoje, em alguns jornais, há quem se entregue à violência e ao insulto. Mas, nesse caso, é ainda ao inimigo que estamos cedendo.

Pelo contrário, é importante que jamais deixemos a crítica chegar ao insulto, reconhecer que nosso contraditor pode ter razão e que, em todo caso, suas razões, ainda que ruins, podem ser desinteressadas. O importante, enfim, é refazer nossa mentalidade política. O que significa isto, se pensarmos bem? Significa que devemos preservar a inteligência. Pois estou convencido de que o problema está aí. Anos atrás, quando os nazistas acabavam de tomar o poder, Göring dava uma ideia clara da filosofia deles, ao declarar: "Quando ouço a palavra cultura, saco o revólver." E essa filosofia extravasava da Alemanha. Simultaneamente, em toda a Europa civilizada, eram denunciados os excessos da intelectualidade e as taras do intelectual. Os próprios intelectuais, numa interessante reação, não eram os últimos a fazer essas acusações. Por todo lado triunfavam as filosofias do instinto e, com elas, o romantismo de baixa extração que prefere sentir a compreender, como se as duas coisas pudessem ser separadas. Desde então, não se parou de questionar os intelectuais. Veio a guerra, depois a derrota. O governo de Vichy nos ensinou que a grande responsável era a inteligência. Os camponeses tinham lido Proust demais. E todo mundo sabe que *Paris-Soir*,[1] Fernandel e os banquetes das associa-

---

[1] Ao chegar a Paris no início de 1940, Camus trabalhou temporariamente como secretário de redação no diário *Paris-Soir*. Depois do êxodo de junho de 1940, ele se desligou do periódico sem ter publicado um único artigo. *Combat*, jornal de que Camus se tornou redator-chefe em 1944, se apresentou como contramodelo da imprensa de antes da guerra, considerada por Camus sensacionalista e comprometida; ele via em *Paris-Soir* a encarnação dessa tendência.

ções de amigos eram sinais de inteligência. A mediocridade das elites, que estava matando a França, parece que tinha origem nos livros.

Ainda hoje, a inteligência é maltratada. O que prova apenas que o inimigo ainda não foi vencido. E é só fazermos um esforço de compreensão sem ideias preconcebidas, é só falarmos de objetividade, para que nossa sutileza seja criticada e todas as nossas intenções, condenadas. Pois bem: não! E é isso que precisa ser mudado. Conheço, como todo mundo, os excessos do intelecto e sei, como todo mundo, que o intelectual é um animal perigoso que trai facilmente. Mas trata-se neste caso de uma intelectualidade que não é a boa. De nossa parte, estamos falando daquela que se escora na coragem, daquela que durante quatro anos pagou o preço necessário para ter o direito de ser respeitada. Quando essa inteligência se apaga, o que se tem é a noite das ditaduras. Por isso precisamos preservá-la em todos os seus deveres e todos os seus direitos. É a esse preço, e só a esse preço, que a amizade francesa fará sentido. Pois a amizade é a ciência dos homens livres. E não há liberdade sem inteligência e compreensão recíprocas.

Para concluir, é a vocês, estudantes, que vou me dirigir agora. Não sou desses que vêm para lhes pregar a virtude. Já são muitos os franceses que a confundem com anemia. Se tivesse algum direito nesse sentido, eu preferiria pregar as paixões. Mas gostaria que, em um ou dois pontos, aqueles que constituirão a intelectualidade francesa de amanhã pelo menos estejam decididos a jamais ceder. Gostaria que não cedessem quando lhes dissessem que os intelectuais sempre estão de mais, quando quisessem lhes provar que é permitido mentir para ter mais êxito. Gostaria que não cedessem a artimanhas nem à violência nem ao desânimo. Talvez então seja possível uma amizade francesa que não seja apenas inútil falatório. Talvez então, numa nação livre e apaixonada pela verdade, o ser humano volte a ter gosto pelo humano, sem o que o mundo sempre será apenas uma imensa solidão.

Palestra do Sr. Albert Camus
[dirigida aos romenos]
1945

Quando Albert Camus dirige esta mensagem aos romenos, a Romênia passa por grave crise política. Sob pressão comunista, o governo de união nacional, estabelecido em agosto de 1944 depois do esmagamento das tropas alemãs e romenas pelo Exército Vermelho, renuncia em outubro para dar lugar a um governo pró-soviético liderado por Petru Groza. Depois das eleições de 1946 e da abdicação do rei Miguel I em 1947, a Romênia torna-se uma democracia popular sob tutela de Moscou. Não conhecemos as condições em que a mensagem de Camus foi difundida. É possível que Pierre Kauffmann e Serge Karski, enviados sucessivamente à Romênia pelo jornal Combat, *do qual Camus é na época redator-chefe, tenham servido de contato* in loco *para a radiodifusão do texto.*

O francês que lhes fala hoje não tem outra autoridade para se dirigir a vocês além do fato de ter sido, durante quatro anos, cidadão de um país subjugado e humilhado, como também foi a Romênia. Não é, portanto, por meio de uma linguagem oficial que me expressarei hoje, nem da confidência pessoal que poderiam permitir-se personalidades de maior destaque. Mas me parece que posso falar como um dos milhões de seres aparentemente anônimos que compuseram o povo francês sob a opressão.

Sei, como todos em meu país, dos elos que sempre ligaram a Romênia e a França. Mas esses elos, que se traduziam na linguagem das chancelarias ou dos discursos acadêmicos, sempre me pareceram um pouco abstratos. Se fosse o caso de falar apenas deles, eu não teria o que lhes dizer. Mas há quatro anos existe uma comunidade europeia em que o povo francês e o povo romeno estabeleceram outros vínculos: é uma comunidade de sofrimentos. É aqui que posso falar.

Não tenho gosto por precauções oratórias. E por isso direi, como de fato penso, que a Romênia e a França ingressaram ao mesmo tempo na vergonha e dela saíram ao mesmo tempo. É o que constitui nossa semelhança e nosso destino comum. E é o que deve nos ajudar a nos entender melhor. Pois, se a vergonha e a revolta compartilhadas não aproximam os povos, então é porque nada neste mundo pode aproximá-los, e eles estão fadados à solidão eterna.

Mal saída da noite da opressão, a Europa é forçada a reconhecer sua solidariedade. Sabemos agora que tudo que ameaça a liberdade romena ameaça a liberdade francesa e, inversamente, tudo que afeta um francês atinge ao mesmo tempo os homens livres da Romênia. Sabemos que nos salvaremos juntos, com todos os outros povos da Europa, ou pereceremos juntos. O que é bom. O que não soubemos fazer nos dias em que a inteligência era livre e feliz, faremos talvez depois de todos esses anos em que ela foi insultada e perdeu as esperanças.

Sei que, no seu país, há quem fique preocupado com a França, guardando a lembrança de sua grandeza. Sei que essas pessoas se perguntam: "O que ela está fazendo? O que vai fazer?" É uma pergunta à qual não posso responder. Os franceses da minha geração, quando pensam no próprio país, sentem uma angústia que não podem compartilhar com ninguém. Mas pelo menos posso lhes dizer do que é que estamos convencidos. Estamos convencidos de que a França e com ela a Europa não se recuperarão do dia para a noite. Sabemos que é mais fácil perder a grandeza política do que conquistá-la. Mas também sabemos que há grandezas que são de todos os tempos, embora não sejam alcançadas sem dificuldade.

São essas grandezas que nos põem a caminho, pois não se baseiam no ódio nem na opressão. São as grandezas da justiça e da liberdade. Nós, que tanto detestamos a injustiça, nós, que ardemos na esperança da liberdade durante tantos anos, não queremos um país oprimido e tampouco um país injusto. Essas grandezas, amigos romenos, parece-me que vocês e a Europa inteira podem compartilhá-las livremente conosco.

A crise do homem

1946

Na primavera de 1946, Albert Camus é convidado pelas Relações Culturais do Ministério das Relações Exteriores a dar uma série de conferências na América do Norte. Durante a viagem de navio, redige "A crise do homem", que é lida em público pela primeira vez em 28 de março de 1946, durante um evento na Universidade Columbia, em que também tomam a palavra Vercors e Thimerais.[a] *Camus voltaria a dar essa conferência durante sua estada nos Estados Unidos, em versão ligeiramente ampliada, cujo original datilografado*

---

[a] Pseudônimos de autores franceses que participaram da Resistência à ocupação alemã durante a Segunda Guerra Mundial e da fundação da Éditions de Minuit, que publicou clandestinamente trabalhos seus e de outros escritores nesse período. Jean Bruller (1902-1991) assinava Vercors em referência ao maciço dos Alpes ocidentais, no sudeste da França, onde se reuniam resistentes. Seu primeiro e mais conhecido romance foi publicado nessa época, *Le Silence de la mer* [O silêncio do mar]. Léon Mochtane (1900-1990), nascido em família russa e suíça em São Petersburgo, era um industrial e matemático que publicou ainda em 1943 um livro, *La Pensée patiente* [O pensamento paciente], sobre as condições da volta à normalidade depois da guerra. Seu pseudônimo, Thimerais, remete a outra região de atividade da Resistência, no norte da França. (*N. do T.*)

foi descoberto recentemente nos arquivos de Dorothy Norman (Beinecke Library, Universidade Yale). É essa versão do texto que reproduzimos aqui. A redatora-chefe da revista Twice a Year, Dorothy Norman, publica "A crise do homem" no fim de 1946 em tradução inglesa de Lionel Abel.

Senhoras e senhores,

Quando me convidaram a fazer conferências nos Estados Unidos da América, fui tomado por escrúpulos e hesitações. Não tenho idade para conferências e me sinto mais à vontade na reflexão do que na afirmação categórica, pois não me sinto de posse daquilo que se costuma chamar de verdade. Tendo manifestado meus escrúpulos, responderam-me com toda polidez que o importante não era eu ter uma opinião pessoal. O importante era estar em condições de fornecer, sobre a França, alguns elementos de informação que permitissem ao auditório formar uma opinião. Propuseram-me então que informasse meus ouvintes sobre o atual estado do teatro francês, da literatura e mesmo da filosofia. Respondi que talvez fosse também interessante falar do extraordinário esforço dos ferroviários franceses ou da maneira como os mineiros do Norte trabalham atualmente. Observaram, com pertinência, que nunca se deve exigir demais de si próprio e que é melhor que as especialidades sejam tratadas por quem tenha competência para tal. Há muito tempo interessado pelas questões literárias, ao passo que certamente eu nada conhecia das operações de agulhagem ferroviária, era natural que me pusessem para falar de literatura, e não das ferrovias.

Dessa vez entendi. O que interessava, em suma, era que eu falasse do que conhecia e desse uma ideia da França. Exatamente por isso decidi não falar de literatura nem de teatro. Pois a literatura, o teatro, a filosofia, a pesquisa intelectual e o esforço de todo um povo são apenas reflexos de uma indagação fundamental, de uma luta pela vida e pelo homem que entre nós constitui, no momento, todo o problema. Os franceses sentem que o homem continua ameaçado e também sentem que não poderão continuar a viver se certa ideia de homem não for salva da crise em que o mundo se debate. Então, por fidelidade ao meu país, decidi falar da crise do homem. E, como se tratava de falar do que conheço, achei que o melhor seria reconstituir o mais claramente possível a experiência intelectual dos homens da minha geração, pois essa experiência teve toda a dimensão da crise mundial e pode contribuir com um pequeno vislumbre tanto sobre o destino absurdo quanto sobre um aspecto da sensibilidade francesa de hoje.

Gostaria em primeiro lugar de situar essa geração. As pessoas da minha idade na França e na Europa nasceram pouco antes ou ao longo da primeira Grande Guerra, chegaram à adolescência no momento da crise econômica mundial e tinham 20 anos no ano em que Hitler tomou o poder. Para completar sua formação, foi-lhes oferecida, a seguir, a guerra da Espanha, Munique, a guerra de 1939, a derrota e quatro anos de ocupação e lutas clandestinas. Suponho, então, que é o que se pode chamar de geração interessante. E, por causa disso, eu tive motivos para pensar que será mais instrutivo para os senhores que eu deixe de falar em meu nome pessoal e fale em nome de certo número de franceses que hoje têm 30 anos e formaram sua inteligência e seu coração durante os anos terríveis em que, junto com seu país, alimentaram-se de vergonha e viveram de revolta.

Sim, é uma geração interessante, para começar porque, diante do mundo absurdo que os mais velhos forjavam, ela não acreditava em nada e vivia na revolta. A literatura de seu tempo estava em revolta contra a clareza, a narrativa e a própria frase. A pintura estava em revolta contra o tema, a realidade e a simples harmonia. A música recusava a melodia. Quanto à filosofia, ensinava que não há verdade, mas apenas fenômenos, que pode haver Mr. Smith, M. Durand, Herr Vogel, mas nada há em comum entre esses três fenômenos particulares. A atitude moral dessa geração era ainda mais categórica: o nacionalismo parecia-lhe uma verdade ultrapassada; a religião, um exílio; vinte e cinco anos de política internacional lhe haviam ensinado a duvidar de todas as purezas e a achar que ninguém nunca está errado, visto que todos podem ter razão. Quanto à moral tradicional de nossa sociedade, parecia-nos o que nunca deixou de ser, ou seja, uma monstruosa hipocrisia.

Portanto, vivíamos na negação. Naturalmente, não era uma novidade. Outras gerações, outros países viveram essa experiência em outros períodos da História. Mas o que há de novo é que essas mesmas pessoas, alheias a todos os valores, tiveram de ajustar sua posição pessoal em relação ao homicídio e ao terror. Foi então que tiveram de pensar que talvez houvesse uma crise do homem, porque tiveram de viver na mais dilacerante das contradições. Pois de fato entraram na guerra como se entra no inferno, se for verdade que o inferno é a renegação. Não gostavam da guerra nem da violência; tiveram de aceitar a guerra e exercer a violência. O único ódio que tinham era ao ódio. Mas precisaram aprender essa difícil ciência. Em plena contradição consigo, sem disporem de qualquer valor tradicional, tiveram de resolver o mais doloroso dos problemas que jamais se apresentou aos homens. Temos então, de um lado, uma geração singular, tal como acabo de defini-la, e, do outro, uma crise com a dimensão do mundo e da consciência humana que eu gostaria agora de caracterizar o mais claramente possível.

O que afinal é essa crise? Muito bem, em vez de caracterizá-la no sentido genérico, gostaria de ilustrá-la inicialmente com quatro histórias breves de um tempo que o mundo começou a esquecer, mas que ainda nos queima o coração.

1) No prédio da Gestapo de uma capital europeia, depois de uma noite de interrogatório, dois acusados, ainda ensanguentados, estão amarrados enquanto a diligente zeladora do edifício vai fazendo diligentemente a limpeza, com o coração em paz, pois decerto já tomou o café da manhã. À reclamação de um dos torturados ela responde

indignada com uma frase que, traduzida em francês, daria mais ou menos o seguinte: "Nunca me meto no que fazem os inquilinos."

2) Em Lyon, um dos meus companheiros é tirado de sua cela para um terceiro interrogatório. Como suas orelhas foram rasgadas num interrogatório anterior, ele está com uma atadura ao redor da cabeça. O oficial alemão que o conduz é o mesmo que já assistiu às duas primeiras sessões e, no entanto, pergunta com um toque de afetação e solicitude na voz: "E então, como vão essas orelhas?"

3) Na Grécia, depois de uma operação dos resistentes, um oficial alemão se prepara para mandar fuzilar três irmãos que tomou como reféns. A velha mãe se atira a seus pés, e ele concorda em poupar um só, desde que ela mesma escolhesse. Como ela não conseguia se decidir, eles são postos na mira do pelotão. Ela escolheu o mais velho, por ser arrimo de família, mas com isso condenou os outros dois, como queria o oficial alemão.

4) Um grupo de mulheres deportadas, entre as quais está uma das nossas companheiras, é repatriado para a França passando pela Suíça. Mal entraram no território suíço, elas se deparam com um enterro laico. E essa simples visão é suficiente para fazê-las cair numa gargalhada histérica: "É assim que os mortos são tratados aqui", dizem.

Se escolhi essas histórias, não foi pelo caráter sensacional. Sei que é preciso poupar a sensibilidade do mundo, que quase sempre prefere fechar os olhos para preservar sua tranquilidade. Foi porque elas me permitem responder de outra maneira que não um "sim" convencional à pergunta:

"Há uma crise do homem?" Elas me permitem responder como responderam todos aqueles de que eu falava: sim, há uma crise do homem, porque em nosso mundo a morte ou a tortura de um ser humano pode ser contemplada com um sentimento de indiferença ou de interesse amistoso, ou de experimentação, ou de simples passividade. Sim, há uma crise do homem, porque a morte de um ser humano pode ser encarada de outra maneira que não o horror e o escândalo que deveria provocar, porque a dor humana é aceita como um serviço algo tedioso, assim como a busca do sustento ou a obrigação de fazer fila para conseguir um ínfimo grama de manteiga.

E nesse aspecto seria fácil demais acusar apenas Hitler e dizer que, morta a besta, desapareceu o veneno. Pois sabemos muito bem que o veneno não desapareceu, que todos o trazemos no coração e que isso é sentido na maneira como as nações, os partidos e os indivíduos ainda se olham com um resto de cólera. Sempre achei que uma nação está estreitamente associada tanto a seus traidores quanto a seus heróis. Mas uma civilização, e em particular a civilização branca, é responsável tanto por suas perversões quanto por seus sucessos. Desse ponto de vista, estamos todos estreitamente associados ao hitlerismo e devemos buscar as causas mais gerais que tornaram possível esse pavoroso mal que começou a corroer o rosto da Europa.

Vamos tentar então, com a ajuda das quatro histórias que contei, enumerar os sintomas mais claros dessa crise. São eles, para começar:

1) Ascensão do terror consecutiva a uma perversão dos valores de tal ordem que um homem ou uma força histórica não eram julgados em função de sua dignidade, mas em função de seu sucesso. A crise moderna consiste no fato de que nenhum ocidental está seguro de seu futuro imediato e de que todos vivem com a angústia mais ou menos clara de estar sendo triturados de uma maneira ou de outra pela História. Se não quisermos que esse miserável, esse Jó dos Tempos Modernos, pereça pela ação de suas chagas, chafurdando no próprio esterco, será necessário antes de mais nada extinguir essa hipoteca do medo e da angústia para que ele reencontre a liberdade da mente, sem a qual não resolverá nenhum dos problemas que se apresentam à consciência moderna.

2) Em segundo lugar, essa crise se baseia na impossibilidade da persuasão. Os homens vivem e só podem viver com a ideia de que têm algo em comum, que sempre funcione como ponto de encontro. Sempre acreditamos que, se nos dirigirmos humanamente a um ser humano, poderemos obter dele reações humanas. Ora, nós descobrimos o seguinte: há pessoas que não é possível convencer. Era impossível a uma vítima dos campos de concentração ter a esperança de explicar aos SS que a espancavam que não deviam fazê-lo. A mãe grega de que falei não podia convencer o oficial alemão de que não estava certo impor-lhe o dilema atroz em que a colocava. É que o SS ou o oficial alemão já não representava um homem nem os homens, mas um instinto elevado à altura de ideia ou teoria. Teria

sido preferível a paixão, mesmo assassina. Pois a paixão acaba, e outra paixão, outro grito proveniente da carne ou do coração pode convencê-la. Mas o homem que é capaz de se interessar cordialmente por orelhas que ele mesmo cortou antes, esse homem não é um apaixonado, é uma matemática que não poderia ser detida nem convencida por nada.

3) Essa crise também é a substituição do objeto natural pelo impresso, ou seja, a ascensão da burocracia. Cada vez mais o homem contemporâneo põe entre a natureza e ele próprio uma máquina abstrata e complicada que o atira na solidão. É quando não há mais pão que aparecem as senhas de racionamento. Os franceses já têm apenas 1.200 calorias de víveres por dia, mas têm pelo menos seis folhas diferentes e uma centena de carimbos nessas folhas. E assim é em todo lugar do mundo em que a burocracia não para de crescer. Para vir da França à América, gastei muito papel nos dois países. Tanto papel, na verdade, que provavelmente poderia ter imprimido esta conferência em exemplares suficientes para distribuí-la aqui sem precisar ter vindo. Com tanto papel, tantos escritórios e funcionários, cria-se um mundo do qual desaparece o calor humano, em que nenhum homem pode tocar outro senão por meio do labirinto do que se costuma chamar de formalidades. O oficial alemão que zelava pelas orelhas feridas do meu companheiro julgava poder fazê-lo porque o ato de cortá-las fazia parte do seu trabalho de funcionário e, em consequência, não podia estar errado. Em suma, agora

só se morre, só se ama e só se mata por procuração. É o que se chama, pelo menos suponho, de boa organização.

4) Ela também é a substituição do homem real pelo homem político. Já não há paixões individuais possíveis, apenas paixões coletivas, vale dizer, paixões abstratas. Voluntariamente ou à força, todos somos introduzidos na política. O importante já não é respeitar ou evitar o sofrimento de uma mãe, o que conta é garantir o triunfo de uma doutrina. E a dor humana já não é mais escândalo, mas apenas um número numa soma cujo terrível total ainda não é calculável.

5) Está claro que todos esses sintomas se resumem num só, que é o culto à eficiência e à abstração. Por isso o homem de hoje na Europa só conhece a solidão e o silêncio. É que ele já não consegue juntar-se aos outros homens em valores que lhes sejam comuns. E, como já não é protegido por um respeito humano baseado em seus valores, a única alternativa que se lhe oferece agora é ser vítima ou carrasco.

II

Foi isso o que os homens da minha geração compreenderam e foi essa a crise diante da qual se viram e ainda se veem. E precisávamos resolvê-la com os valores de que dispúnhamos, ou seja, com nada, senão com a consciência do absurdo em que vivíamos. Assim, tivemos de entrar na guerra e no terror, sem consolo nem certeza. Sabíamos apenas que não poderíamos ceder às bestas que se levantavam nos quatro cantos da Europa. Mas não sabíamos justificar essa obrigação que tínhamos. Muito além disso, os mais conscientes entre nós se davam conta de que ainda não tinham no pensamento nenhum princípio que lhes permitisse opor-se ao terror e repudiar o homicídio.

Pois, se não se acredita em nada, se nada tem sentido e se não podemos afirmar nenhum valor, então tudo é permitido e nada tem importância. Então, não há bem nem mal, e Hitler não estava errado nem certo. É possível mandar milhões de inocentes para o forno crematório assim como é possível dedicar-se a cuidar dos leprosos. É possível cortar orelhas com uma mão e afagá-las com a outra. É possível fazer faxina diante de torturados. E se pode tanto honrar os mortos quanto jogá-los na lixeira. Tudo isso se equivale. E, como achávamos que nada tem sentido, só se podia concluir que tem razão quem se sai bem. E tanto é verdade que ainda hoje muita gente inteligente e cética afirma que, se Hitler tivesse vencido essa guerra, a História lhe prestaria homenagem e teria consagrado o abominável pedestal a que ele se alçara. E na verdade não podemos duvidar que a História, tal como a concebemos, teria consagrado o Sr. Hitler e justificado o terror e o homicídio como todos nós os consagramos e justificamos quando ousamos pensar que nada tem sentido.

Alguns de nós, é verdade, julgaram poder pensar que, na ausência de todo e qualquer valor superior, seria possível acreditar pelo menos que a História tem um sentido. Em todo caso, muitas vezes agiram como se assim pensassem. Diziam que essa guerra era necessária porque acabaria com a era dos nacionalismos e prepararia o tempo dos Impérios, cujos sucessores seriam a Sociedade Universal e o Paraíso na Terra, depois de conflitos ou não.

Entretanto, pensando assim, eles chegavam ao mesmo resultado a que chegariam se tivessem pensado, como nós, que nada tem sentido. Pois, se a História tem um sentido, ou é um sentido total ou é nada. Essas pessoas pensavam e agiam como se a História obedecesse a uma dialética soberana e como se todos nos dirigíssemos para uma meta definitiva. Pensavam e agiam segundo o detestável princípio de Hegel: "O Homem é feito para a História, e não a História para o Homem." Na verdade, todo o realismo político e moral que guia hoje os destinos do mundo obedece, muitas vezes sem sabê-lo, a uma filosofia da história à alemã, segundo a qual toda a humanidade se dirige, por vias racionais, para um universo definitivo. Substituiu-se o niilismo pelo racionalismo absoluto, e nos dois casos os resultados são os mesmos. Pois, se é verdade que a História obedece a uma lógica soberana e fatal, se é verdade, segundo essa mesma filosofia alemã, que o Estado feudal deve fatalmente suceder ao estado anárquico, as nações ao feudalismo e os Impérios às nações, para se chegar enfim à Sociedade Universal, então tudo que sirva a essa marcha fatal é bom e as realizações da História são as verdades definitivas. E, como essas realizações só podem ser consumadas pelos meios habituais, que são as guerras, as intrigas e os assassinatos individuais e coletivos, justificam-se todos os atos não por serem bons ou maus, mas por serem eficazes ou não.

E foi assim que no mundo de hoje a minha geração se entregou durante anos a duas tentações: a de pensar que nada é verdadeiro ou a de pensar que só é verdadeira ou boa a rendição à fatalidade histórica. Foi assim que muitos sucumbiram a uma dessas tentações. E foi assim que o mundo ficou entregue à vontade de poder, ou seja, em suma, ao terror. Pois, se nada é verdadeiro nem falso, se nada é bom nem mau e se o único valor é a eficiência, então a regra deve ser mostrar-se o mais eficiente, vale dizer, o mais forte. O mundo já não se divide em justos e injustos, mas em senhores e escravos. Quem tem razão é aquele que subjuga. A arrumadeira tem mais razão que os torturados. O oficial alemão que tortura, aquele que executa e os SS transformados em coveiros são os homens cheios de razão desse novo mundo. Olhem ao redor e digam se ainda hoje isso não acontece. Fomos presos aos nós da violência, e eles nos sufocam. Em cada nação e no mundo, a desconfiança, o ressentimento, a cobiça, a corrida ao poder estão forjando um universo sombrio e desesperado em que cada um se vê forçado a viver no presente, angustiado com a simples palavra "futuro", entregue a potências abstratas, amesquinhado e embrutecido por uma vida acelerada, separado das verdades naturais, dos ócios sensatos e da felicidade simples. Vivendo nesta América ainda feliz, talvez os senhores ainda não enxerguem tais coisas ou as enxerguem pouco. Mas as pessoas de que lhes falo as veem há anos, sentem esse mal na própria carne e o leem no rosto daqueles que amam; e, do fundo de seu coração doente, vem subindo uma terrível revolta que acabará por arrastar tudo. São muitas as imagens monstruosas que ainda os assombram para que eles possam imaginar que tudo será fácil, mas experimentaram de maneira por demais profunda o horror desses anos para aceitar que ele continue. É aí que começa para eles o verdadeiro problema.

III

Se as características dessa crise de fato são a vontade de poder, o terror, a substituição do homem real pelo homem político e histórico, pelo reinado das abstrações e da fatalidade, pela solidão sem futuro, e se quisermos resolver essa crise, essas são características que devemos mudar. E nossa geração se viu diante desse enorme problema com todas as suas negações. Foi, portanto, dessas mesmas negações que ela teve de extrair forças para lutar. Era perfeitamente inútil nos dizerem: é preciso acreditar em Deus, ou em Platão, ou em Marx, pois, justamente, não tínhamos esse tipo de fé. A única questão era saber se aceitaríamos esse mundo em que só era possível ser vítima ou carrasco. E, naturalmente, não queríamos ser nem uma coisa nem outra, pois sabíamos, no fundo do coração, que essa distinção era ilusória, que, no fim das contas, havia apenas vítimas, e que homicidas e assassinos se uniam para acabar na mesma derrota. Simplesmente o problema já não era aceitar ou não essa condição e o mundo, mas saber que razão poderíamos ter para lhe opor.

Por isso fomos buscar nossas razões em nossa própria revolta, que nos levara sem razões aparentes a escolher a luta contra o mal. E compreendemos assim que não nos tínhamos revoltado apenas por nós, mas por algo que era comum a todos os homens.

Como assim?

Nesse mundo sem valores, nesse deserto do coração em que vivíamos, o que significava essa revolta? Significava que éramos pessoas que diziam *Não*. Mas éramos ao mesmo tempo pessoas que diziam *Sim*. Dizíamos *Não* a esse mundo, a seu absurdo essencial, às abstrações que nos ameaçavam, à civilização de morte que preparavam para nós. Ao dizermos *Não*, afirmávamos que as coisas já tinham durado demais, que havia um limite que não se podia ultrapassar. Mas, ao mesmo tempo, afirmávamos tudo que estava *aquém* desse limite, afirmávamos que havia em nós alguma coisa que recusava o escândalo e que não era possível humilhar por mais tempo. E, naturalmente, era uma contradição que devia nos fazer refletir. Pensávamos que esse mundo vivia e lutava sem valor real. E eis que, apesar disso, lutávamos contra a Alemanha. Os franceses da Resistência que conheci, que liam Montaigne nos trens em que transportavam seus panfletos, provavam que era possível, pelo menos em nosso país, compreender os céticos e, ao mesmo tempo, ter uma ideia de honra. E todos nós, em consequência, pelo simples fato de vivermos, termos esperança e lutarmos, afirmávamos alguma coisa.

Mas essa coisa tinha valor geral? Ia além da opinião de um indivíduo? Podia servir de regra de conduta? A resposta é muito simples. As pessoas de que estou falando aceitavam morrer no ímpeto de sua revolta. E essa morte provava que eles se sacrificavam em benefício de uma virtude que superava sua existência pessoal, que ia além de seu destino individual. O que os nossos revoltados defendiam frente a um destino inimigo era um valor comum a todos os homens. Quando dois homens eram torturados diante da zeladora, quando orelhas eram retalhadas com requinte, quando mães se viam obrigadas a condenar os filhos à morte, quando os justos eram enterrados como porcos, esses revoltados julgavam que neles estava sendo negada alguma coisa que não pertencia só a eles, mas era um bem comum no qual os homens mantêm vínculos preexistentes.

Sim, a grande lição daqueles anos terríveis era que a injúria a um estudante de Praga tocava um operário do subúrbio de Paris, e o sangue derramado em algum lugar à beira de um rio do centro da Europa levaria um camponês do Texas a derramar o seu no solo daquelas Ardenas que ele via pela primeira vez. E até pensar nisso era absurdo, louco, impossível, ou quase. Mas, ao mesmo tempo, havia nesse absurdo a lição de que nos encontrávamos numa tragédia coletiva, na qual estavam em jogo a dignidade de todos e uma comunhão entre os homens que cumpria defender e manter. A partir daí, sabíamos como agir e aprendíamos de que maneira, na miséria moral mais absoluta, o homem pode recuperar valores suficientes para regrar sua conduta. Pois, se essa comunicação entre as pessoas, no reconhecimento mútuo de sua dignidade, era a verdade, cabia servir exatamente a essa comunicação.

E para manter essa comunicação, era preciso que os homens fossem livres, pois não há nada em comum entre um senhor e um escravo, e não se pode falar e comunicar-se com um homem subjugado. Sim, a subjugação é um silêncio, o mais terrível de todos.

E, para manter essa comunicação, tínhamos de fazer a injustiça desaparecer, pois não há contato entre o oprimido e o explorador. A inveja também é da esfera do silêncio.

E, para manter essa comunicação, tínhamos de proscrever a mentira e a violência, pois quem mente se fecha para os outros e aquele que tortura e coage impõe silêncio definitivo. Desse modo, a partir da negação do simples ímpeto de nossa revolta, extraíamos uma moral da liberdade e da sinceridade. Sim, era essa comunicação que estávamos dispostos a opor ao mundo do homicídio. Era o que sabíamos. E é ela que devemos manter hoje para nos defender do homicídio. E é por isso, agora sabemos, que devemos lutar contra a injustiça, contra a sujeição e o terror, pois esses três flagelos são os que fazem o silêncio reinar entre os homens, erguem barreiras entre eles e os impedem de ver uns aos outros e de encontrar o único valor capaz de salvá-los desse mundo desesperador; esse valor é a longa fraternidade dos homens em luta contra seu destino. No fim dessa longa noite, agora e por fim, sabemos o que devemos fazer diante desse mundo dilacerado por sua crise.

Que devemos fazer? Devemos:

1) Chamar as coisas pelo nome e nos dar conta de que matamos milhões de pessoas toda vez que aceitamos pensar certos pensamentos. Ninguém pensa mal por ser um assassino. Alguém é um assassino porque pensa mal. Pode-se então ser um assassino sem nunca ter matado aparen-

temente. E assim é que todos somos assassinos em maior ou menor grau. A primeira coisa a fazer, portanto, é pura e simplesmente rejeitar pelo pensamento e pela ação toda forma de pensamento realista e fatalista.

2) A segunda coisa a fazer é descongestionar o mundo do terror que nele reina e o impede de pensar bem. E como fui informado de que a Organização das Nações Unidas está realizando uma sessão importante[1] nesta cidade, poderíamos sugerir-lhe que o primeiro texto escrito dessa organização mundial deveria proclamar solenemente, depois do processo de Nuremberg, a abolição da pena de morte em todo o Universo.

3) A terceira coisa a fazer é, sempre que possível, devolver a política ao seu verdadeiro lugar, que é um lugar secundário. Não se trata de dar a este mundo um evangelho ou um catecismo político ou moral. O grande mal da nossa época é, justamente, que a política pretende nos munir de um catecismo, de uma filosofia completa e às vezes até de uma arte de amar. Ora, o papel da política é arrumar a casa, e não resolver nossos problemas íntimos. De minha parte, ignoro se existe um absoluto. Mas sei que ele não é da ordem política. O absoluto não é assunto coletivo: é assunto de cada um. E todos devem ajustar as relações recíprocas de tal maneira que cada um tenha a liberdade interior de se questionar sobre o absoluto. Nossa vida sem

---

[1] De 25 de março a 18 de agosto de 1946, o Conselho de Segurança da ONU reúne-se em Nova York. Cerca de vinte sessões são realizadas no Hunter College (atualmente Lehman College), no Bronx.

dúvida pertence aos outros, e é justo doá-la quando necessário. Mas nossa morte pertence exclusivamente a nós. E é esta minha definição de liberdade.

4) A quarta coisa a fazer é buscar e criar, a partir da negação, os valores positivos que permitirão conciliar um pensamento negativo com as possibilidades de uma ação positiva. Esse é o trabalho dos filósofos, que me limitei aqui a esboçar.

5) A quinta coisa a fazer é entender bem que essa atitude equivale a criar um universalismo em que todos os homens de boa vontade poderão se reencontrar. Para sair da solidão é preciso falar, mas falar com franqueza e, em todas as oportunidades, nunca mentir e dizer toda a verdade que se sabe. Mas só é possível dizer a verdade num mundo em que ela seja definida e baseada em valores comuns a todos os homens. Não é o Senhor Hitler que pode decidir que isto é verdade e aquilo não é. Nenhum homem no mundo, nem hoje nem amanhã, poderá jamais decidir que sua verdade é suficientemente boa para ser imposta aos outros. Pois só a consciência comum dos homens pode ter essa ambição. E é preciso reencontrar os valores de que essa consciência comum vive. A liberdade que devemos conquistar, para concluir, é o direito de não mentir. Só assim conheceremos nossas razões de viver e de morrer.

É nesse ponto que estamos. E, quem sabe, talvez não valesse a pena ir tão longe para chegar a isso. Mas no fim das contas a História dos homens é a história de seus erros, e não de sua verdade. A verdade provavelmente é como a felicidade: é muito simples e não tem história.

Acaso significa que todos os problemas estão resolvidos para nós? Não, claro. Este mundo não é melhor nem mais sensato. Ainda não saímos do absurdo. Mas pelo menos temos uma razão para nos esforçar por mudar nossa conduta, e é essa razão que até agora nos faltava. O mundo continuaria sendo desesperador se o homem não existisse, mas o homem existe, com suas paixões, seus sonhos e sua comunidade. Alguns de nós, na Europa, unimos, assim, uma visão pessimista do mundo a um profundo otimismo em relação ao homem. Não pretendemos escapar à História, pois estamos na História.

Pretendemos apenas lutar na História para preservar da História essa parte do Homem que não lhe pertence. Queremos apenas redescobrir os caminhos dessa civilização em que o homem, sem dar as costas à História, já não será subjugado por ela, em que o serviço que todo homem deve a todos os homens será equilibrado pela meditação, o lazer e a parcela de felicidade que cada um deve a si mesmo.

Creio poder afirmar que sempre nos recusaremos a adorar o acontecimento, o fato, a riqueza, o poder, a História como ela se faz e o mundo como ele caminha. Queremos ver a condição humana tal como é. E o que ela é nós sabemos. É essa condição terrível que requer carradas de sangue e séculos de história para redundar numa modificação imperceptível no destino dos homens. Essa é a lei. Durante anos, no século XVIII, na França rolavam cabeças como granizo, a Revolução Francesa incendiou os corações de entusiasmo e terror. E, afinal, no início do século seguinte, chegou-se à substituição da monarquia legítima pela monarquia constitucional. Nós, franceses do século XX, conhecemos muito bem essa terrível lei. Houve guerra, ocupação, massacres, milhares de muros de prisão, uma Europa desvairada de dor, e tudo isso para que alguns dentre nós finalmente conquistassem as duas ou três pequenas mudanças que os ajudarão a desesperar menos. Escândalo, aí, seria o otimismo. Sabemos que aqueles que hoje estão mortos eram os melhores, pois eles próprios se prontificaram. E nós, que ainda estamos vivos, somos obrigados a dizer que só estamos vivos porque fizemos menos que outros.

Essa é a razão pela qual continuamos a viver na contradição. A única diferença é que esta geração agora pode combinar essa contradição com uma imensa esperança no ser humano. Como quis informá-los de um aspecto da sensibilidade francesa, bastará que não esqueçam o seguinte: existe hoje na França e na Europa uma geração que pensa, em suma, que quem deposita esperança na condição humana é louco, mas quem desespera dos acontecimentos é covarde. Ela recusa explicações absolutas e o reinado das filosofias políticas, mas quer afirmar o homem em sua carne e em seu esforço de liberdade. Não acredita que seja possível realizar a felicidade e a satisfação universal, mas considera possível diminuir a dor dos homens. É por ser o mundo infeliz em sua essência, pensa ela, que devemos fazer alguma coisa pela felicidade; é por ser injusto que devemos trabalhar pela justiça; é porque ele é absurdo, enfim, que devemos dar-lhe todas essas razões.

Para concluir, o que isso significa? Significa que é preciso ser modesto nos pensamentos e na ação, ocupar o seu lugar e cumprir direito seu ofício. Significa que todos devemos criar, fora dos partidos e dos governos, comunidades de reflexão que estabeleçam o diálogo entre as nações e, por meio de sua vida e de seus discursos, afirmem que este mundo precisa deixar de ser o mundo dos policiais, dos soldados e do dinheiro, para se tornar o mundo do homem e da mulher, do trabalho fecundo e do lazer reflexivo.

É para isso que acredito devermos voltar nossos esforços, nossa reflexão e, se necessário, nosso sacrifício. A decadência do mundo grego começou com o assassinato de Sócrates. E muitos Sócrates foram mortos na Europa nos últimos anos. É uma indicação. Indicação de que só o espírito socrático de indulgência com os outros e rigor consigo mesmo é perigoso para as civilizações do homicídio. É, portanto, indicação de que só esse espírito pode regenerar o mundo. Qualquer outro esforço, por mais admirável que seja, voltado para o poder e a dominação, só pode mutilar o homem mais gravemente ainda. É essa, em todo caso, a revolução modesta que nós, franceses e europeus, vivemos no momento.

Conclusão

Talvez tenha causado espanto um escritor francês, em visita oficial à América, não se sentir obrigado a lhes apresentar um panorama idílico de seu país e não ter feito até o momento nenhum esforço no sentido daquilo que se convencionou chamar propaganda. Mas, se refletirem sobre o problema que apresentei aqui, isso talvez lhes pareça mais natural. A propaganda é feita, suponho, para suscitar nas pessoas sentimentos que elas ainda não têm. Ora, os franceses que compartilharam nossa experiência na realidade não pedem que se compadeçam deles nem que os amem por encomenda. O único problema nacional com que se defrontaram não dependia da opinião do mundo. O que nos coube durante cinco anos foi saber se podíamos salvar nossa honra, vale dizer, preservar o direito de falar por nós mesmos depois da guerra. E não precisávamos que esse direito nos fosse concedido por ninguém. Era necessário apenas que nós mesmos no-lo concedêssemos. Não foi fácil, mas, afinal, se nos concedemos esse direito, foi porque conhecemos e somos os únicos a conhecer a real dimensão dos nossos sacrifícios.

Mas isso não significa o direito de darmos lições. É apenas o direito de escapar do silêncio humilhante daqueles que foram golpeados e vencidos por terem desprezado o homem durante muito tempo. À parte isso, peço que acreditem que saberemos ocupar nosso lugar. E talvez, como se costuma dizer, exista a probabilidade de que a história dos próximos cinquenta anos seja feita em parte por outras nações que não a França. Pessoalmente, não sei, mas o que sei é que essa nação que perdeu 1.620.000 homens há vinte e cinco anos e acaba de perder centenas de milhares de voluntários precisa reconhecer que abusou ou, talvez, que abusaram de suas forças. Isto é um fato. E a opinião do mundo, sua consideração ou seu desprezo nada podem mudar desse fato. Por isso me parece irrelevante fazer-lhe apelos ou tentar convencê-lo. Mas não me parece irrelevante frisar, perante essa opinião, até que ponto a crise do mundo depende, justamente, dessas disputas de prioridade e poder.

Para resumir os debates desta noite e falando pela primeira vez em meu nome pessoal, gostaria de dizer apenas o seguinte: toda vez que se julgar a França ou qualquer outro país ou qualquer outra questão em termos de poder, se estará introduzindo um pouco mais no mundo uma concepção do homem que leva à sua mutilação, se estará reforçando a sede de dominação e, em última análise, tomando o partido do homicídio. Tudo está no mundo como está nas ideias. E aquele que diz ou escreve que o fim justifica os meios, aquele que diz e escreve que a grandeza se mede pela força, esse é absolutamente responsável pelos repugnantes amontoados de crimes que desfiguram a Europa contemporânea.

Eis aí claramente definido, acredito, todo o sentido do que eu julgava dever dizer-lhes. E de fato, para mim, era um dever, suponho, manter-me fiel à voz e à experiência de nossos companheiros da Europa, para que os senhores não se sintam tentados a julgá-los apressadamente. Pois eles não julgam mais ninguém, a não ser os assassinos. E olham para todas as nações com a esperança e a certeza de encontrar nelas a verdade humana que cada uma contém.

No que diz respeito particularmente à juventude americana que me ouve esta noite, posso dizer que as pessoas de que falei respeitam a humanidade que existe nela e o gosto pela liberdade e pela felicidade que se lia no rosto dos grandes americanos. Sim, eles esperam dos senhores o que esperam de todos os homens de boa vontade, uma leal contribuição para o espírito do diálogo que querem instaurar no mundo. Nossas lutas, nossas esperanças e nossas reivindicações, vistas de longe, talvez lhes pareçam confusas ou fúteis. E é verdade que, no caminho da sabedoria e da verdade, se é que existe algum, essas pessoas não escolheram o percurso mais reto e mais simples. Mas é que o mundo, a História, não lhes ofereceu nada reto nem simples. O segredo que não puderam encontrar em sua condição elas tentam forjar com as próprias mãos. E talvez fracassem. Mas minha convicção é que seu fracasso será o fracasso desse mesmo mundo. Nessa Europa ainda envenenada por violências e ódios surdos, nesse mundo dilacerado pelo terror, essas pessoas tentam preservar o que ainda pode ser preservado do ser humano. E é sua única ambição. Mas o fato de esse derradeiro esforço ainda ter encontrado uma de suas expressões na França e de eu ter sido capaz de lhes dar esta noite uma pequena ideia da paixão de justiça que anima todos os franceses é nosso único consolo e será meu mais singelo orgulho.

Somos pessimistas?

1946

Um mês depois da leitura de "A crise do homem" na Universidade Columbia, Albert Camus conclui seu ciclo americano em 1º de maio de 1946 com uma fala no Brooklyn College de Nova York. Essa conferência complementa "A crise do homem", retomando seu tema principal. O texto de "Somos pessimistas?" é publicado pela primeira vez em julho de 1946, em inglês, na revista americana Vogue, *com o título "The Crisis of Man. Inertia is the strongest temptation". A conclusão dessa versão traduzida tem dois parágrafos adicionais em relação à datilografada que foi encontrada nos arquivos do autor. Eles são reproduzidos aqui. Ao voltar dos Estados Unidos, Albert Camus retoma o texto numa forma mais condensada, intitulada "Nous autres meurtriers"* [Nós, assassinos], *que seria publicada no terceiro número da revista* Franchise, *de novembro-dezembro de 1946.*

O europeu que formule a ideia de que a vida é trágica se considerará inteligentíssimo. Naturalmente, é uma estupidez. Mas me parece que o americano que se convença de que a vida é coisa boa e a dor não existe achará que atingiu o auge da sensatez. Evidentemente, é um grave erro. Acho então que, diante de uma condição comum, a América e a Europa sofrem de males opostos. A mim parece tão insensato dizer que não se deve ser pessimista quanto dizer que não se deve ser otimista. Os gregos antigos sabiam que a vida tem uma face de noite e uma face de sol e sabiam que o homem deve fixar o olhar ao mesmo tempo nessa luz e nessas trevas, para se manter fiel à sua condição. E uma civilização sempre se julga pela maneira como soube superar essa contradição numa síntese, superior. O que quer que se possa pensar na Europa e na América, estamos todos em marcha para essa síntese, e todos temos algo que dizer sobre esse problema. Se um fracassar, os outros perecerão, e mais uma vez a lama e o sangue tomarão o lugar do sol e da noite. E talvez seja verdade que nessa grande aventura do espírito ocidental muitas coisas não dependem de nós. Mas o que continua dependendo de nós é a possibilidade de afirmar, de manter e nunca trair aquilo que consideramos ser a verdade.

E a verdade é que o mundo de hoje não é nem o mundo da felicidade nem o da infelicidade. É uma liça entre a exigência de felicidade que está no coração de todos os seres humanos e uma fatalidade histórica na qual a crise do homem chegou ao auge. Precisamos então ter, por um lado, uma ideia justa dessa crise, e, por outro, um sentimento preciso da felicidade que cada homem pode desejar. Precisamos ter lucidez.

Pelo menos metade da crise do homem é feita da inércia e do cansaço dos indivíduos diante dos princípios estúpidos e das ações maléficas que continuam a acumular-se sobre o mundo. É que a tentação mais forte do ser humano é a tentação da inércia. E, como o mundo já não está povoado pelo clamor das vítimas, muitos podem pensar que ele continuará do mesmo jeito durante mais algumas gerações. E, como é mais fácil fazer o trabalho cotidiano e esperar em paz que a morte venha um dia, as pessoas acham que já fizeram o suficiente pelo bem da humanidade porque não mataram ninguém diretamente e se esforçaram por mentir o menos possível. Mas, na verdade, ninguém poderá morrer em paz se não tiver questionado pelo menos uma vez sua vida e a dos outros e se não tiver feito o necessário para que a condição humana em seu conjunto seja pacificada tanto quanto possível.

Assim, as pessoas que não têm vontade de pensar muito na miséria humana preferem falar dela de maneira bem genérica. Assim, certas pessoas me perguntaram se de fato estava convencido de que há uma crise do homem e se no fim das contas essa crise não existiu em todos os tempos. Tudo isso é verdadeiro e também falso. E, se for verdadeiro, em todo caso é o tipo de verdade que não podemos dizer aos prisioneiros dos campos de concentração. E acho impossível que as pessoas que passaram pela tortura conseguissem pensar calmamente, enquanto lhes dispensavam aqueles tratamentos, que afinal sempre tinha sido daquele jeito, e era preciso conformar-se. Sim, de fato acredito que, para elas, havia uma crise do homem. E para todos de minha geração essa crise não terminou. A quem me faz essa pergunta, sempre respondi que não sei tudo e não disponho de uma explicação geral do mundo. Mas pelo menos sei que há muito tempo não estamos à vontade na nossa pele, que não estamos seguros do nosso futuro e que, em suma, esse não é um estado normal para gente supostamente civilizada. Temos aí o que, com ou sem razão, chamamos de crise do homem. E digo então algo que sempre repito, porque é necessário repetir para nós mesmos, que há crise porque há terror. E há terror porque as pessoas acham que nada tem sentido, ou que só o tem o êxito histórico, porque os valores humanos foram substituídos pelos valores do desprezo e da eficiência, a vontade de liberdade, pela vontade de dominação. A razão já não está com quem tem a justiça a seu lado, mas com quem alcançou o sucesso. E quanto mais sucesso se alcança, mais razão se tem. No fim das contas, é a justificação do homicídio. E por isso as pessoas têm razão de sentir medo, porque, num mundo assim, é sempre por acaso ou por alguma arbitrária benevolência que sua vida ou dos seus filhos é poupada. E por isso as pessoas também têm razão de sentir vergonha, porque aqueles que vivem num mundo assim sem condená-lo com todas as forças (ou seja, quase todos) são, à sua maneira, tão assassinos quanto os outros. Isso também é verdade.

Mas também é verdade que dispomos de outra força, que é a vontade do homem quando aplicada à felicidade e à justiça. Também nesse caso, basta saber, antes de mais nada, o que queremos. E o que queremos, justamente, é nunca mais dar razão à força, nunca mais nos inclinar diante do poder das armas ou do dinheiro. Naturalmente, é o tipo de afirmação que provoca o riso dos realistas. Pois os realistas sabem, por sua vez, que essa é uma tarefa sem fim e, em consequência, não veem boas razões para levá-la adiante. Eles só querem realizar tarefas que tenham sucesso. E é assim que não realizam nenhuma que seja realmente importante ou realmente humana, é assim que, mesmo sem querer, consagram o mundo do homicídio, é assim que não se dão conta de que, embora essa tarefa não tenha fim, estamos aqui para lhe dar continuidade. Não sou tão adepto da razão a ponto de acreditar no progresso absoluto, nem em nenhuma filosofia da história, mas pelo menos acredito que os homens nunca deixaram de avançar na consciência que adquiriam do próprio destino. Não superamos nossa condição, mas a conhecemos melhor. Sabemos que vivemos na contradição, mas que devemos recusar a contradição e fazer o necessário para reduzi-la. Nossa tarefa de seres humanos é encontrar as fórmulas capazes de aliviar a angústia infinita das almas livres. Cabe-nos conciliar o que se dilacera, tornar a justiça concebível num mundo tão evidentemente injusto, a felicidade, significativa para povos envenenados pelo mal do século. Naturalmente, é uma tarefa sobre-humana. Mas são chamadas sobre-humanas as tarefas que os homens levam muito tempo para realizar. Desse ponto de vista, não há o que não seja sobre-humano na condição do homem.

Isso seria pessimismo? Não, é o esforço da lucidez para bem definir previamente o que ela quer e o que não quer. Quando estamos doentes, precisamos antes saber de que doença padecemos para depois buscarmos e aplicarmos os remédios. Como sofremos de abstração e terror, mais vale ter consciência disso, para decidir sem hesitação o que devemos fazer. Nós, jovens franceses, consideramos pessimistas, pelo contrário, os que dizem que tudo vai bem e que nada mudou no mundo. Pois é desses que nada podemos esperar. É por causa desses que o mundo de fato continuará do mesmo jeito, mas em meio a prisões e grilhões. E é por haver suficientes pessoas lúcidas entre nós que ao mesmo tempo há suficientes pessoas decididas, e mais decididas do que se imagina na América, a fazer o que está ao seu alcance para se curar e curar o mundo de sua atual doença.

Muitas vezes me perguntam aqui como avalio a juventude europeia de hoje. Não sei dizer, pois não estou habituado a julgar de maneira genérica. Quanto aos jovens que conheço, contudo, sei que vivem sem ilusões, e que isso, porém, serve apenas para fortalecer sua determinação e sua coragem. E, quando me respondem que não é bom que a juventude viva sem ilusões, digo que a questão não está em saber o que é desejável ou não. A questão é saber o que é. E o que é, é que essa juventude foi obrigada a viver sem ilusões, em contato direto com as realidades mais diretas da existência, e que, apesar disso, ela não pereceu, pois ainda hoje está em condições de formular os problemas que se apresentam ao mundo e conservar a vontade de resolvê-los. É a prova de que a energia pode se conciliar com a lucidez, de que a paixão pode ir ao encontro da coragem tranquila. Essa é a experiência que se observa hoje no coração de alguns europeus e que determina o futuro de nossa civilização no mesmo grau, nem mais nem menos, que as descobertas científicas ou a engenhosa invenção do direito de veto. Essa experiência, em suma, resume-se na frase de um dos nossos grandes revolucionários, Saint-Just, que dizia: "Penso, portanto, que devemos ser exaltados. O que não exclui nem o senso comum nem a sabedoria."

Nós sabemos o tipo de civilização que queremos e conhecemos o horror daquilo que não queremos. Mas o que podemos esperar? Podemos esperar que durante algum tempo o mundo continue nas mãos de quem não tem imaginação; daqueles que querem preservar o que já não pode ser preservado, que querem destruir o que jamais pode ser destruído. Nas mãos dos que mentem e dos que obrigam os outros a mentir, nas mãos dos burocratas e dos policiais. E, se continuar assim, um dia tudo será varrido pelos que matam e acham fácil ser matadores. É lógico. Mas também é lógico continuarmos a defender, em face dos ataques dos cegos e gananciosos, essas coisas dignas de serem defendidas pelo homem. Continuaremos a fazê-lo porque concordamos que não é necessário ter êxito para perseverar e porque sabemos que foi a longa persistência de certas pessoas, e só ela, que acabou por mudar o mundo. Os primeiros cristãos chamavam o grande movimento que os sustinha de "loucura da Cruz".

Hoje, o que precisamos é de uma loucura do homem. Uma grande loucura que pense grande, que seja sólida e construída sobre a imensa esperança, sobre a determinação silenciosa que susteve no passado e continuará sustendo espíritos europeus num mundo que enfrentaram sem o benefício da ilusão. Sabendo-se disso, talvez seja mais fácil responder à pergunta: somos pessimistas?[1]

---

[1] Os dois últimos parágrafos constam da tradução inglesa do texto de Camus, publicada na *Vogue* em julho de 1946.

Intervenção na mesa-redonda da associação Civilisation

1946

No início de 1946, o pioneiro da estética industrial Jacques Viénot funda a associação Civilisation, em torno da qual gravitam, em especial, Jacques Heurgon, ex-professor de Camus na Faculdade de Letras de Argel, e Roger Caillois, que participa, com o autor, do conselho editorial da Gallimard. Em 22 de outubro de 1946, a Civilisation *convida Albert Camus, Georges Friedmann, Maurice de Gandillac, Pierre de Lanux, Maurice Merleau-Ponty*[1] *e Jean Wahl a debater "o destino do indivíduo no mundo atual", tema do terceiro número de sua revista* Chemins du monde, *que publicaria*

---

[1] Maurice Merleau-Ponty e Albert Camus se desentendem depois da publicação em outubro de 1946, em *Les Temps modernes*, da primeira das três partes de *O iogue e o proletário* (reproduzidas em 1947 em *Humanismo e terror*). Camus considera que essa resposta irônica de Merleau-Ponty ao livro de Arthur Koestler, *O iogue e o comissário* (Charlot, 1946), chega perto de justificar os processos de Moscou. Koestler e Camus conservariam estima recíproca, reforçada por convicções comuns, como atestam as *Reflexões sobre a pena capital* que publicam em parceria em 1957.

uma ata estenografada da mesa-redonda. *As intervenções de Camus são reproduzidas aqui na íntegra, e as dos demais participantes, resumidas entre colchetes.*

[Com base numa ótica tecnocrática, a ideologia nazista, segundo Maurice de Gandillac, enxerga os indivíduos como "forças criadoras" que vivem numa "coexistência de luta" na qual domina "o individualismo dos chefes". Em contrapartida, qual é o papel do individualismo na cultura americana? Pode haver um indivíduo livre? E qual é seu lugar na cultura capitalista liberal e no mundo comunista? Este seria uma "fase transitória" que dá início a "uma libertação real do homem"? Jean Wahl recusa-se a ver no nacional-socialismo uma forma de individualismo, enquanto Georges Friedmann reconhece na "sociedade tecnicista" um "denominador comum à América, à URSS [e] à Alemanha", sociedades que vivem num "novo meio" urbano que se opõe ao "meio natural" rural. A mecanização da vida, que não se limita a esses países, suscita, "por meio da presença da técnica cada vez mais intensa, substitutos à presença do homem". Essa ação das técnicas sobre o indivíduo "é psíquica e nos transforma", conduz à alienação social. Friedmann observa nos soldados americanos "uma convivência íntima com a técnica", mas também "a ausência de certos sentimentos que são comuns entre nós". Embora se apresse a acrescentar que "um Estado socialista está muito mais armado que um Estado capitalista para resolver a maioria desses problemas", ele reconhece que desde o século XIX o crescente estatismo das democracias modernas ameaça a liberdade do indivíduo. No momento, a questão "não é ter saudade do passado, mas ver como contribuir para a realização do indivíduo nas culturas que hoje estão sendo preparadas". Pierre de Lanux quer retificar o clichê da padronização americana. Detecta, a partir da crise econômica de 1929, "um retorno aos valores individuais", um renascimento dos valores jeffersonianos. "O problema não é a conquista da liberdade, mas o uso da liberdade [...]."

À pergunta "O que pode e deve ser salvo?", Camus responde:]

Fico um pouco embaraçado porque acho que seria o caso de falar de nuances muito mais que de afirmações categóricas, o que somos obrigados a fazer quando falamos. Foi por nuances que milhões de homens lutaram durante cinco anos, por mais extraordinário que pareça. Se formulamos o problema do indivíduo, supondo-se que saibamos do que se trata, é preciso indagar categoricamente: "Qual é o destino do indivíduo?" Todos sabemos e todos sentimos obscuramente que ele vai ser morto.

Se esse indivíduo vai ser morto, se temos esse sentimento, é preciso antes perguntar-se o seguinte: acaso pensamos que o indivíduo é algo que deve ser salvo? Ou será que não queremos?...

É possível que o conjunto de valores que constitui o indivíduo pareça a certas mentalidades algo obsoleto e inútil para salvar. Nesse caso, resta apenas esperar o fim da história.

Se quisermos salvá-lo, ocorrem duas indagações. A primeira: quais são os princípios de fraqueza que levam o indivíduo de hoje a ser sacrificado mais cedo ou mais tarde? E, em segundo lugar, quais são os fatos externos, históricos ou ideológicos, que ameaçam esse indivíduo e mais cedo ou mais tarde haverão de sacrificá-lo?

Quanto à primeira pergunta, parece-me que podemos dizer o seguinte, que vai no sentido do que Friedmann dizia: o individualismo anárquico está superado, foi superado pela história. Mas trazemos em nós um indivíduo anárquico e devemos acertar nossas contas com ele; é um mau indivíduo. De minha parte, creio que de certa maneira ele pressupõe a solidão do homem e estou profundamente convencido de que o homem não está sozinho. Aprendemos durante esses anos que, quando um oficial era esbofeteado em Praga, o operário de Belleville acabaria sendo morto mais cedo ou mais tarde.

O individualismo liberal de que falamos também está em nós. Ele me parece igualmente condenado, e desse ponto de vista sou da opinião de Friedmann; a análise da consciência mistificada em Marx permanece inteiramente válida.

Em segundo lugar: que ameaça ao indivíduo vem de fora? Não vale a pena, mais uma vez, fazer psicologia concreta, mas sociologia concreta. O que nos leva a ter esse sentimento de medo? Incontestavelmente, é em primeiro lugar o silêncio. O que aprendemos durante esses anos é que só podemos viver num mundo onde acreditamos que, apresentando argumentos humanos a um ser humano, receberemos de volta ações humanas. Ora, aprendemos que existem tipos de seres humanos aos quais de nada adianta apresentar argumentos humanos. Nenhum prisioneiro dos campos de concentração teria a ideia de convencer os SS que o maltratavam de que não deveriam fazê-lo. Desse ponto de vista, estamos no mundo do silêncio, ou seja, da violência.

O segundo ponto vai ao encontro de Friedmann em outro plano: a abstração. É verdade que, no nível da técnica, a presença humana, o contato humano está sendo cada vez mais substituído pela intermediação do instrumento mecânico. O que também é verdade no plano da sociedade, pois há um fenômeno internacional chamado burocracia que faz com que, em todos os níveis das relações com o Estado, nunca nos deparemos com uma pessoa humana.

Uma terceira característica da época atual é a progressiva e inevitável substituição do homem real, do homem de todos os dias, do homem concreto pelo homem histórico. Cada vez mais estamos nos tornando politizados. Os senhores podem ler isso em toda parte e podem perguntar a si mesmos; sabem que a política interfere cada vez mais em suas reações e em sua maneira de encarar o mundo.

A quarta característica que me parece possível detectar é a vontade de poder, e esse conjunto de caracteres representa o terror. Parece-me incontestável que vivemos no mundo do terror, e com a sensação mais ou menos confusa e mais ou menos clara de terror. De onde vem ela? Penso que, sem filosofar, poderíamos seguramente dizer o seguinte: acreditando no progresso inevitável, numa lógica histórica inevitável, acreditando, por exemplo, que a sociedade feudal fatalmente deve suceder à anarquia original, que as nações devem originar-se desse estado feudal, seguindo-se o internacionalismo ou, se quiserem, a Sociedade das Nações e mais adiante a sociedade sem classes, baseando-se nesse racionalismo absoluto, o homem põe esses valores históricos a serem alcançados acima dos valores que, em virtude da educação ou de preconceitos, estamos acostumados a considerar válidos.

Portanto, se nos basearmos no racionalismo absoluto ou na ideia de progresso, qualquer que seja ele, admitiremos o princípio de que os fins justificam os meios: se é inevitável chegarmos a essa sociedade sem classes, não hesitaremos na escolha dos meios, e a mentira, a violência, o assassinato serão talvez lamentáveis nos costumes das pessoas, mas não deverão ser rejeitados, se aquilo a que deveremos chegar representar algo inevitável, histórico e desejável.

Se acharmos que o indivíduo traz em si os seus erros, por um lado, e, por outro, tem diante de si esses fenômenos coercitivos, deveremos concluir que precisamos tentar nos opor a esse destino na medida do possível. Mas vivemos em contradição, pois, se considerarmos o europeu médio, ou mesmo o intelectual médio, que princípios ele poderia opor a esses princípios quando não acredita neles?

As pessoas de espírito cristão haverão de admitir que oitenta por cento dos europeus vivem longe da graça, e que, entre os outros vinte por cento, é muito limitado o número de cristãos autênticos.

Portanto, não se trata de opor valores religiosos, tradicionais, a esses valores que hoje pesam sobre o mundo. Não temos nenhum Valor estabelecido para opor a esses valores, e, se não temos nenhum Valor, incidimos no niilismo — e aqui me limito a constatar um fato. E o problema que se apresenta hoje, como se apresentou durante a guerra, consiste em saber como a imensa maioria de europeus seria capaz de se opor às iniciativas de coerção sem dispor, por sua vez, de valores claros.

As pessoas que não acreditavam em nada durante a guerra nada tinham para dizer a Hitler, porque, nesse nível, o niilismo absoluto tem o mesmo efeito do racionalismo absoluto. Temos de constatar que vivemos numa contradição, e temos de constatar que precisamos superá-la. Em minha opinião, é exatamente aí que se encontra o problema histórico que enfrentamos. Para superar essa contradição, é preciso pensar de certa maneira, com as mãos ou com a cabeça. A ação de pensar, de reconstruir, de conciliar os aspectos contraditórios, não é possível num clima de medo.

O indivíduo, se quiser se salvar, precisa, em primeiro lugar, fortalecer-se contra o medo e até mesmo exigir a abolição da pena de morte, o que, no plano jurídico, talvez pudesse aliviar as tensões. Se isso puder ser feito, acredito que realizaremos hoje a única ação capaz de salvar o indivíduo.

As pessoas que não têm a Verdade absoluta não querem matar ninguém e exigem que não se mate. Exigem buscar a verdade e, em consequência, precisam de certas condições históricas que lhes possibilitem essa busca. É a isso que dou o nome de condições de um pensamento modesto. Podemos definir essas condições e podemos agir para que elas se concretizem. Na minha opinião, a probabilidade de sucesso dessa ação poderia estar em torno de uma em mil. O que não é razão para deixar de tentá-la. Naturalmente, essa ação deve extrair seus princípios, se me permitem, da pequena análise que tomei a liberdade de fazer diante dos senhores: como a política deste mundo, seja qual for, se baseia na vontade de poder, no realismo, portanto em princípios falsos, deveremos rejeitá-los na totalidade e retirar totalmente a confiança depositada em todos os governos, sejam quais forem.

Hoje, se quisermos ir ainda mais longe nesse plano, devemos nos dar conta de que é preciso dizer as coisas claramente, e, para citar apenas um exemplo, eu pensaria, como Sócrates, que ninguém pensa mal por ser criminoso, mas que alguém é criminoso porque pensa mal. E, no caso que nos interessa, se o mundo é conduzido segundo princípios falsos, matematicamente se está produzindo crime e homicídio; todos aqueles que, de modo direto ou indireto, aprovam princípios dessa natureza devem se considerar assassinos e admitir que até o momento têm sido um tipo de assassino, indireto ou às vezes direto.

Isto posto, será preciso dizer que, se condenarmos essa sociedade fundamentada e regida por esses princípios, deveremos concluir um novo contrato social entre indivíduos na sociedade, e, desse ponto de vista, considerando-se que a questão não pode ser pensada no plano nacional e que existem apenas problemas internacionais, não vejo nada melhor do que realizar internacionalmente esse tipo de sociedade, com indivíduos dispostos a sacrifícios pessoais. O que critico no individualismo liberal é que, da liberdade, ele só considera as vantagens. Será necessário, portanto, que essas pessoas estejam dispostas a sacrifícios pessoais, por exemplo, recusando honrarias e tudo que essa sociedade possa lhes dar, limitando-se, aceitando certo nível de remuneração, recusando-se a ter dinheiro além de certo nível e dispondo do restante para coisas que teriam de ser definidas. É preciso que façam sacrifícios pessoais, caso contrário continuaremos na mistificação; por outro lado, será preciso que esses indivíduos exercitem a pregação. Ainda podemos contar com jornais, discursos, alguns elementos de ação que não o homicídio. É um elemento provisório e modesto que põe em ação para preservar o que ainda pode restar do indivíduo. Tudo isso é apenas um arcabouço com algumas sugestões para estimular as mentes.

O destino do indivíduo está nessa decisão a ser tomada, na análise histórica que devemos fazer e, por outro lado, em decisões. Significa que não se trata de concordar e depois voltar a ler o jornal e não simpatizar com os assassinatos que ensanguentam a Europa hoje em diversos pontos: trata-se de tomar posição. Com essa decisão, nesse momento, se for possível propor valores exemplares em oposição a esses valores de poder, digo que haverá uma probabilidade em mil de o indivíduo ainda continuar ocupando seu lugar num mundo que ameaça eliminar totalmente esse lugar. Sem querer fazer equiparações, direi que houve um movimento desse tipo no fim do mundo antigo, quando tudo ia mal, e o nome dele era sociedade dos estoicos, também ela internacional, na medida em que isso era possível na época; ela preparou uma virada civilizacional: a civilização nova era o cristianismo.

Estamos num momento de virada, e será a morte ou uma nova civilização; e quem deve prepará-la é nossa geração, ou seja, as pessoas que estão vivas hoje. Essa geração é inevitavelmente sacrificada, a questão é saber se seu sacrifício será estéril ou fecundo, e isso cabe a nós escolher.

[Merleau-Ponty, apreciando a modéstia das propostas de Camus, questiona se ele realmente oferece uma solução ou se, recomendando uma atitude apolítica, não estaria incidindo no tipo de individualismo que pretende banir. Concentrar-se em si mesmo não impedirá que o governo imponha "a devastação que tememos". Paralelamente, os estoicos só acarretaram uma nova civilização tornando-se cristãos, deixando, com esse engajamento exterior, de "buscar a pureza interior". Quando não se tenta encontrar uma forma de Estado organizado, cai-se "na pura moral".

Camus responde:]

É verdade num sentido; mas é claro que eu pensei nessa objeção e eis o que ponderei comigo mesmo:

Queremos ou não salvar o indivíduo? Se quisermos, em minha opinião, recusamos o homicídio. Mas hoje eu me vejo num dilema, obrigado a escolher entre dois pensamentos igualmente nobres no ponto de partida e ambos ignóbeis na chegada. A análise marxista da consciência mistificada pode ser aplicada à ideologia marxista, na medida em que é ideologia.

Não dispomos do critério necessário para escolher no ponto de partida, mas dispomos na chegada, e a gravidade, a deformação que pode ser infligida a esse esforço mundo afora parece-me menor que a gravidade que está diante dos nossos olhos, que é a política realista, de poder, seja de direita ou de esquerda, que leva ao homicídio. Para todos os que viveram durante seis anos no inferno em que vivemos, para todas essas pessoas, existe algo que se tornou fisiologicamente impossível: a ideia de que se possa aceitar o homicídio.

É possível que a solução que proponho venha a ser deformada; a probabilidade é menor no ponto de partida. Mas creio que de qualquer maneira ela fará menos mal ao ser humano do que a outra escolha.

Responderei agora à ideia de que se trata de pura moral. Vocês me dizem que os estoicos criaram uma Igreja. É exatamente minha intenção. Não afirmo que devemos viver retirados em nossa casa de campo estudando os antigos. Proponho permanecermos na vida e na política, dando nosso testemunho em cada lugar, mas que esse testemunho seja não só nosso, porém de muitos. E, se usei a palavra pregação, não foi à toa.

[Gandillac pergunta então se a ideia de progresso e a convicção de estar de posse de uma verdade devem necessariamente levar ao homicídio. A violência também expressa uma incerteza, "uma angústia da liberdade não inteiramente determinada". A incerteza e a certeza podem incitar ao protesto.

Camus responde:]

Penso o seguinte (é nisso que não sou marxista): acredito que, se há um Absoluto, ele é da conta de cada um e não da conta de todos, e que, em consequência, uma ação como essa que eu me limitava a descrever muito por alto consistiria em unir algumas pessoas em torno de valores que eu diria provisórios ou intermediários, valores que bastariam para definir um mundo que se tornasse respirável para eles. Acredito, por exemplo, que certa justiça, e não digo Justiça com J maiúsculo, ou certa liberdade são valores indispensáveis para podermos viver entre nós, por um lado, e podermos dar prosseguimento a essa busca, essa conciliação, que me parece ser uma das tarefas da época...

Essa ação de que falávamos, se precisar de valores absolutos para dar a partida, jamais será realizada, considerando-se que este mundo sofre de niilismo. Precisamos então inverter a questão; não a expressar como vocês expressaram, mas da seguinte maneira: a única coisa que resta fazer é termos energia, determinação e lucidez suficientes para reunir algumas pessoas em torno de vontades provisórias. Trata-se, hoje, de preparar uma continuação e um futuro, e volto à minha famosa sociedade estoica, essa espécie de atitude de pessoas que conservam certa ordem das coisas no interior mesmo do mundo. Eu disse uma vez, numa época em que trabalhava com jornalismo, "a verdade é comercial", ou seja, é vendida, e, se dissermos a certas pessoas: não se trata de lhes dar o que quer que se pareça com uma verdade absoluta, trata-se de lhes dar um objetivo para que possam persegui-lo, então essas pessoas talvez encontrem a capacidade necessária. Se tivéssemos de escolher algo que nos desse, digamos, setenta e cinco chances de sucesso, não teríamos nenhum mérito. Se a época tem certo caráter trágico é porque efetivamente são poucas as chances de sucesso.

[Numa longa intervenção, Friedmann critica o ceticismo político de Camus. No pós-guerra, a humanidade não "precisaria de uma organização racional dos seus meios de produção e distribuição [...], de uma ação social"? *O iogue e o comissário*, livro de Koestler, ressalta claramente a oposição entre aquele que acredita apenas na reforma interior e o que se fia inteiramente nas instituições. Trata-se, contudo, de um "falso dilema", quando o verdadeiro problema é "o da interação entre a inelutável revolução das instituições e um esforço do homem sobre si mesmo". Também é preciso evitar uma leitura mecanicista de Marx. A dialética de Hegel, centrada na "ação recíproca entre causa e efeito", está no cerne do problema e permite "descobrir como realizar concretamente essa interação entre esforço político e moral". Encurralada entre os dois grandes blocos políticos, a França está em boa posição para integrar os "valores humanos permanentes" ao trabalho político. O destino do indivíduo moderno depende da resolução desse problema.

Resposta de Camus:]

Seria dar uma ideia errônea de minha posição levar em conta apenas o ramo iogue. O próprio Koestler diz pouco adiante que o necessário, para amanhã, é a aliança nas próprias pessoas do iogue e do comissário... Há uma comunidade que foi objeto de muita troça nos jornais, em minha opinião equivocadamente. É a chamada comunidade Barbu.[1] Temos aí o típico exemplo de cento e cinquenta indivíduos que, cansados de esperar há quatro gerações o triunfo da história, se reuniram e realizaram, em cento e cinquenta pessoas, um estado de coisas que lhes proporciona vida digna, que eles próprios reconhecem como digna. Consta dos estatutos da comunidade Barbu que a comunidade só reconhece como impostas pela estrutura provisória em que ela se encontra as leis que estejam de acordo com os princípios adotados por suas regras. É um sinal impressionante da vontade de indivíduos que se desassociam do que há de mau e dão

---

[1] Durante a Ocupação, Marcel Barbu (1907-1984), dono de uma fábrica de caixas de relógios de pulso, funda em Valence uma comunidade de trabalho, cedendo aos operários os direitos de propriedade de sua empresa. Além da divisão dos meios e rendimentos de produção, a comunidade Barbu propõe um ideal de vida comunitária que engloba a vida familiar, material, moral, cultural e espiritual. Depois da guerra, Barbu é eleito deputado pelo departamento de Drôme e apresenta projetos de lei sobre as comunidades de trabalho, que não são aprovados. Frequente alvo de zombaria dos pares na Assembleia, ele renuncia ao mandato em junho de 1946.

continuidade na sociedade ao que há de bom. É uma posição que tenta manter o que há de válido...

Não sou tão pessimista. Eu teria de analisar quase todos os exemplos mencionados no início pelo meu amigo Friedmann... Também deve ser examinada de perto a ideia de liberdade, pois sempre falamos dela; seria necessário saber o que significa liberdade. A liberdade de pensar nunca nos será tomada; logo, trata-se da liberdade de expressão. Seria o caso de analisar... Vocês falavam do encurralamento do indivíduo, e por isso mesmo do encurralamento da liberdade. O que é uma boa coisa; não que ele esteja encurralado!... mas só há verdadeira liberdade quando há uma espécie de encurralamento: existem liberdade, libertação e luta. É da condição humana não ter uma liberdade prontinha.

Mensagem lida por Jean Amrouche na Maison de la Chimie

1946

Em 18 de novembro de 1946, a representação do Partido Istiqlal (Partido da Independência) em Paris comemora na Maison de la Chimie[a] o décimo nono aniversário da ascensão ao trono do sultão marroquino Sidi Mohamed Bin Yussef. Personalidades árabes e francesas são convidadas a falar nessa reunião realizada "sob o signo da amizade e das afinidades espirituais que aproximam o pensamento oriental do espírito ocidental". Ausente, Albert Camus confia a leitura do texto que segue a Jean Amrouche[1], ca-

---

[a] A Casa da Química é um centro de convenções internacional mantido na capital francesa por uma fundação homônima de apoio a atividades de pesquisa científica no terreno da química. (N. do T.)

[1] Jean Amrouche funda a revista *L'Arche* em fevereiro de 1944, em Argel, com o apoio de André Gide. A revista publica em seu décimo terceiro número o ensaio de Camus intitulado *Le Minotaure ou la halte d'Oran* [O Minotauro ou a parada de Orã].

bila cristão que ele conheceu por intermédio das Éditions Charlot[1] e da revista L'Arche. *O texto dessa alocução, assim como das intervenções dos demais participantes, seria publicado pelo Departamento de Documentação e Informação do Istiqlal.*

"Durante anos, vivemos lado a lado, em um deserto nu, sob um céu indiferente..."[2] Assim começa o grande livro de um homem que muito viveu e combateu com os árabes e nunca se curou da decepção que lhe foi infligida por seu próprio país, que viria a tratar como moeda de troca aquele povo no qual ele só encontrara irmãos de combate.

Guardadas as proporções, tenho o mesmo sentimento de comunhão e solidão quando penso em meus amigos árabes. E, como tantas vezes me uni a eles na dor, gostaria de poder unir-me a eles na felicidade e no orgulho. Mas as oportunidades para isto são raras.

Por isso aproveito com alegria esta que se oferece hoje, para manifestar essa solidariedade. Como os senhores estão aqui reunidos para festejar o seu soberano e entregar--lhe o que lhe cabe, não me será difícil, em nome de alguns escritores franceses, dirigir a Sua Majestade Sidi Mohamed Bin Yussef, sultão do Marrocos, congratulações e votos que nada têm de oficial e nada mais são que a livre expressão da amizade respeitosa que homens livres têm por aquele

---

[1] As Éditions Charlot, fundadas por Edmond Charlot, publicaram em Argel as primeiras obras de Albert Camus, entre elas *O avesso e o direito* e *Núpcias*. Camus, por outro lado, viria a dirigir a coleção "Poésie et Théâtre" da editora.

[2] Citação de *Os sete pilares da sabedoria*, de T. E. Lawrence.

que representa hoje a esperança, portanto a dignidade de milhões de marroquinos.

E há talvez uma razão ainda mais especial para a atenção e a simpatia que escritores livres podem ter hoje pelo soberano dos senhores. Não ignoramos que a maior preocupação dele é disseminar o máximo possível a educação entre seu povo. O que é bem pensado. Pois o conhecimento sempre é universal, e é ele que congrega, ao passo que a ignorância separa. O homicídio, o ódio e a violência não vêm de um coração mau, mas de uma alma ignorante. Aquele que sabe, pelo contrário, sempre haverá de se recusar a dominar e violentar. Ao poder, preferirá sempre o exemplo.

Eis por que esse soberano, suficientemente esclarecido para dar à educação tanto espaço, apesar de tantos obstáculos, trabalha pelo homem integral, ao mesmo tempo que trabalha pelo seu povo. Eu provavelmente nunca serei muçulmano e duvido que algum dos senhores aqui reunidos venha a um dia tornar-se esse animal estranho, instável e imoderado, ávido de conhecer e experimentar tudo, que vive de suas contradições, é louco por uma sabedoria impossível e é chamado de europeu. Mas em certo grau do conhecimento, essas diferenças se mostram necessárias e mesmo fecundas, desde que sejam acompanhadas de respeito mútuo. No dia em que os europeus deixarem de considerar os árabes um povo pitoresco e incompreensível, no dia em que os árabes deixarem de confundir os europeus com os policiais que às vezes falam em seu nome, nesse dia a vida no mundo será mais amena.

Talvez esse dia ainda esteja longe. As nações ocidentais se extenuam hoje em disputas de poder, e nada será resolvido enquanto a vontade de poder não for morta. Cada vez mais, no entanto, erguem-se pessoas que entenderam isso. São marroquinos ou franceses ou de qualquer outro país. O certo é que estão juntos e juntos travam o mesmo combate. Seu dever é trabalhar pelo conhecimento e criar com isso os valores universais que nos permitirão viver com o coração em paz num mundo em paz. Por isso o respeito que temos por seu soberano se mescla de gratidão, por ele ter compreendido isso.

Amigos marroquinos, a única linguagem à altura desta comemoração é a da verdade. Digamos então que é verdade que nossos corações não estão em paz e que aspiramos a esse entendimento que, finalmente, fará de nós os irmãos iguais que somos. Digamos também que estamos todos conscientes dos obstáculos que o egoísmo e o interesse ainda hoje erguem diante de nós. Mas digamos também que, cada um por nosso lado, jamais com um espírito de ódio, continuaremos a fazer o necessário para que as barreiras afinal caiam. Até lá, estejam certos de que sob o céu indiferente do poder, e nesse deserto nu da África onde vivi e que me deu uma alma um pouco semelhante às suas, continuaremos a combater lado a lado por uma ideia maior e melhor de homem.

O descrente e os cristãos
Conferência no Convento de Latour-Maubourg
1946

A convite do reverendo Jean Maydieu, que conheceu durante a Ocupação, em 1º de dezembro de 1946 Albert Camus participa de um encontro com cristãos no Convento de Latour-Maubourg, no sétimo distrito de Paris. Profere então uma conferência que vamos encontrar em Atuais, *com o título "O descrente e os cristãos". Entretanto, uma ata da mesma reunião, publicada em abril de 1949 na revista dominicana* La Vie intellectuelle, *reproduz declarações de Camus que não constam da versão de* Atuais. *Como nenhuma indicação permite situar essas declarações na exposição original de Camus, elas foram incluídas aqui após a versão publicada em* Atuais.

Como os senhores tiveram a bondade de convidar alguém que não comunga de suas convicções a vir aqui responder à pergunta muito genérica que costumam fazer nesses encontros — antes de dizer o que me parece que os incrédulos esperam dos cristãos —, eu gostaria desde logo de expressar meu reconhecimento por essa largueza de espírito com a afirmação de alguns princípios.

Em primeiro lugar, existe um farisaísmo laico ao qual me esforçarei por não ceder. Chamo de fariseu laico aquele que finge acreditar que o cristianismo é coisa fácil e que aparenta exigir do cristão, em nome de um cristianismo visto de fora, mais do que exige de si mesmo. De fato, acredito que o cristão tem muitas obrigações, mas que não cabe àquele que as rejeita lembrar sua existência àquele que já as reconheceu. Se alguém pode exigir alguma coisa do cristão é o próprio cristão. A conclusão é que, se, no final desta exposição, eu tomasse a liberdade de cobrar alguns deveres dos senhores, só poderia tratar-se de deveres que é necessário cobrar de qualquer pessoa hoje, seja ela cristã ou não.

Em segundo lugar, quero declarar também que, não me sentindo de posse de nenhuma verdade absoluta nem de mensagem alguma, jamais partirei do princípio de que a verdade cristã é ilusória, mas simplesmente do fato de que não fui capaz de ingressar nela. Para ilustrar essa posição, gostaria de confessar o seguinte: três anos atrás, entrei em controvérsia com um dos seus, e dos mais notáveis.[1] A febre

---

[1] Em 1944-1945, François Mauriac e Albert Camus se opõem em viva polêmica a respeito dos expurgos do pós-guerra. Enquanto aquele manifesta em *Le Figaro* sua preocupação com os eventuais abusos de uma justiça popular, este defende em *Combat* uma justiça reparadora "sem ódio, mas sem piedade" em relação às elites comprometidas.

daqueles anos, a lembrança difícil de dois ou três amigos assassinados me haviam levado a essa pretensão. Mas posso dar testemunho de que, apesar de certos excessos de linguagem da parte de François Mauriac, nunca deixei de meditar sobre o que ele dizia. Ao cabo dessa reflexão — e dou-lhes assim minha opinião sobre a utilidade do diálogo crente-descrente —, vim a reconhecer no íntimo, e publicamente aqui, que, no fundo, em relação à questão precisa da nossa controvérsia, o Sr. François Mauriac tinha razão, e eu não.

Dito isso, será mais fácil postular meu terceiro e último princípio. Ele é simples e claro. Não tentarei modificar nada do que penso nem nada do que os senhores pensam (até onde posso julgar), com o fim de obter uma conciliação que fosse agradável a todos nós. Pelo contrário, o que tenho vontade de lhes dizer hoje é que o mundo precisa de um autêntico diálogo, que o contrário do diálogo é tanto a mentira quanto o silêncio e que, portanto, só há diálogo possível entre pessoas que continuem sendo o que são e falem a verdade. O que significa dizer que o mundo de hoje exige dos cristãos que continuem sendo cristãos. Outro dia, na Sorbonne, dirigindo-se a um conferencista marxista, um padre católico dizia em público que também era anticlerical. Pois bem! Não gosto de padres anticlericais, assim como não gosto das filosofias que têm vergonha de si mesmas. De modo que não tentarei, de minha parte, fazer-me cristão diante dos senhores. Comungo com os senhores o mesmo horror ao mal. Mas não comungo a mesma esperança e continuo a lutar contra esse universo em que crianças sofrem e morrem.

E por que não haveria de dizer aqui o que escrevi em outro contexto? Durante muito tempo esperei, naqueles anos terríveis, que uma voz imponente se elevasse em Roma. Eu, descrente? Justamente. Pois eu sabia que o espírito se perderia se, diante da força, não lançasse o grito da condenação. Parece que essa voz se elevou. Mas juro que milhões de pessoas, como eu, não a ouviram e que havia então em todos os corações, crentes ou descrentes, uma solidão que não parou de se expandir à medida que os dias passavam, e os carrascos se multiplicavam.

Explicaram-me depois que a condenação de fato havia sido feita. Mas que o fora na linguagem das encíclicas, que não é clara. A condenação fora feita e não fora compreendida! Quem não seria capaz de sentir aqui onde está a verdadeira condenação e quem não veria que esse exemplo traz em si um dos elementos da resposta, talvez a resposta inteira que os senhores me pedem. O que o mundo espera dos cristãos é que os cristãos falem, alto e bom som, e que externem sua condenação de tal maneira que jamais a dúvida, jamais uma única dúvida possa surgir no coração do homem mais simples. É que eles saiam da abstração e encarem o rosto ensanguentado que a história de hoje adquiriu. A união de que precisamos é uma união de gente decidida a falar com clareza e a se sacrificar pessoalmente para isso. Um bispo espanhol, quando abençoa execuções políticas, deixa de ser bispo, cristão e até mesmo homem; ele é um cão, assim como aquele que, do alto de uma ideologia, determina essa execução sem realizar o trabalho. Nós esperamos e eu espero que se unam aqueles que não querem ser cães e estão decididos a pagar o preço que for preciso para que o homem seja algo mais que cão.

E agora, o que os cristãos podem fazer por nós?

Em primeiro lugar, acabar com as disputas inúteis, das quais a primeira é a do pessimismo. Creio, por exemplo, que o Sr. Gabriel Marcel ganharia se deixasse em paz formas de pensamento que o apaixonam mas o induzem em erro. O Sr. Marcel não pode declarar-se democrata e ao mesmo tempo exigir a proibição da peça de Sartre.[1] É uma posição cansativa para todo mundo. É que o Sr. Marcel quer defender valores absolutos, como o pudor e a verdade divina do homem, ao passo que se trata de defender os poucos valores provisórios que permitirão ao Sr. Marcel continuar lutando um dia, à vontade, por esses valores absolutos.

Aliás, com que direito um cristão ou um marxista poderia me acusar, por exemplo, de pessimismo? Não fui eu que

---

[1] Filósofo, dramaturgo e crítico de teatro, Gabriel Marcel (1889-1973) considerou vergonhosas as cenas de tortura da peça *Mortos sem sepultura*, de Jean-Paul Sartre, lamentando que não fosse proibida em Paris depois de ter provocado incidentes em Copenhague (*Les Nouvelles littéraires*, 10 de novembro de 1946).

inventei a miséria da criatura, nem as terríveis fórmulas da maldição divina. Não fui eu que proclamei esse *Nemo bonus*[a] nem a danação das crianças sem batismo. Não fui eu que disse que o homem é incapaz de se salvar sozinho e que, do fundo do seu aviltamento, só teria esperança na graça de Deus. Quanto ao famoso otimismo marxista! Ninguém levou mais longe a desconfiança em relação ao homem e, afinal, as fatalidades econômicas desse universo parecem mais terríveis que os caprichos divinos.

Os cristãos e os comunistas me dirão que seu otimismo é de mais longo alcance, que é superior a todo o resto e que Deus ou a história, conforme o caso, é a consumação satisfatória de sua dialética. Eu posso tecer o mesmo raciocínio. O cristianismo, embora seja pessimista quanto ao homem, é otimista quanto ao destino humano. Pois bem, direi que eu, embora pessimista quanto ao destino humano, sou otimista quanto ao homem. E não em nome de um humanismo que sempre me pareceu limitado, mas em nome de uma ignorância que tenta não negar nada.

Isso significa, portanto, que as palavras pessimismo e otimismo precisam ser esclarecidas e que, enquanto não são, devemos reconhecer antes o que nos une do que aquilo que nos separa.

Creio que era o que eu tinha para dizer. Estamos diante do mal. E, quanto a mim, é verdade que me sinto um pouco

---

[a] Trad.: "Ninguém é bom." A máxima completa é: *"Nemo bonus nisi solus Deus"* [Ninguém é bom, a não ser Deus]. (*N. da R.*)

como o Agostinho de antes do cristianismo, que dizia: "Eu buscava de onde vem o mal e não saía disso." Mas também é verdade que sei, assim como alguns outros, o que é preciso fazer, se não para diminuir o mal, pelo menos para não o agravar. Talvez não possamos impedir que esta seja uma criação em que se torturam crianças. Mas podemos diminuir o número de crianças torturadas. E, se os senhores não nos ajudarem, quem no mundo nos ajudaria?

Entre as forças do terror e as do diálogo, começou um grande combate desigual. Tenho apenas ilusões moderadas quanto ao resultado desse combate. Mas acredito que é preciso enfrentá-lo e sei que pelo menos existem pessoas decididas a isso. Temo simplesmente que elas se sintam às vezes um pouco sós, que de fato o estejam, e que, com dois milênios de intervalo, possamos assistir ao sacrifício de Sócrates várias vezes repetido. O programa para o amanhã é a cidade do diálogo ou a solene e significativa matança das testemunhas do diálogo. Tendo dado minha resposta, a pergunta que farei aos cristãos, de minha parte, é a seguinte: "Sócrates ainda estará sozinho e não haveria nada nele e na doutrina dos senhores que os leve a se juntar a nós?"

Bem sei que é possível que o cristianismo responda negativamente. Oh! não pela boca dos senhores, creio eu. Mas é possível, e é mesmo o mais provável, que ele se obstine nas concessões, ou então em dar às condenações a forma obscura da encíclica. É possível que se obstine em permitir que lhe arranquem definitivamente a virtude de revolta e de indignação que já teve, há muito tempo. Nesse caso, os cristãos viverão, e o cristianismo morrerá. Então serão os outros que pagarão o sacrifício. De qualquer maneira, é um futuro que não me cabe decidir, não obstante toda a esperança e as angústias que mobiliza em mim. Só posso falar do que sei. E o que sei, e que às vezes me deixa nostálgico, é que, se os cristãos se decidissem, milhões de vozes, milhões, ouçam bem, se uniriam no mundo ao grito de um punhado de solitários sem fé nem lei que em toda parte hoje atuam, sem descanso, na defesa de crianças e adultos.

[Aqui começa o texto de Albert Camus reproduzido em *La Vie intellectuelle*, abril de 1949:]

Como os senhores tiveram a bondade de convidar alguém que não comunga suas convicções a vir responder à pergunta... Mas não comungo suas esperanças quando vejo esse universo onde as crianças sofrem e morrem.

Dito isso, como responder à sua pergunta: o que esperamos dos católicos da França? Eu a ampliaria, dizendo: o que o mundo espera dos cristãos?

Talvez fosse o caso de perguntar: o que o mundo espera? Perguntando-nos o que o mundo espera, talvez pudéssemos nos perguntar o que é este mundo de hoje.

Hoje, sem dúvida haverão de reconhecer, o mundo vive longe da graça, e oitenta por cento dos europeus de hoje vivem e morrem privados dos valores que permitem justificar uma ação ou pacificar uma morte. Fui e ainda sou desses, e as pessoas da minha geração, desde que tenham consciência clara, são bons exemplos do que o mundo sofre e espera. E, falando delas, serei escrupuloso ao máximo, pois os conheço e tenho a grande oportunidade de responder à pergunta feita aqui.

Direi logo de entrada que o grande problema que atormenta o mundo hoje é o problema do mal, e assim estou definindo o interesse que o cristianismo pode ter nessa questão. Parece-me que será mais esclarecedor para todos nós que eu preserve seu caráter histórico, tentando resumir a experiência das pessoas da minha geração e me perguntando o que o cristianismo pode fazer por elas no exato ponto a que chegaram.

Os franceses da minha geração nasceram pouco antes da Grande Guerra; chegaram à idade adulta na época da crise econômica; tinham 20 anos no ano em que Hitler tomou o poder; conheceram a Guerra Civil Espanhola, Munique e, depois, a guerra de 1939, a derrota e quatro anos de ocupação e lutas clandestinas. É uma geração interessante, de fato, pois é uma geração que viveu revoltada diante do mundo absurdo forjado pelos mais velhos.

Se pensarem bem, reconhecerão que tudo nessa geração foi marcado pela revolta. A literatura estava revoltada contra a frase, o sentido, a própria clareza; a pintura, contra a forma, o tema, a realidade; a música, contra a melodia. A filosofia nos ensinou que não há verdade, mas fenômenos, que pode haver o Sr. Smith, o Sr. Durand, Herr Vogel, mas que não há nada em comum entre essas três entidades parciais.

A atitude moral dessa geração era ainda mais extrema. O nacionalismo parecia uma verdade ultrapassada, a religião, um exílio, vinte e cinco anos de política internacional nos haviam ensinado a duvidar de toda e qualquer verdade, e todos podiam ter razão, pois ninguém estava errado. A moral de nossa sociedade não deixara de ser uma monstruosa hipocrisia.

Portanto, vivíamos na negação. E, naturalmente, o que era verdade para aquela geração não constituía uma novidade. Muitas outras gerações na história também viveram na negação. Mas o que há de novo é que, na falta de valores que pudessem ajudá-la, essa geração foi obrigada a se ajustar ao homicídio e ao terror. Em outras palavras, essa geração viu-se de mãos vazias, atirada numa crise do homem que seria necessário tentar definir brevemente para podermos nos dar conta do problema que se apresenta.

Como defini-la? Busquei a maneira mais rápida e mais concreta: pareceu-me que, contando-lhes dois casos breves, eu alcançaria mais depressa meus objetivos.

Um dos meus companheiros tinha sido preso pela Gestapo. Estava no prédio da Rue de la Pompe certa manhã, num aposento com dois outros companheiros também torturados. A zeladora do prédio subira para fazer a limpeza, e, como as pessoas que ali se encontravam a recriminassem por cuidar da limpeza em semelhantes circunstâncias, ela respondeu: "Nunca me meto na vida dos inquilinos!"

Outro caso aconteceu com um dos meus companheiros. Ele fora arrancado de sua cela para ser interrogado um tanto brutalmente; estava com uma atadura em torno das orelhas. Ao voltar para buscá-lo pela segunda vez, um oficial alemão, o mesmo que o havia interrogado antes, disse-lhe com um toque de afetação e até de solicitude: "E como vão essas orelhas?"

Se estou contando essas histórias, não é por seu caráter sensacional; é porque me parecem caracterizar bem o estado de espírito diante do qual nos vimos; elas caracterizam bem o que chamo de crise do homem, pois nos possibilitaram responder de maneira não abstrata à seguinte pergunta: existe uma crise do homem? Possibilitaram responder que certamente havia uma crise do homem quando se podia encarar a tortura com esses sentimentos medianos, essas reações de sensibilidade cotidianas e medíocres, fazendo com que esses fenômenos de dor se encaixassem na vida de todo dia, fossem considerados uma obrigação algo tediosa, a mesma que consiste em fazer fila para obter senhas de racionamento.

Talvez fosse possível acusar o outro, isto é, dizer que tudo era culpa de Hitler e que, morta a besta, desapareceria o veneno. Mas sabemos perfeitamente que o veneno não desapareceu, que todos o trazemos no coração, o que ainda pode ser sentido pela maneira como as pessoas, os partidos e as nações se olham com alguma ou com muita raiva. Sempre achei que toda nação está intimamente associada tanto a seus traidores quanto a seus heróis. E uma cultura também; e a cultura branca ocidental parece-me responsável tanto por seus sucessos quanto por suas perversões. Parece-me que todos estamos intimamente associados ao hitlerismo, que assim continuamos, e começamos a nos associar a uma outra coisa, uma outra experiência que começa a se desenvolver em todo o mundo e em várias nações.

Muito bem, qual era essa ideologia, essa crise que tentei concretizar com essas histórias? As pessoas da minha idade ficaram um tanto desorientadas e estão com medo. Depois, suponho, algumas tentaram refletir. Não foi difícil perceber que, para elas, essa crise era a ascensão do terror; não vou insistir nesse ponto; e que essa ascensão do terror se devia a uma série de juízos de valor ou de não valor que consistem em não mais julgar um ser humano em função de sua dignidade ou do que valia a sua vida individual, mas em função de outras noções, como sucesso ou eficiência. A zeladora certamente tinha um coração, como todo mundo, mas havia um fato, que era a ocupação alemã; essa ocupação alemã significava a vitória de certa ordem, e essa ordem, por ser vencedora, devia fatalmente — era desagradável, mas não havia como se opor — exercer certas liberdades, entre as quais a liberdade de torturar: o mais simples, portanto, era continuar fazendo faxina e deixar que as coisas passassem.

Se especifiquei que a ascensão do terror se baseia nessa ausência de valores, é porque se fazia necessário tentar fazer um diagnóstico para tentar imaginar os remédios.

Já tentamos fazer outros. Parece-me que esse terror, esse estado de angústia, se baseia na impossibilidade da persuasão. Os seres humanos vivem e só podem viver com a ideia de que, falando-se humanamente a um ser humano, obtêm-se reações humanas. Ora, existem seres humanos a quem não é impossível convencer. Imagino até que nos campos de concentração o SS que torturava tenha sido convencido de que o que fazia estava certo e de que aquele era o modo como devia proceder. O companheiro que tivera suas orelhas arrancadas poderia ser convencido de que o oficial alemão estava com a verdade ao fazer o que fazia? Há uma ausência de valores comuns. Será este o refrão desta breve exposição.

Há uma ausência de valores comuns no sentido de que qualquer um, os senhores ou eu, teria falado em nome de certos valores, confusos, mas em torno dos quais poderíamos entrar em acordo, ao passo que, para o oficial alemão, não havia nenhum valor comum: em seu gabinete, ele tinha a impressão de ser funcionário e representante da ideologia, mas achava natural tornar-se humano quando deixava de ser funcionário; caso contrário, tinha de defender os valores que fundamentavam seu Estado. É o que levava Himmler a entrar em casa à noite pela porta dos fundos, para não despertar um canário favorito.

Acredito também que esse terror é constituído pela substituição do objeto natural pela abstração e pela burocracia. Não vou insistir na questão das senhas de racionamento: os senhores já me entenderam.

Com tanto papel, tantos escritórios e tantos funcionários, de tanto interpor entre os homens escadas e formulários, de tanto proibir qualquer comunicação humana, chega-se a criar esse mundo abstrato em que as pessoas já não julgam pelo que os seres humanos são, mas pelo que são em função da doutrina que preside à organização da burocracia. Acredito, por exemplo, que hoje em dia só se morre, só se ama, só se mata por procuração. O que é uma boa organização. O problema da pena de morte seria resolvido de maneira muito diferente se as pessoas que sentenciam uma condenação à morte fossem obrigadas, eu diria, a botar a mão na massa.

Significa que estávamos e ainda estamos num mundo onde o homem real é substituído pelo homem político. Já não há paixão individual, mas paixões coletivas, ou seja, abstratas. Se somos todos introduzidos na política, voluntariamente ou à força, somos obrigados a dizer que o que conta não é respeitar o sofrimento de um homem ou de uma mulher, o que conta é garantir o triunfo de uma doutrina.

Todos esses sintomas se resumem no culto à eficiência, com base na eliminação dos valores comuns e tradicionais, e também no culto à abstração e à ideologia. Por isso o europeu agora só conhece a solidão e não consegue se identificar com os outros em termos de valores que lhes sejam comuns. E como já não somos protegidos, nem os senhores nem eu, pelo respeito ao ser humano com base nesses valores, a única alternativa ao alcance dessas pessoas é, como disse em outro contexto,[1] a de ser vítima ou carrasco.

---

[1] Camus refere-se aqui a seu artigo "Sauvez les corps" [Salvem os corpos], publicado na série "Ni victimes, ni bourreaux" [Nem vítimas, nem carrascos] (*Combat*, 19-30 de novembro de 1946).

Eis o que as pessoas da minha geração já entenderam. E o compreenderam de maneira menos clara e menos desapaixonada do que pude expressar aqui. Entenderam de maneira obscura, às vezes muito mais na própria pele do que na mente. Mas acharam que precisavam ajustar sua relação com esse estado de coisas. É aí que começa o problema. Tínhamos de ajustar aquilo com os valores de que dispúnhamos, ou seja, nada. Assim foi que precisamos entrar naquela guerra e naquele terror sem consolo nem certeza, como cegos à procura de uma saída. Sabíamos vagamente, até por uma sensação física, que não podíamos ceder a certa ordem de coisas, mas não sabíamos justificar. Os mais perspicazes percebiam que não tinham nenhum princípio para se opor ao terror, e se o faziam, faziam-no gratuitamente.

Pois, quando não se acredita em nada, se nada tem sentido, se não é possível afirmar nem negar nenhum valor, tudo é permitido e nada tem importância. Arrumar a casa ou torturar homens e mulheres, nada disso representa diferença tão considerável. Ninguém está errado nem certo. É possível mandar milhões de inocentes para o forno crematório assim como se pode cuidar de leprosos. Tudo se equivale perfeitamente. E, como achávamos que nada tem sentido, só podíamos concluir que tem razão quem tem êxito, para não ser passado para trás nesse universo em que nada podia ser justificado. Muitas pessoas inteligentes e céticas dizem que, se Hitler tivesse ganhado a guerra, a História teria consagrado seu reinado e dito que era um grande estadista. E não resta dúvida de que, nesse caso, muitos que [se] opuseram a ele teriam acabado por dizer e escrever, para que ficasse registrado na História, que de certa maneira seus meios se justificavam, pois os fins haviam sido alcançados.

Alguns de nós, recuando apesar de tudo ante esses extremos, julgaram poder imaginar que, na ausência de valores superiores, era possível acreditar que a História tivesse algum sentido; de qualquer maneira, agiram como se pensassem assim. Diziam que aquela guerra era necessária porque acabaria com a era dos nacionalismos e prepararia a era dos Impérios, à qual se seguiria o paraíso na Terra.

Chegavam, assim, ao mesmo resultado a que chegariam se acreditassem que nada tem sentido, pois ou a História tem um sentido total ou é nada. Agiram como se todos nos dirigíssemos juntos para um objetivo definitivo. Pensavam e agiam segundo um princípio de Hegel que me permito considerar detestável: "O homem é feito para a História, e não a História para o homem." Na verdade, todo o realismo que orienta os destinos do mundo me parece derivado de uma filosofia política à alemã, segundo a qual o universo se dirige por vias racionais para um universo definitivo. Os resultados são os mesmos. Se é verdade que a História obedece a uma lógica e a uma fatalidade, se é verdade que o Estado feudal deve suceder ao Estado anárquico, as nações ao feudalismo, os Impérios às nações, e a Sociedade Universal aos Impérios, então tudo que serve a essa marcha da História é bom, e as realizações da História são verdades definitivas: basta esperar que cheguem.

Como elas só podem chegar pelos meios habituais — guerras, mentiras, ardis e homicídios individuais e coletivos —, os atos não se justificam por serem bons ou maus, mas por serem eficazes ou não.

Foi assim que, no mundo de hoje, durante os últimos dez anos, minha geração sucumbiu à tentação de pensar que nada tem sentido ou que só tem sentido a rendição à fatalidade histórica. E foi assim que muitos sucumbiram a uma dessas tentações e que o mundo ficou entregue à vontade de poder, ou seja, ao terror.

Olhem ao redor e digam se o quadro que pinto é exagerado. Estamos realmente presos às cadeias da violência e do poder, e sufocamos. Seja no interior das nações ou além das fronteiras, a ganância, o ressentimento, a astúcia, a desconfiança, a mentira, as segundas intenções estão criando um universo desesperador, no qual o homem se vê privado daquela parte de si mesmo que não pertence à História, ou seja, a reflexão, o lazer, certo futuro; não peço muita coisa, apenas o culto à felicidade e ao lazer mais singelo.

Nem preciso dizer-lhes que não nos foi dado resolver esse problema. Problemas desse tipo, de escala histórica, certamente não são resolvidos pela ação de alguns nem mesmo pela ação de uma geração. É preciso tempo, e talvez uma das lógicas da História seja a necessidade de muitos sacrifícios, e às vezes sacrifícios gratuitos.

Creio poder dizer, no entanto, que a nós, que achávamos que nada ou pouquíssima coisa tinha sentido, pareceu justificado lutar contra essa ordem e contra esse universo. Se não reproduzo aqui o raciocínio — não filosófico, mas moral — que nos levou a essa conclusão, é porque isso me levaria longe.

    Mas vou resumi-lo. Considerando-se que estávamos diante daquele mundo e era necessário fazer alguma coisa para não o aceitar, e como só podíamos nos erguer contra aquele mundo sem nada nas mãos, precisamos encontrar em nossa revolta os meios e as razões de nos opor a ele.

    Se era um sofisma ou uma verdade no plano do Evangelho, não sei, mas o fato é que conseguimos. E gostaria de insistir nesse ponto. Quando recusávamos certa ordem de coisas, certa ordem de valores, talvez houvesse um não nessa recusa, mas talvez houvesse também um sim. Quero dizer que, de certa maneira, afirmávamos que havia certa ordem que não queríamos, mas também que havia em nós algo melhor que aquilo. E podíamos dizer que, lutando e combatendo nesse plano e nessa direção e admitindo morrer por essa verdade vislumbrada, aquelas pessoas provavam tratar-se de uma verdade que as superava. Em termos práticos, não era por serem vítimas daquela opressão que entravam na luta, mas porque muitas pessoas pelas quais aceitavam morrer eram vítimas daquela opressão.

    Não seria difícil encontrar aí os fundamentos de uma teoria da comunicação entre os homens que fosse capaz de nos dar os dois ou três valores provisórios de que precisamos.

    O que não podíamos admitir era que os seres humanos estivessem separados pelo terror, pela rudeza ou pela burocracia. Não podíamos aceitar essa cisão fundamental entre homens que em certa parte comungam valores.

Foi-nos fácil concluir — e essa é minha única convicção hoje — que é essa comunicação que temos de defender. Não é difícil extrair valores de sinceridade, justiça e liberdade que possibilitem chegar à regra de uma ação provisória. Se quisermos manter essa comunicação entre nós, seremos forçados a exigir justiça entre os homens. Entre oprimidos e opressores existe apenas silêncio; e o mesmo entre senhores e escravos. E do mesmo modo, somos obrigados a exigir sinceridade, pois o que separa as pessoas é tanto a cobiça quanto a mentira.

É onde, pessoalmente, me encontro e onde talvez ainda estejam muitas pessoas. E é onde talvez possamos nos perguntar o que o cristianismo pode fazer por nós.

Se pensarmos assim, e eu penso, o que devemos fazer? Para começar, eu diria: o que devo fazer; e isso acarreta: o que os cristãos devem fazer?

Direi que devemos chamar as coisas pelo nome e nos dar conta de que matamos milhões de pessoas ou apoiamos o assassinato de milhões de pessoas toda vez que nos permitimos pensar certas coisas. Ninguém pensa mal por ser assassino. É assassino porque pensa mal. É possível ser assassino sem aparentemente ter matado. E é assim que todos aqui somos mais ou menos assassinos. A primeira coisa por fazer é rejeitar pura e simplesmente, pelo pensamento e pela ação, qualquer forma de pensamento realista e fatalista.

A segunda é descongestionar o mundo do terror que nele reina. Se o mal que reina hoje no mundo decorre em parte da ausência de valores, talvez precisemos refletir sobre esses valores, levar nossa reflexão a um ponto em que possamos encontrar as coisas que nos unem. Mas não as encontraremos no terror. E, por razões de puro realismo, acredito que a abolição da pena de morte pode ser uma medida de descongestionamento.

A terceira é devolver a política ao seu verdadeiro lugar. É uma linguagem anacrônica. Não se trata de dar a este mundo um evangelho ou um catecismo político ou moral. A grande desgraça do nosso tempo é que ele pretende nos dotar de um catecismo, de um evangelho e até de uma arte de amar. O papel da política é arrumar a casa. Não sei se existe um absoluto, mas sei que ele não é da ordem política. O absoluto não é da conta de todos, mas da conta de cada um. E todos devem ajustar as relações recíprocas de maneira que cada um possa cuidar do absoluto quando quiser. Acredito que nossa vida pertence aos outros, mas também acredito que nossa morte nos pertence de maneira absolutamente exclusiva. Essa é minha definição de liberdade.

A quarta parece-me ser buscar e criar — a partir da negação, no caso dos não cristãos, e a partir da certeza, no caso dos cristãos — os valores provisórios e intermediários que permitirão a homens de boa vontade, seja qual for sua crença, reunir-se nesse plano intermediário, nesse plano comum. É o trabalho dos filósofos, e não vou me deter nisto.

A quinta parece-me ser entender que essa atitude equivale a criar um universalismo médio, vale dizer, um universalismo no nível médio do homem. Para sair da solidão, penso que é necessário falar, e falar com franqueza, e nunca mentir, e dizer toda a verdade que se sabe. E penso, em especial, que é impossível realizar esse universalismo sem levar em conta a personalidade. Significa que, sozinho, ninguém pode dizer a nenhum povo palavras categóricas, palavras explicativas e apresentar a doutrina capaz de servir a todos. Isso me parece absolutamente irrealizável se não for baseado numa moral aceita por todos.

Significa dizer que precisamos criar comunidades, entre os senhores, cristãos, entre nós, digamos, solitários, e entre outras pessoas que, pertencendo a partidos, não são solitárias; comunidades que terão como regra realizar esse trabalho de especulação e defender os valores de que precisamos na vida cotidiana, na política de todos os dias, sempre que necessário. E é aí que entra o papel dos cristãos.

O que os cristãos podem fazer por nós? Isso significa que as palavras pessimismo e otimismo, como muitas outras, precisam ser esclarecidas e revistas; estão na base de disputas que é preciso tentar deixar um pouco de lado para resolver os problemas mais importantes e urgentes.

A segunda coisa que cabe dizer perante um auditório cristão é que a situação hoje não comporta concessões, que os cristãos não precisam fazer concessões. Isso representa, para mim, a condenação do MRP.[a] O cristão precisa gritar.

---

[a] Sigla do Movimento Republicano Popular, partido democrata-cristão de inspiração católica fundado em 1944 e extinto em 1967. Como outros partidos democrata-cristãos surgidos na Europa nessa época, apresentava-se como alternativa à polarização entre direita e esquerda. (*N. do T.*)

Não precisamos do seu sorriso: já temos sorrisos suficientes nos arredores de Saint-Sulpice! Precisamos do seu grito. Nunca me cansarei de dizê-lo.

Em terceiro lugar, o cristão precisa definir seus valores provisórios. Precisa desempenhar o seu papel. E penso simplesmente que precisamos definir — e que o próprio cristão também se defina claramente — qual a qualidade do trabalho que podemos estar em condições de lhe solicitar hoje. Para o cristianismo, isso consiste em se manter fiel a si mesmo, vale dizer, rejeitar sem distinções absolutamente todas as ideologias modernas. Existe um trabalho de adaptação que muitas vezes representou o mérito e a notoriedade do cristianismo, mas que pode lhe ser pernicioso, se ele não for capaz de deixar de transigir sobre suas bases morais e tradicionais. Ele precisa estar em condições de compreender que hoje o mundo não precisa de uma moral de heróis e santos, como acredito; o que mais lhe fez mal foi certamente o heroísmo. A primeira coisa que se deveria fazer seria uma crítica em regra do heroísmo. Não creio que ela tenha sido feita pelo Sr. Duhamel,[a] mas creio que poderia sê-lo por alguém que tenha demonstrado estar em condições de considerar esses problemas com uma espécie de igualdade de nível, por assim dizer.

---

[a] Referência a Georges Duhamel (1884-1966), romancista e ensaísta francês que serviu como médico durante a Primeira Guerra Mundial. Seus romances, contos e ensaios refletem uma preocupação com questões morais e com os sofrimentos e perplexidades do "pequeno homem" comum do século XX, em busca da salvação sem contar com uma fé religiosa para apoiá-lo. (*N. do T.*)

Por fim, é preciso que o cristão — e é aqui que posso concluir — assuma plenamente sua própria linguagem. Há na metafísica cristã e na atitude cristã em geral algo que constituiu seu mérito e deveria continuar a fazê-lo: que eu saiba, é uma das raras filosofias coerentes, capaz de atuar tanto no plano histórico quanto no plano eterno. Infelizmente, isso conduziu a alguns excessos. O senso histórico transformou-se em realismo, e o senso eterno, em quase indiferença em relação aos problemas sociais e aos problemas imediatos. Creio, pelo contrário, que os cristãos, em seu pensamento e sua ação, deveriam tentar valer-se de seu senso histórico para reconhecer a urgência do problema que se apresenta, mas também do problema eterno, para recusar até o fim sua degradação. Isso exige uma linguagem clara.

E não percebo por que não o diria aqui, como escrevi em outro contexto, esperando não os chocar demais. Durante muito tempo, nos anos terríveis da guerra, esperei em vão que uma voz imponente se elevasse em Roma. Um bispo espanhol, quando abençoa execuções políticas — e peço desculpas pelo que vou dizer — não é bispo nem cristão, nem sequer um homem: é um assassino. E acredito que o dever do cristão — e Deus sabe que alguns o apoiaram! —, que esse dever é dizer que esse bispo é um assassino. E todos os seres humanos não têm outra tarefa senão a de fazer o necessário para que seja o menor possível o número de pessoas assassinas, e para que o ofício "homem" possa ser elevado acima do ofício "assassino".

É o que eu tinha para dizer. O que sei, e que às vezes me dá nostalgia, é que, se os cristãos do mundo se decidissem, milhões de vozes se juntariam a um punhado de solitários que hoje saem em defesa das crianças e dos adultos, em toda parte e sem descanso.

Espanha? Acho que já não sei falar dela...
1946-1947

"Segunda pátria" de Albert Camus, cujos avós maternos eram originários de Minorca, a Espanha ocupa um lugar especial na vida, na obra e no engajamento do autor. Das revoltas mineiras de 1934, tema da peça Revolta nas Astúrias *(1936), da qual ele é um dos autores, ao seu protesto contra a entrada da Espanha de Franco na Unesco, passando pelo destino dos exilados que fugiam do franquismo, Camus não se cansaria de publicar apelos, artigos e conferências a favor dos republicanos espanhóis. O texto que segue parece ter sido redigido no fim de 1946 ou no início de 1947, e nada permite afirmar que seu autor o tenha lido em público. Como seu estilo leva a supor que estava destinado a sê-lo, decidimos integrá-lo ao presente volume.*

Espanha? Acho que já não sei falar dela. Em 1938, as pessoas do meu sangue e da minha idade comungaram a revolta e o desespero da República espanhola. Em 1944, comungamos sua imensa esperança e me pronunciei por ela como podia. Visto que estivéramos na mesma derrota, minha ideia era que devíamos estar na mesma vitória. Mas, aparentemente, minha ideia não era razoável. E nós falamos em vão, e hoje não há vitória para ninguém, pois não há justiça para a Espanha. Justiça é como democracia, ou é total ou não existe. Quem ousará me dizer que sou livre quando meus amigos mais corajosos ainda estão nas prisões da Espanha? Não, resta apenas calar-se e ser fiel.

Companheiros espanhóis, agora sabemos que o mundo é covarde. Vocês acreditaram ser um exemplo, mas não passavam de uma aposta. É uma história que vem de longe e um escárnio que nos é comum. Sangue, luta, exílio, fúria, tudo isso por enquanto é vão. Quando só temos por nós a justiça, a nobreza e o direito, é o mesmo que nada ter, aos olhos dos realistas. E hoje os realistas governam o mundo, dilacerando-se mutuamente. Vocês acharam que a sua terra era a terra de Cervantes, Calderón, Goya e Machado. Mas a cada dia lhes é mostrado que, aos olhos dos realistas, ela é apenas a terra do mercúrio e de alguns portos que interessam aos militares.

Mas chegará talvez o dia em que a grandeza não será avaliada pelo número de canhões nem pela escala da destruição, em que a civilização já agonizante desejará voltar às fontes do espírito e reencontrar uma arte de viver. Essa hora, essa hora da verdade será antes de mais nada a hora da Espanha, último país da verdadeira civilização. Sim, é essa hora que espero no meio de todos vocês, com a mesma esperança invencível e cega, a mesma obstinação de viver que acaba impondo as vitórias, compensando a dor e reerguendo a justiça. Nesse dia, pela primeira vez em oito anos, um enorme peso de vergonha e amargura será retirado e por fim poderei respirar livremente. Nesse dia, a liberdade de vocês será a nossa liberdade. Como é nosso seu duro silêncio de hoje.

Eu respondo...

1948

No dia 25 de maio de 1948, o dramaturgo e ex-piloto Garry Davis renuncia à nacionalidade americana e se declara "cidadão do mundo". Em setembro, pede asilo às Nações Unidas, cuja Assembleia Geral está reunida em Paris, e conclama à criação de um governo mundial. Camus adere ao comitê de solidariedade a Davis então formado. Depois de um primeiro artigo sobre o assunto, publicado em 20 de novembro na revista Franc-Tireur, *ele participa de um comício em 3 de dezembro na Salle Pleyel em Paris. Albert Camus faz então um pronunciamento que seria reproduzido em forma de entrevista na primeira edição de* Patrie mondiale, *revista efêmera lançada pelo comitê de solidariedade a Davis, e, em 9 de dezembro, no jornal* Combat.

P.: O que vocês estão fazendo?
R.: O que podemos.
P.: Qual é a utilidade disso?
R.: Qual é a utilidade da ONU?
P.: Por que Davis não vai conversar na Rússia soviética?

R.: Porque não o deixam entrar lá. Enquanto isso, ele diz ao delegado soviético a mesma coisa que diz aos outros.

P.: Por que Davis não vai se manifestar nos EUA?

R.: Vamos ser lógicos. Vocês dizem diariamente que a ONU é uma colônia americana.

P.: Por que você não renuncia à nacionalidade francesa?

R.: Boa objeção, um pouco pérfida, o que é natural, pois ela parte de nossos amigos. A minha resposta é a seguinte: Davis abriu mão de muitos privilégios ao renunciar à nacionalidade americana. Ora, ser francês, hoje, pressupõe mais ônus do que privilégios. É muito difícil, quando se tem consciência, renunciar ao próprio país quando ele está infeliz.

P.: O gesto de Davis não lhe parece espetacular, logo, suspeito?

R.: Não é culpa dele se hoje em dia a simples evidência é espetacular. Guardadas as devidas proporções, Sócrates também oferecia espetáculos permanentes na praça do mercado. E só conseguiram provar que ele estava errado condenando-o à morte. É precisamente a forma de refutação mais habitual na sociedade política contemporânea. Mas também é a maneira mais comum que essa sociedade tem de confessar sua degradação e sua impotência.

P.: Você não percebe que Davis serve ao imperialismo americano?

R.: Ao renunciar à nacionalidade americana, Davis se distancia desse imperialismo e dos outros. Isso lhe dá o direito de condenar esse imperialismo, direito que me parece difícil conceder àqueles que querem limitar todas as soberanias, exceto a soviética.

P.: Você não percebe que Davis serve ao imperialismo soviético?

R.: Minha resposta é igual à anterior, mas em sentido inverso, e acrescento o seguinte: os imperialismos são como irmãos gêmeos, crescem juntos e não podem prescindir um do outro.

P.: As soberanias são realidades, você não se dá conta de que é preciso levar em conta as realidades?

R.: O câncer também é uma realidade. No entanto, tentamos curá-lo e ninguém até agora teve a desfaçatez de dizer que para curar um câncer que se implantou num temperamento por demais sanguíneo seja necessário comer cada vez mais bifes. É bem verdade que os médicos nunca se consideraram dirigentes de Igreja, donos da verdade. Essa é a vantagem deles sobre nossos políticos.

P.: Mas acaso isso impede que a limitação das soberanias, nas atuais circunstâncias históricas, seja utópica? (Objeção apresentada por *Le Rassemblement*,[1] artigo não assinado.)

R.: É o general de Gaulle que vai responder ao *Rassemblement*. Ele mesmo disse, a propósito do Ruhr,[a] que ninguém

---

[1] Semanário publicado pelo partido Rassemblement du peuple de France (RPF), do general de Gaulle, *Le Rassemblement* era dirigido por Albert Ollivier, com quem Camus tivera contato no jornal *Combat*.

[a] Rio da Alemanha, afluente do Reno, cuja importância econômica e estratégica gerou uma "questão", depois da Segunda Guerra Mundial, para os Aliados e o Estado francês, preocupado com o controle de uma região cuja riqueza permitira aos alemães ameaçar e ocupar a França três vezes: na Guerra Franco-Prussiana, na Primeira e na Segunda Guerras Mundiais. (*N. do T.*)

é obrigado a ter em mãos uma boa solução para identificar e rejeitar uma má solução. Além disso, Davis propõe uma solução, e são vocês que a consideram utópica. Com isso, nos lembram esses chefes de família que, em nome das realidades, justamente, alertam o filho contra o espírito de aventura. No fim das contas, o filho honra a família quando desobedece ao pai e deixa o casulo natal. Assim, a história nada mais é que uma utopia encarnada.

P.: Você não vê que os EUA são o único obstáculo para o estabelecimento do socialismo no mundo? (Esta pergunta às vezes é formulada de outra maneira: Você não vê que a URSS é o único obstáculo para a liberdade no mundo?)

R.: Se vocês conseguirem a guerra que preveem com uma obstinação digna de melhor emprego, a soma das destruições e dos sofrimentos que se abaterão sobre o mundo — dos quais a Segunda Guerra Mundial terá dado apenas uma vaga ideia — tornará imprevisível qualquer futuro histórico. Eu não apostaria muito na liberdade nem no socialismo numa Europa coberta de ruínas, onde os homens sequer terão forças para chorar sua dor.

P.: Isso significa que optaria pela capitulação, e não pela guerra?

R.: Sei que alguns de vocês costumam oferecer a opção entre a forca e o fuzilamento. É a ideia que têm de liberdade humana. De nossa parte, fazemos o que podemos para que essa escolha não se torne inevitável. Já vocês fazem o possível para que essa escolha se torne inevitável.

P.: Mas, se for inevitável, o que você fará?

R.: Se vocês conseguirem tornar isso inevitável, no que não acredito, não teremos outra escolha senão a agonia do mundo. O resto é jornalismo, e do pior.

Terminei e, para concluir, farei uma pergunta a nossos contraditores. É minha vez. Estarão eles convencidos, no fundo do coração, de que a convicção política ou a doutrina que os move é suficientemente infalível para rejeitarem sem refletir as advertências daqueles que lhes lembram a infelicidade de milhões de criaturas, o grito da inocência, da mais singela felicidade, e que lhes pedem que ponham na balança, de um lado, estas pobres verdades e, de outro, suas expectativas, mesmo as mais legítimas? Acaso estão certos de ter razão suficiente para correr o risco, mesmo com uma probabilidade de um para mil, de tornar mais próximo o perigo da guerra atômica? Sim, estarão tão seguros de si, consideram-se tão prodigiosamente infalíveis que precisam passar por cima de tudo? Essa é uma pergunta que lhes fazemos, que já lhes foi feita e para a qual continuamos esperando resposta.

Testemunha da liberdade

1948

No final de 1947, David Rousset, Jean-Paul Sartre e Georges Altman, entre outros, fundam o Rassemblement démocratique révolutionnaire (RDR), movimento político que propõe uma terceira via alternativa à divisão da esquerda entre o bloco atlanticista e o bloco soviético. Apesar de não se filiar, Camus é simpatizante do RDR e de sua revista, La Gauche, *na qual publica dois textos em 1948. Em 13 de dezembro, Camus fala na Salle Pleyel (Paris) para mais de 4.000 pessoas, num comício do RDR do qual também participam André Breton, Jean-Paul Sartre, Richard Wright e Carlo Levi. O texto da intervenção de Albert Camus seria publicado no décimo número de* La Gauche, *com data de 20 de dezembro de 1948, e depois no primeiro número da revista* Empédocle[1] *(abril de 1949), com o título "O artista é testemunha da liberdade".*

---

[1] Fundada por Albert Béguin, Albert Camus, René Char, Guido Meister e Jean Vagne, a revista mensal *Empédocle* é publicada de abril de 1949 a julho-agosto de 1950.

Estamos numa época em que as pessoas, impelidas por ideologias medíocres e ferozes, acostumam-se a ter vergonha de tudo. Vergonha de si mesmos, vergonha de serem felizes, de amar ou de criar. Época em que Racine se envergonharia de *Bérénice* e Rembrandt, para ser perdoado por ter pintado a *Ronda noturna*, sairia em busca do plantão policial mais próximo. Os escritores e os artistas de hoje têm a consciência acanhada, e entre nós está na moda pedir desculpas pelo nosso ofício. Na verdade, não falta quem nos estimule nesse sentido. De todos os recantos da nossa sociedade política, eleva-se um grito que exige justificativas de nossa parte. Temos de nos justificar por sermos inúteis e, graças à nossa própria inutilidade, servirmos a causas desprezíveis. E, quando respondemos que é muito difícil defender-se de acusações tão contraditórias, dizem que não é possível justificar-se aos olhos de todos, mas que podemos conseguir o generoso perdão de algumas pessoas tomando o partido delas, que, aliás, é o único verdadeiro, a crer nelas. Se esse tipo de argumento falhar, dizem ao artista: "Veja a miséria do mundo. O que está fazendo por ela?" A essa chantagem cínica, o artista poderia responder: "Miséria do mundo? Eu não contribuo para ela. Qual de vocês pode dizer o mesmo?" Mas nem por isso deixa de ser verdade que nenhum de nós, se tiver consciência, poderá ficar indiferente ao apelo que vem de uma humanidade desesperada. É preciso então sentir-se culpado, a qualquer preço. E somos arrastados ao confessionário laico, o pior de todos.

No entanto, não é assim tão simples. A escolha que exigem de nós não é tão evidente; ela é determinada por outras escolhas, feitas anteriormente. E a primeira escolha que um artista faz é justamente ser artista. E, se ele escolheu ser artista, foi em vista do que ele próprio é e por causa de certa ideia que tem da arte. E, se essas razões lhe pareceram suficientemente boas para justificar sua escolha, é bem provável que continuem sendo suficientemente boas para ajudá-lo a definir sua posição perante a história. É pelo menos o que eu penso, e aqui, esta noite, gostaria de me singularizar um pouco, e, já que falamos livremente, em caráter individual, gostaria de deixar de dar ênfase à má consciência, que não tenho, e ressaltar dois sentimentos que, diante da miséria do mundo e justamente por causa dela, eu tenho em relação ao nosso ofício, vale dizer, gratidão e orgulho. E, já que é preciso justificar-se, gostaria de dizer por que existe justificação para exercer, nos limites de nossas forças e nossos talentos, um ofício que, num mundo esgotado pelo ódio, permite a cada um de nós dizer tranquilamente que não é inimigo mortal de ninguém. Mas isso requer uma explicação, e só poderei dá-la falando um pouco do mundo em que vivemos e daquilo que nós, artistas e escritores, estamos destinados a fazer nele.

O mundo que nos cerca está infeliz e nos pedem que façamos algo para modificá-lo. Mas que infelicidade é essa? À primeira vista, ela pode ser definida simplesmente como: muito se matou no mundo nos últimos anos, e há quem preveja que se matará mais. Um número tão grande de mortos acaba tornando a atmosfera pesada. Naturalmente, não é novidade. A história oficial sempre foi a história dos grandes assassinos. E não é de hoje que Caim mata Abel. Mas é hoje que Caim mata Abel em nome da lógica e depois exige a Legião de Honra. Vou dar um exemplo para que me entendam melhor.

Durante as grandes greves de novembro de 1947, os jornais anunciaram que o carrasco de Paris também cruzaria os braços. Na minha opinião, ninguém reparou bem nessa decisão do nosso compatriota. Suas reivindicações eram claras. Naturalmente, ele exigia um bônus por cada execução, o que está no regulamento de qualquer empresa. Mas, sobretudo, reivindicava com veemência a condição de chefe de escritório. Queria receber do Estado, ao qual ele tinha consciência de bem servir, a única consagração, a única honraria tangível que uma nação moderna pode oferecer a seus bons servidores: refiro-me a um cargo administrativo. E assim, sob o peso da história, extinguia-se uma das nossas últimas profissões liberais. Efetivamente, sob o peso da história. Nos tempos bárbaros, uma auréola terrível mantinha o carrasco afastado do mundo. Ele era aquele que, por ofício, atentava contra o mistério da vida e da carne. Era e sabia ser um objeto de horror. E esse horror ao mesmo tempo consagrava o valor da vida humana. Hoje, ele é apenas tratado com pudor. E, nessas condições, considero que tem razão de não querer mais ser o parente pobre que fica relegado à cozinha por não ter unhas limpas. Numa cultura na qual o homicídio e a violência já são doutrinas e estão a ponto de se tornarem instituições, os carrascos têm perfeitamente o direito de fazer parte dos quadros administrativos. Na verdade, nós, franceses, estamos meio atrasados. No mundo inteiro, já há verdugos aboletados nas poltronas ministeriais. Apenas substituíram o cutelo pelo carimbo.

Quando a morte se torna assunto de estatísticas e administração, é porque os assuntos do mundo não vão bem. Mas, se a morte se torna abstrata, é porque a vida também é abstrata. E a vida de cada um só pode ser abstrata quando se resolve submetê-la a uma ideologia. A calamidade é que vivemos no tempo das ideologias, e das ideologias totalitárias, vale dizer, suficientemente seguras de si, de sua razão imbecil ou de sua verdade obtusa para achar que o mundo só se salva sob seu próprio domínio. E querer dominar alguém ou alguma coisa é desejar a esterilidade, o silêncio ou a morte desse alguém. Para constatá-lo, basta olhar ao redor.

Não existe vida sem diálogo. E na maior parte do mundo o diálogo hoje é substituído pela polêmica. O século XX é o século da polêmica e do insulto. Entre as nações e os indivíduos, mesmo no nível das disciplinas outrora desinteressadas, ela hoje ocupa o lugar tradicionalmente ocupado pelo diálogo reflexivo. Dia e noite, milhares de vozes, cada uma de sua parte num monólogo turbulento e contínuo, derramam sobre os povos uma torrente de discursos mistificadores, ataques, defesas, exaltações. Mas qual é o mecanismo da polêmica? Consiste em considerar o adversário como inimigo, em simplificá-lo e, consequentemente, em se recusar a vê-lo. Os olhos daquele que eu insulto já não sei mais de que cor são, nem sei se lhe acontece de sorrir, ou de que maneira. Perdendo três quartos da visão em virtude da polêmica, já não vivemos entre seres humanos, mas num mundo de silhuetas.

Não há vida sem persuasão. E a história de hoje só conhece a intimidação. Os seres humanos vivem e só podem viver com a ideia de que têm algo em comum onde sempre podem se encontrar. Mas nós descobrimos o seguinte: há gente que não é possível convencer. Era e é impossível a uma vítima dos campos de concentração explicar aos que a aviltavam que não deveriam fazê-lo. Porque estes já não representam seres humanos, mas uma ideia elevada à temperatura da mais inflexível das vontades. Quem quer dominar é surdo. Diante dele, é preciso lutar ou morrer. Por isso as pessoas hoje vivem no terror. No *Livro dos mortos*, lemos que o egípcio justo, para merecer perdão, devia dizer: "Não causei medo a ninguém." Nessas condições, em vão procuraremos nossos grandes contemporâneos na fila dos bem-aventurados no dia do Juízo Final.

Não surpreende, pois, que essas silhuetas, já agora surdas e cegas, aterrorizadas, alimentadas de senhas de racionamento, cuja vida inteira se resume numa ficha policial, possam ser tratadas como abstrações anônimas. É interessante constatar que os regimes derivados dessas ideologias são precisamente os que procedem de maneira sistemática ao desenraizamento das populações, fazendo-as percorrer a superfície da Europa como símbolos exangues que só ganham uma vida irrisória nos dados estatísticos. Desde que essas belas filosofias entraram na história, enormes massas de pessoas, cada uma das quais, porém, tinha uma maneira própria de apertar a mão, são definitivamente enterradas com as duas iniciais das pessoas desterradas, que um mundo extremamente lógico inventou para elas.

Sim, tudo isso é lógico. Quando se quer unificar o mundo inteiro em nome de uma teoria, o único caminho é tornar esse mundo tão árido, cego e surdo quanto a própria teoria. O único caminho é cortar as próprias raízes que prendem o homem à vida e à natureza. E não é mero acaso se desde Dostoiévski não encontramos mais paisagens na grande literatura europeia. Não é mero acaso se os livros significativos de hoje, em vez de se interessarem pelas nuances do coração e pelas verdades do amor, só se apaixonam por juízes, processos e pela mecânica das acusações, se, em vez de abrirem as janelas para a beleza do mundo, fecham-nas ciosamente sobre a angústia dos solitários. Não é mero acaso se o filósofo que hoje inspira todo o pensamento europeu é aquele que escreveu que só a cidade moderna permite ao espírito tomar consciência de si mesmo, que chegou ao ponto de dizer que a natureza é abstrata e só a razão é concreta. É o ponto de vista de Hegel e ponto de partida de uma imensa aventura intelectual, que acaba matando todas as coisas. No grande espetáculo da natureza, esses espíritos embriagados não veem nada além de si mesmos. É a suprema cegueira.

Por que ir mais longe? Quem conhece as cidades destruídas da Europa sabe do que estou falando. Elas oferecem a imagem desse mundo árido, exaurido pelo orgulho, no qual fantasmas vagam ao longo de um monótono apocalipse em busca de uma amizade perdida com a natureza e com os seres. O grande drama do homem do Ocidente é que, entre ele e seu devir histórico, já não se interpõem as forças da natureza nem as da amizade. Cortadas suas raízes, ressequidos os braços, ele já se confunde com as forcas que lhe prometem. Mas, pelo menos, chegados a esse cúmulo do desatino, nada nos impedirá de denunciar a grande fraude deste século que finge correr atrás do império da razão, quando busca apenas as razões de amar que ele perdeu. E é o que sabem perfeitamente nossos escritores, que acabam recorrendo a esse infeliz e descarnado sucedâneo do amor que se chama moral. Os homens de hoje talvez possam controlar tudo em si mesmos, e essa é sua grandeza. Mas há pelo menos uma coisa que a maioria jamais poderá recuperar: a força de amor que lhes foi tirada. Por isso sentem vergonha. E é perfeitamente justo que os artistas compartilhem essa vergonha, pois contribuíram para ela. Mas que pelo menos saibam dizer que têm vergonha de si mesmos, e não do seu ofício.

Pois tudo aquilo que constitui a dignidade da arte se opõe a um mundo assim e o rejeita. A obra de arte, pelo simples fato de existir, nega as conquistas da ideologia. Um dos sentidos da história de amanhã é a luta, já iniciada, entre os conquistadores e os artistas. No entanto, ambos se propõem o mesmo objetivo. A ação política e a criação são as duas faces de uma mesma revolta contra as desordens do mundo. Nos dois casos, o que se quer é dar unidade ao mundo. E durante muito tempo a causa do artista e a do inovador político se confundiram. A ambição de Bonaparte é a mesma que a de Goethe. Mas Bonaparte nos legou o toque militar do tambor nos liceus e Goethe, as *Elegias romanas*. Entretanto, desde que entraram em cena as ideologias da eficiência, apoiadas na técnica, desde que, por meio de um movimento sutil, o revolucionário tornou-se conquistador, as duas correntes de pensamento divergem. Pois o que o conquistador de direita ou de esquerda busca não é a unidade, acima de tudo harmonia dos contrários, mas a totalidade, que é o esmagamento das diferenças. O artista distingue, o conquistador nivela. O artista que vive e cria no nível da carne e da paixão sabe que nada é simples e que o outro existe. O conquistador quer que o outro deixe de existir, seu mundo é um mundo de senhores e escravos, exatamente aquele em que vivemos. O mundo do artista é o mundo da contestação viva e da compreensão. Não conheço uma única grande obra que tenha sido construída exclusivamente sobre o ódio, ao passo que conhecemos os impérios do ódio. Numa época em que o conquistador, pela própria lógica de sua atitude, se torna executor e policial, o artista é forçado a ser refratário. Diante da sociedade política contemporânea, a única atitude coerente do artista é a recusa sem concessão, caso contrário teria de abrir mão da arte. Ainda que quisesse, ele não poderia ser cúmplice daqueles que se valem da linguagem ou dos meios das ideologias contemporâneas.

Por isso é inútil e risível que nos cobrem justificação e engajamento. Engajados já somos, ainda que involuntariamente. E, para concluir, não é o combate que nos faz artistas, mas a arte que nos obriga a ser combatentes. Por sua própria função, o artista é testemunha da liberdade, e essa é uma justificativa pela qual ele pode pagar caro. Por sua própria função, ele está engajado na mais inextricável espessidão da história, a mesma em que sufoca a própria carne do homem. Sendo o mundo o que é, estamos engajados nele, queiramos ou não, e somos por natureza inimigos dos ídolos abstratos que hoje nele triunfam, sejam eles nacionais ou partidários. Não em nome da moral e da virtude, como tentam levar a crer, em mais um engodo. Não somos virtuosos. E, quando vemos o jeito de ficha antropométrica que a virtude assume para nossos reformadores, não há por que se arrepender. É em nome da paixão do ser humano pelo que há de único no homem que sempre recusaremos essas iniciativas que se encobrem com o que há de mais miserável na razão.

Mas, ao mesmo tempo, isso define nossa integração com todos. É porque precisamos defender o direito de cada um à solidão que nunca mais seremos solitários. Estamos estreitados, não podemos agir sozinhos. Tolstói pôde escrever, sobre uma guerra em que não lutara, o maior romance de todas as literaturas. Já as nossas guerras não nos deixam tempo para escrever sobre nada, a não ser sobre elas mesmas, e enquanto isso matam Péguy e milhares de jovens poetas. Por isso considero, à parte nossas divergências, talvez grandes, que a reunião dessas pessoas, esta noite, tem sentido. Por além das fronteiras, às vezes sem saberem, eles trabalham juntos nas mil faces de uma mesma obra que se erguerá diante da criação totalitária. Sim, todos juntos e, com eles, os milhares de pessoas que tentam erguer as formas silenciosas de suas criações no tumulto das cidades. E, com elas, aqueles mesmos que não estão aqui, mas que, pela força das coisas, um dia se juntarão a nós. E também aqueles outros que julgam poder trabalhar pela ideologia totalitária por meio de sua arte, enquanto no próprio âmago de sua obra a força da arte estilhaça a propaganda, reivindica a unidade de que eles são os verdadeiros servidores, assinalando-os à nossa fraternidade forçada e, ao mesmo tempo, à desconfiança dos que os empregam provisoriamente.

Os verdadeiros artistas não dão bons vencedores políticos, pois são incapazes de aceitar com leviandade — ah, isso eu sei muito bem — a morte do adversário! Eles estão do lado da vida, e não da morte. São testemunhas da carne, e não da lei. Por vocação, estão condenados à compreensão daquilo mesmo que é seu inimigo. Não significa — antes, pelo contrário — que sejam incapazes de julgar o bem e o mal. Mas, mesmo no pior criminoso, a aptidão para viver a vida do outro lhe possibilita reconhecer a constante justificação dos homens, que é a dor. É o que sempre nos impedirá de proferir um julgamento absoluto e, em consequência, de ratificar a punição absoluta. Num mundo da condenação à morte como o nosso, os artistas dão testemunho daquilo que se recusa a morrer no homem. Inimigos de ninguém, senão dos carrascos! E, como eternos girondinos, sempre estarão fadados às ameaças e aos golpes dos nossos montanheses de punhos de seda.[a] No fim das contas, por seu próprio desconforto, essa posição incômoda constitui a grandeza deles. Chegará o dia em que todos reconhecerão esse fato, e, respeitando nossas diferenças, os mais valorosos dentre nós deixarão de se digladiar como fazem atualmente. Reconhecerão que sua vocação mais profunda é defender até o fim o direito dos adversários de não compartilhar a sua opinião. Proclamarão, de acordo com a sua condição, que mais vale se equivocar sem assassinar ninguém, permitir que os outros falem, do que ter razão em meio ao silêncio e aos cemitérios. Tentarão demonstrar que as revoluções, se podem triunfar pela violência, não podem se manter sem o diálogo. E saberão então que essa singular vocação cria para eles a mais assombrosa das fraternidades, a fraternidade dos combates duvidosos e das grandezas ameaçadas, aquela que, ao longo de todas as eras da inteligência, nunca deixou de lutar para afirmar, contra as abstrações da história, aquilo que ultrapassa a história: a carne, seja ela sofredora ou feliz. Toda a Europa de hoje, empertigada em sua arrogância, grita-lhes que essa empreitada é irrisória e inútil. Mas todos nós estamos no mundo para demonstrar o contrário.

---

[a] Na Revolução Francesa, no início da década de 1790, os montanheses (assim denominados por ocuparem os lugares mais altos no recinto da Assembleia Legislativa), em geral provenientes da pequena burguesia e das classes mais baixas do meio urbano e assumindo posições mais radicais na luta pelo republicanismo, se opunham aos girondinos (cujos deputados mais destacados na Assembleia procediam da região da Gironda), representantes da burguesia provincial, de posições mais moderadas. (*N. do T.*)

O tempo dos assassinos
1949

No verão de 1949, Albert Camus é convidado pelo Departamento de Relações Culturais do Ministério das Relações Exteriores a dar uma série de conferências na América do Sul: principalmente no Brasil, mas também no Chile (além disso, fica algum tempo na Argentina e passa pelo Uruguai, sem, no entanto, se apresentar em público). É nessa viagem que ele profere, várias vezes, a conferência a seguir, cujo texto datilografado, conservado nos arquivos do autor, tem o título "O tempo dos assassinos". As problemáticas aqui abordadas por Camus, embora deem continuidade aos temas abordados em suas conferências norte-americanas de 1946, também prenunciam O homem revoltado, ensaio publicado em 1951, do qual "O tempo dos assassinos" constitui um dos trabalhos preparatórios.

Senhoras, senhores,

Alguns dos presentes têm a generosidade de se interessar pela Europa. E nisso reconheço um mérito. Aquele velho continente tem muitas cicatrizes, que põem em seu rosto uma expressão patibular. Com frequência ele está de mau humor e tem a injustificada pretensão de crer que nada existe fora dos seus limites; estes, no entanto, não ultrapassam os de um só país como o Brasil. Mas, enfim, ele tem um passado, séculos de glória, o que não é pouco, e de cultura, o que é ainda melhor. E, no grande deserto de um mundo esterilizado pelo espírito do poder, numa época em que os homens, impelidos por ideologias medíocres e ferozes, se acostumam a ter vergonha de tudo, até da própria felicidade, aqui e ali algumas pessoas espalhadas pelos continentes ainda se voltam para a infeliz Europa e se questionam sobre seu futuro, sabendo muito bem que a escravidão e o desespero da Europa não podem ocorrer sem o obscurecimento de dois ou três valores dos quais nenhum cidadão de país algum jamais poderá abrir mão sem renunciar a ser chamado de ser humano.

Eu partilho dessa preocupação e gostaria de lhe dar resposta. Não tenho o dom da profecia e não estou qualificado para decidir se a Europa ainda tem futuro. Também é bastante provável que a Europa precise se retemperar no convívio com os povos livres. Mas ao menos uma coisa posso afirmar: para continuar sendo útil ao mundo, a Europa precisa se curar de certas doenças. Algumas delas estão completamente fora da minha competência. Outras pessoas atualmente se esforçam por identificá-las e curá-las. Mas há ao menos uma doença da Europa que eu compartilhei com minha geração e sobre a qual me foi possível refletir. Portanto, parece que o melhor que tenho por fazer, já que vim aqui para dar resposta à nossa preocupação comum, é dizer de maneira simples o que sei dessa doença, assim contribuindo para o diagnóstico que sempre haverá de anteceder uma eventual cura.

Parece-me que desse modo contribuirei para completar a ideia que se tem da Europa. Pois ela é considerada a terra do humanismo, o que é correto, em certo sentido. Mas há alguns anos ela tem sido outra coisa: a terra dos campos de concentração e da destruição fria e científica. Como a terra do humanismo produziu campos de concentração e, feito isso, como os humanistas se acomodaram com os campos de concentração são questões da competência da minha geração, e é isso que eu gostaria de abordar, deixando a outros, mais qualificados, a tarefa de lhes falar do humanismo e da Europa fraterna.

A Europa, hoje, está infeliz. Que infelicidade é essa? À primeira vista, ela pode ser definida de maneira simples: muito se matou no continente nos últimos anos, e há quem preveja que ainda se vai matar. Uma quantidade tão grande de mortes torna a atmosfera pesada. Naturalmente, isso não é novidade. A história oficial sempre foi a história dos grandes assassinos. E não é de hoje que Caim mata Abel! Mas é de hoje que Caim mata Abel em nome da lógica e em seguida reivindica a Legião de Honra. Vou dar um exemplo para me fazer entender melhor.

Durante as greves de 1947, os jornais anunciaram que o carrasco de Paris também cruzaria os braços. Na minha opinião, ninguém reparou muito nessa decisão do nosso compatriota. Suas reivindicações eram claras. Ele exigia naturalmente um bônus por cada execução, o que está no regulamento de qualquer empresa. Mas, sobretudo, reivindicava com veemência a posição de chefe de escritório. Queria receber do Estado, ao qual tinha consciência de bem servir, a única consagração, a única honra tangível que uma nação moderna pode oferecer aos seus bons servidores: refiro-me a um cargo administrativo. E assim, sob o peso da história, extinguia-se uma das nossas últimas profissões liberais. Efetivamente, sob o peso da história. Nos tempos bárbaros, uma aura terrível mantinha o carrasco afastado do mundo. Ele era aquele que, por ofício, atentava contra o mistério da vida e da carne. Ele era e se sabia ser um objeto de horror. E esse horror ao mesmo tempo consagrava o valor da vida humana. Hoje, ele é apenas tratado com pudor. E, nessas condições, considero que tem razão de não querer mais ser o parente pobre que fica relegado à cozinha porque não tem unhas limpas. Numa cultura na qual o homicídio e a violência já são doutrinas a ponto de se tornarem instituições, os carrascos têm perfeitamente o direito de fazer parte dos quadros administrativos. Na verdade, o carrasco de Paris tinha razão; nós, franceses, estamos um pouco atrasados. Nas mais diferentes partes do mundo, os executores já se instalaram nas cadeiras ministeriais. Eles apenas substituíram o machado pela tinta.

    Quando a morte se transforma em assunto de estatística e administração, significa que alguma coisa não vai bem.

História do trem.[1] A Europa está doente porque nela o ato de matar um ser humano pode ser encarado sem o horror e o escândalo que deveria provocar, porque a tortura é admitida como um serviço um tanto tedioso, comparável à busca do sustento e à obrigação de ficar na fila para conseguir um ínfimo grama de manteiga. A Europa, portanto, padece de assassinato e abstração. Minha opinião é de que se trata da mesma doença. Proponho aqui fazer minha exposição em duas partes: analisar de que maneira chegamos a essa situação e como podemos sair dela.

I

A resposta à primeira pergunta é simples. Chegamos a essa situação pelo pensamento. E é uma doença que de certa maneira quisemos.

É evidente que, salvo exceção, nenhum de nós de fato exerceu algum dia a profissão de carrasco. Mas nos vimos e ainda nos vemos diante de iniciativas históricas de extermínio em grande escala. É possível até que as tenhamos combatido, por exemplo, com coragem e tenacidade. Mas com que argumentos podíamos amparar a condenação que lhes dirigíamos? Por acaso já não havíamos alimentado pensamentos e doutrinas que, no fim das contas, justificavam as pilhas de cadáveres? No que diz respeito às pessoas

---

[1] Ver "A crise do homem", p. 34: "Os franceses da Resistência que conheci, que liam Montaigne nos trens em que transportavam seus panfletos, provavam que era possível, pelo menos em nosso país, compreender os céticos e, ao mesmo tempo, ter uma ideia de honra."

da minha geração, infelizmente sim. Ninguém pensa mal por ser assassino, mas se é assassino por pensar mal. É a primeira reflexão que queria fazer aqui.

Muitos de nós, de fato, se deixaram levar pelo niilismo do entreguerras. E a questão, no que lhes diz respeito, não é saber se tinham desculpas para viver na negação. Tinham. O que importa é saber se viveram nela. As pessoas da minha geração, na França e na Europa, por exemplo, nasceram pouco antes da primeira Grande Guerra ou durante o seu período, chegaram à adolescência na fase da crise econômica mundial e completaram 20 anos no ano em que Hitler tomou o poder. Para completar sua formação, ofereceram-lhes em seguida a Guerra Civil Espanhola, Munique, a guerra de 1939, a derrota e quatro anos de ocupação e lutas clandestinas. Para concluir, vem a promessa do fogo de artifício atômico. Imagino que é o que se pode chamar de geração interessante. Entretanto, o mais interessante foi ela ter entrado nessa experiência interminável apenas com as forças da revolta, pois não acreditava em nada. A literatura da sua época revoltava-se contra a clareza, contra a narrativa e até contra a frase. A pintura revoltava-se contra o tema, a realidade e a simples harmonia. A música rejeitava a melodia. Quanto à filosofia, ensinava que não havia verdade, apenas fenômenos, que podia haver Mr. Smith, M. Durand, Herr Vogel, mas nada em comum entre esses três fenômenos particulares. A atitude moral dessa geração era ainda mais categórica: o nacionalismo lhe parecia uma verdade ultrapassada, a religião, um exílio, vinte anos de política internacional haviam lhe ensinado a duvidar de qualquer pureza e a pensar que ninguém nunca está errado, já que todos consideram ter razão. Quanto à moral tradicional da sociedade, parecia exatamente aquilo que não deixou de ser, vale dizer, uma capitulação, uma monstruosa hipocrisia.

Essa geração viveu, portanto, no niilismo. É evidente que tampouco isso era novidade. Outras gerações, outros países viveram em outros períodos da história essa mesma experiência. Mas o que há de novo é que essas mesmas pessoas, alheias a qualquer valor, tiveram de ajustar sua posição pessoal em relação ao assassinato e ao terror. Pois entraram na guerra, por exemplo, como se entra no inferno, se é verdade que o inferno é a renegação. Eles não gostavam da guerra nem da violência. Tiveram de aceitar a guerra e praticar a violência. A única coisa que odiavam era o ódio. Mas tiveram de aprender essa difícil ciência. Para lutar, é preciso acreditar em alguma coisa. Aqueles homens aparentemente não acreditavam em nada. Podiam, portanto, não lutar. Mas quem não luta adota os valores do inimigo, ainda que sejam valores desprezíveis, pois deixa-os triunfar.

Sabíamos por instinto que não podíamos ceder às bestas que se levantavam nos quatro cantos da Europa. Mas não sabíamos justificar aquela obrigação em que nos encontrávamos. Essa era a doença da Europa, que também podemos definir assim: não faz muito tempo, as más ações é que precisavam ser justificadas; hoje, são as boas. E não era fácil justificá-las, pois os mais conscientes dentre nós se davam conta de que ainda não tinham no pensamento nenhum princípio que lhes permitisse se opor ao terror e repudiar o assassinato.

Pois, se não se acredita em nada, se nada tem sentido e não se pode afirmar nenhum valor, então tudo é permitido e nada tem importância. Nesse caso, não há bem nem mal, e Hitler, por exemplo, não estava errado nem certo. Maldade e virtude são frutos do acaso ou do capricho. Pode-se mandar milhares de inocentes ao crematório assim como é possível devotar-se ao cuidado dos leprosos. Pode-se também honrar os mortos ou jogá-los na lixeira. Tudo é equivalente. [*Quatro palavras ilegíveis.*] "Um par de botas", escrevia o niilista Pissarev, "vale mais que Shakespeare."

E, quando achamos que nada tem sentido, é preciso concluir que a razão está com quem tem sucesso. A única regra é mostrar-se o mais eficiente, ou seja, o mais forte. O mundo já não se divide entre justos e injustos, mas entre senhores e escravos. E isso é tão verdadeiro que ainda hoje muita gente inteligente e cética afirma que, se acaso Hitler tivesse ganhado essa guerra, a História teria lhe prestado homenagem e consagrado o abominável pedestal ao qual ele se alçara. E o que há de surpreendente nisso? "A história oficial consiste em acreditar na palavra dos assassinos",[1] disse Simone Weil. E na verdade não podemos duvidar que

---

[1] Em 1949, Albert Camus publicou postumamente a obra *O enraizamento*, de Simone Weil, na coleção Espoir, por ele dirigida na editora Gallimard. Aqui, ele reformula um de seus trechos: "Aliás, é apenas porque o espírito histórico consiste em acreditar na palavra dos assassinos que esse dogma [do progresso] parece corresponder tão bem aos fatos."

a História, tal como a concebemos, teria consagrado Hitler e justificado o terror e o assassinato, da mesma forma como todos os consagramos e justificamos nos momentos em que ousamos pensar que nada tem sentido.

Desse modo, não importa para onde nos voltemos, no cerne da negação e do niilismo o assassinato e o assassinato científico, o assassinato *útil*, têm lugar privilegiado. No fim desse raciocínio se encontravam, da forma mais natural, os C[*ampos*] de C[*oncentração*]. Portanto, se considerássemos legítimo nos instalar na negação total, deveríamos nos preparar para matar e para matar cientificamente. É claro que são necessárias certas providências. Mas, no fim das contas, menos do que se imagina, a julgar pela experiência, sem contar que sempre é possível mandar matar, como se vê costumeiramente. De qualquer maneira, nada do que pensávamos nos permitia refutar o que estávamos vendo, mesmo em se tratando de Dachau. E é por isso que tantas pessoas da minha geração se viram lançadas meio ao acaso nessa aventura miserável, sem nada em mente que pudesse impedir ou legitimar o assassinato, arrastadas por toda uma época de niilismo febril, porém na solidão, de armas na mão e o coração apertado.

Por terem consciência aguda desse desamparo, algumas outras pessoas refutaram aparentemente o niilismo e, sempre rejeitando os princípios superiores de explicação, escolheram os valores da História. Lá estava, em particular, o materialismo histórico, que lhes parecia um refúgio, no qual julgavam poder encontrar um princípio de ação sem renunciarem à revolta. Bastava agir no sentido da História. Diziam, por exemplo, que aquela guerra e muitas outras coisas eram necessárias porque acabariam com a era dos nacionalismos e prepariam o tempo dos Impérios, ao qual sucederia, depois de novos conflitos ou não, a sociedade universal.

Pensando assim, contudo, chegavam ao mesmo resultado a que chegariam se tivessem pensado que nada tinha sentido. Pois, se a História tem um sentido, ou é um sentido total ou é nada. Aquelas pessoas pensavam e agiam como se a História obedecesse a uma dialética soberana e como se estivéssemos todos caminhando para um objetivo definitivo. Pensavam e agiam segundo o princípio de Hegel: "O homem é feito para a História, e não a História para o homem." Na verdade, todo o realismo político e moral que orientava e ainda orienta os destinos do mundo obedece, muitas vezes sem saber e com cem anos de atraso, a uma filosofia da História nascida na Alemanha, segundo a qual toda a humanidade se dirige por caminhos racionais a um universo definitivo. O niilismo foi substituído por um racionalismo sem nuances, e nos dois casos os resultados são os mesmos. Pois, se é verdade que a História obedece a uma lógica soberana, se é verdade, de acordo com essa mesma filosofia, que o Estado feudal deve inevitavelmente suceder ao Estado anárquico, as nações ao feudalismo, e os Impérios às nações, para enfim chegar à Sociedade Universal, então tudo que serve a essa marcha inevitável é bom, e as realizações da História são verdades definitivas.

E, como essas realizações só podem ser consumadas pelos meios habituais, que são as guerras, as intrigas e os assassinatos, individuais e coletivos, todos os atos são justificados não por serem bons ou ruins, mas por serem eficazes ou não. No fim desse raciocínio estão de maneira não menos natural o C[*ampo*] de C[*oncentração*] e o assassinato científico. No que diz respeito às consequências, não há diferença entre as duas atitudes de que falei. As duas se encontram na extremidade dessa longa aventura do espírito moderno que, desde aquilo que Nietzsche chamou de morte de Deus, não parou de escrever com o sangue da história a tragédia do orgulho europeu. Toda ideia falsa acaba em sangue, e é essa a justiça desta terra. Mas é sempre o sangue dos outros, e é essa a injustiça da nossa condição.

II

Foram essas ideias falsas, portanto, que deixaram a Europa doente. Inocularam nela o vírus da eficiência e tornaram o assassinato necessário. Ser eficiente é a grande palavra de ordem hoje em dia, e, uma vez que desejamos a eficiência por desespero ou por lógica, nessa exata medida somos todos responsáveis pelos assassinatos da História. Pois o desejo de eficiência é o desejo de dominação. Querer dominar alguém ou alguma coisa é desejar a esterilidade, o silêncio ou a morte desse alguém. Por isso vivemos um pouco como fantasmas num mundo já abstrato, silencioso por obra dos gritos e ameaçado de ruína. Pois as filosofias que colocam a eficiência acima de todos os valores são filosofias de morte. Foi sob sua influência que as forças da vida abandonaram a Europa, e a civilização do continente apresenta hoje sinais de deterioração. As civilizações também sofrem de escorbuto, que, no caso, é a doença da abstração. [*Palavras ilegíveis.*] Tomarei apenas alguns exemplos. E, para começar, a polêmica. Não existe vida sem diálogo. E, na maior parte do mundo, o diálogo é substituído hoje em dia pela polêmica, a linguagem da eficiência. O século XX é, entre nós, o século da polêmica e do insulto. Entre as nações e os indivíduos, e até mesmo no nível das disciplinas outrora desinteressadas, ela hoje ocupa o lugar tradicionalmente ocupado pelo diálogo reflexivo. Dia e noite, milhares de vozes, cada uma de sua parte num monólogo turbulento e contínuo, derramam sobre os povos uma torrente de discursos mistificadores. Mas qual é o mecanismo da polêmica? Consiste em considerar o adversário como inimigo, em simplificá-lo e, consequentemente, em se recusar a vê-lo. Os olhos daquele que eu insulto, já não sei mais de que cor são. Perdendo três quartos da visão em virtude da polêmica, já não vivemos entre seres humanos, mas num mundo de silhuetas.

Tampouco existe vida sem persuasão. E a história de hoje só conhece a intimidação, a política da eficiência. Os seres humanos vivem e só podem viver com a ideia de que têm algo em comum onde sempre podem se encontrar. Mas nós descobrimos o seguinte: há gente que não é possível convencer. Era e é impossível a uma vítima dos campos de concentração explicar aos que a aviltam que não devem fazê-lo. Porque esses já não representam seres humanos, mas uma ideia elevada à temperatura da mais inflexível das vontades. Quem quer dominar é surdo. Diante dele, é preciso lutar ou morrer. Por isso os homens de hoje vivem no terror. No *Livro dos mortos*, lemos que o egípcio justo, para merecer o perdão, devia dizer: "Não causei medo a ninguém." Nessas condições, em vão buscaremos nossos grandes contemporâneos, na fila dos bem-aventurados no dia do Juízo Final.

Não surpreende que essas silhuetas já agora surdas e cegas, aterrorizadas, alimentadas de senhas de racionamento, cuja vida inteira se resume numa ficha policial, possam depois ser tratadas como abstrações anônimas. É interessante constatar que os regimes derivados das ideologias a que me refiro são precisamente aqueles que procedem de maneira sistemática ao desarraigamento das populações, fazendo-as percorrer a superfície da Europa como símbolos exangues que só ganham uma vida, irrisória, nos dados estatísticos. Desde que essas belas filosofias entraram na história, enormes massas de pessoas, cada uma das quais, porém, outrora tinha uma maneira própria de apertar a mão, foram enterradas com as duas iniciais das pessoas "desterradas", que um mundo extremamente lógico inventou para elas.

Pois tudo isso é lógico. Quando se quer unificar o mundo inteiro em nome de uma teoria, por meio da eficiência, não há outro caminho senão tornar esse mundo tão árido, cego e surdo quanto a própria teoria, tão frio quanto a razão, tão cruel quanto [uma palavra ilegível]. Não há outro caminho senão cortar as raízes que prendem o homem à vida e à natureza. A natureza é o que escapa à história e à razão. A natureza precisa, portanto, [uma palavra ilegível]. E não é por acaso que não encontramos paisagens na grande literatura europeia desde Dostoiévski. Não é por acaso que os livros significativos de hoje, em vez de se interesarem pelas nuances do coração e pelas verdades do amor, só se apaixonam pelos juízes, pelos processos e pela mecânica das acusações; em vez de abrirem as janelas para a beleza do mundo, fecham-nas ciosamente sobre a angústia dos solitários. [Sete palavras ilegíveis.] As personagens são uma literatura de paisagens. Não é por acaso que o filósofo que hoje em dia inspira grande parte do pensamento europeu é aquele que escreveu que só a cidade moderna permite ao espírito tomar consciência de si mesmo e chegou a dizer que a natureza é abstrata e só a razão é concreta. É o ponto de vista de Hegel, e é o ponto de partida de uma imensa aventura da inteligência, aquela que acaba matando todas as coisas. No grande espetáculo da natureza, esses espíritos embriagados já não veem nada senão a si mesmos. É a suprema cegueira.

Por que ir mais longe? Aqueles que conhecem as cidades destruídas da Europa sabem do que estou falando. Elas apresentam a imagem desse mundo árido, exaurido pelo orgulho, onde fantasmas vagam ao longo de um monótono apocalipse em busca de uma amizade perdida com a natureza e os seres. O grande drama do homem do Ocidente é que entre ele e o seu devir histórico já não se interpõem as forças da natureza nem as da amizade. Cortadas suas raízes, ressequidos os braços, ele já se confunde com as forcas que seus homicídios e suas ideologias lhe prometem.

III

Vou interromper aqui esta descrição, embora esteja incompleta. São demasiadas hoje na Europa as testemunhas miseráveis dessa realidade, para que possamos nos comprazer na sua descrição. O que me interessa é saber como sair desse estado e, justamente, se somos capazes de sair. Houve uma época em que os mandamentos divinos ditavam as regras de cada um e entendo que era uma solução. Mas esses tempos já se foram, e oitenta por cento dos europeus de hoje vivem longe da graça.

A única conclusão prática é que, para renascer, a Europa só será capaz de extrair forças daquilo de que dispõe, ou seja, de suas negações e sua revolta. Mas, no fim das contas, dirão os senhores, foram suas filosofias da revolta que a levaram aonde está. Ela se revoltou primeiro contra um mundo que não tinha sentido e daí extraiu a ideia de que era necessário dominar esse mundo pelas vias do poder. Escolheu a eficiência. Tem o que queria. E é verdade que a maioria dos europeus, sem saber, escolheu viver como vive. Nesse caso, não haveria outra saída senão os claustros e os desertos. O futuro do mundo poderia então ser entregue àqueles povos crianças que riem do alto de suas máquinas.

Mas minha resposta é diferente, e a ofereço aqui pelo que vale. A revolta não conduz ao domínio, e foi por uma perversão do orgulho intelectual que dela foram deduzidas tantas consequências pavorosas. Nada justifica essa sanha destruidora senão a cegueira de uma indignação que já nem se dá conta das suas razões. Suprimindo a justificativa superior, o niilismo rejeita qualquer limite e acaba considerando que não faz mal matar o que já está fadado à morte. Mas isso é loucura. E, em seu próprio nível, a revolta ainda pode nos dar um princípio de ação que diminua a dor dos seres humanos, ao invés de aumentá-la. Neste mundo isento de valores, neste deserto do coração em que temos vivido, o que significava essa revolta? Ela fazia de nós pessoas que diziam *Não*. Mas, ao mesmo tempo, éramos pessoas que diziam *Sim*. Dizíamos *Não* a este mundo, ao seu absurdo essencial, às abstrações que nos ameaçavam, à civilização de morte que era preparada para nós. Ao dizermos *não*, afirmávamos que as coisas já tinham durado bastante, que havia um limite que não podia ser ultrapassado. Mas, ao mesmo tempo, afirmávamos tudo que está aquém desse limite, afirmávamos que havia em nós algo que recusava o escândalo e que não era possível humilhar durante demasiado tempo. E, sem dúvida, era uma contradição que devia nos levar a refletir. Achávamos que este mundo vivia e lutava sem valor real. E eis que, apesar disso, lutávamos contra a Alemanha, por exemplo. E todos nós, em consequência, pelo simples fato de recusar e lutar, afirmávamos alguma coisa.

Anedota alemã[1]

Mas por acaso essa coisa tinha valor geral, ia além da opinião de um indivíduo, podia servir de regra de conduta? A resposta já foi dada. As pessoas a que me refiro aceitavam morrer no ímpeto de sua revolta. E aquela morte provava que elas se sacrificavam pelo bem de uma verdade que ia além de sua vida pessoal, que ia mais longe que seu destino individual. O que nossos revoltados defendiam contra um destino inimigo era um valor comum a todos. Quando se torturava com esmero, quando as mães se viam obrigadas a condenar os próprios filhos à morte, quando os justos eram enterrados como porcos, aqueles revoltados consideravam que neles estava sendo negado algo que não lhes pertencia com exclusividade, que era um lugar coletivo no qual os homens sentem um vínculo preexistente. Mas naquele absurdo havia, ao mesmo tempo, a lição de que estávamos numa tragédia coletiva, na qual estava em jogo uma dignidade compartilhada, uma comunhão humana que era necessário defender e preservar, antes de qualquer outra consideração.

---

[1] Esta anedota é reproduzida por Herbert Lottman em sua biografia *Albert Camus* (1978): "[...] alguns oficiais alemães ouviram a conversa de jovens franceses sobre filosofia num restaurante; um dos rapazes havia declarado que nenhuma ideia merecia que se morresse por ela: os alemães o chamaram à sua mesa, e um deles, encostando o revólver na têmpora do rapaz, pediu-lhe que repetisse o que tinha acabado de dizer; ele repetiu a frase, e o oficial o cumprimentou: 'Acho que o senhor acabou de provar que estava errado. O senhor acabou de demonstrar que algumas ideias merecem que se morra por elas.'"

Sim, esta é a grande lição daqueles anos terríveis: o insulto a um estudante de Praga afeta um operário do subúrbio parisiense, e o sangue derramado em algum lugar à beira de um rio europeu leva um camponês da Escócia a derramar o seu no solo das Ardenas, que ele via pela primeira vez. E até isso era absurdo e louco, impossível de se imaginar, ou quase.

A partir daí, sabíamos como agir e aprendíamos que o homem, mesmo na mais absoluta miséria moral, é capaz de resgatar valores suficientes para orientar sua conduta. Pois, se essa comunhão entre os homens, no reconhecimento mútuo de sua carne e de sua dignidade, era a verdade, então era exatamente aquela comunicação, aquele diálogo, que cumpria realizar.

E, para manter aquela comunicação, era preciso que os homens fossem livres, pois não há nada em comum entre um senhor e um escravo, e não é possível falar e comunicar-se com um homem sujeitado. A servidão é um silêncio, o mais terrível de todos.

E, para manter aquela comunicação, também tínhamos de fazer a injustiça desaparecer, pois não há diálogo entre o oprimido e o explorador. A inveja também é da esfera do silêncio.

E, para manter aquela comunicação, precisávamos, por fim, proscrever a mentira e a violência, pois o homem que mente se fecha para os outros, e aquele que tortura e coage impõe o silêncio definitivo.

Assim, a partir da negação e pelo simples ímpeto de nossa revolta, era possível resgatar uma moral da liberdade e da sinceridade, uma moral do diálogo.

Para curar a Europa, para servir ao futuro do mundo, é essa moral do diálogo que precisamos opor provisoriamente à moral do assassinato. Precisamos lutar contra a injustiça, a servidão e o terror, pois são esses três flagelos que impõem o reinado do silêncio entre os homens, que erguem barreiras entre eles, que os impedem de enxergar um ao outro e de convergir para o único valor capaz de salvá-los desse mundo desesperador: a longa fraternidade dos homens em luta contra seu destino. No fim dessa interminável noite, agora e enfim sabemos o que devemos fazer.

O que isso significa na prática? Significa que a Europa não vai se curar se não chamarmos as coisas pelo nome, se não aceitarmos a ideia de que matamos toda vez que nos entregamos a certos pensamentos. A primeira coisa a fazer, portanto, é a pura e simples rejeição, por pensamentos e atos, de toda e qualquer filosofia cínica. Não diremos com isso que rejeitamos qualquer violência, o que seria utópico, mas que rejeitamos a violência confortável, ou seja, a violência legitimada pela razão de Estado ou por uma filosofia. Nenhuma violência pode ser exercida por procuração, nenhuma pode ser justificada de modo genérico. Cada ato violento deve pôr em xeque tudo por parte de quem o comete. O fim da pena de morte e a condenação dos campos de concentração devem em todas as hipóteses ser o primeiro artigo do Código Internacional, cuja criação todos esperamos. A pena de morte só pode ser imaginada por quem se julga detentor da verdade absoluta. Não é nosso caso. E somos então obrigados a concluir que não podemos dizer que alguém é absolutamente culpado. É impossível, portanto, decretar a punição absoluta.

A Europa não vai se curar se não negarmos às filosofias políticas o direito de pautar tudo. Não se trata, de fato, de dotar este mundo de um catecismo político e moral. O grande mal da nossa época está justamente no fato de que a política pretende nos munir de um catecismo, de uma filosofia completa e até, às vezes, de uma arte de amar. Ora, o papel da política é arrumar a casa, e não de resolver nossos problemas íntimos. De minha parte, ignoro se existe um absoluto. Mas sei que ele não é da ordem política. O absoluto não é assunto coletivo: é assunto de cada um. E todos devem pautar suas relações mútuas de tal maneira que cada um tenha a possibilidade de se questionar intimamente sobre o absoluto. Nossa vida sem dúvida pertence aos outros, e é justo doá-la quando necessário. Mas nossa morte pertence exclusivamente a nós, essa é a minha definição de liberdade.

A Europa não vai se curar se não procurar criar, a partir da negação, os valores provisórios que possibilitem conciliar o pensamento negativo com as possibilidades de uma ação positiva. Esse é trabalho dos filósofos, e apenas o esbocei aqui. Mas ele nos permitiria ao menos questionar certos valores falsos com base nos quais vivem nossos contemporâneos, sendo o primeiro deles o heroísmo. É preciso dizer tranquilamente que o heroísmo tem de ser julgado, e julgado por usurpação. Pois esse valor é falso, uma vez que nossas filosofias da exaltação com excessiva frequência lhe conferem um lugar que não é seu, quero dizer, o primeiro lugar. "Coragem", dizia Schopenhauer, "mera virtude de subtenente!" Não precisamos ir tão longe. Mas digamos pelo menos que não queremos qualquer tipo de herói. Muitos de nós podem dar testemunho de que os SS alemães eram corajosos. O que não prova que tinham razão ao organizar os campos de concentração. O heroísmo é, portanto, uma virtude secundária, que depende de outros valores para ter sentido. Aquele que morre pela injustiça nem por isso está justificado. Também haveria coragem, mas de outro tipo, em ser capaz de reconhecer que a primeira virtude não é o heroísmo, mas a honra, sem a qual a coragem perde o sentido, e o heroísmo se avilta.

Para encerrar, a Europa não vai se curar sem reinventar um universalismo em que todos os homens de boa vontade possam se encontrar. Para sair da solidão e da abstração, é preciso falar. Falar com franqueza e, em todas as circunstâncias, dizer toda a verdade que se conhece. Mas só é possível dizer a verdade num mundo em que ela se defina e se baseie em valores comuns a todos os seres humanos. Ninguém no mundo, nem hoje nem amanhã, pode jamais decidir que sua verdade é suficientemente boa para ser imposta aos outros. Pois só a consciência dos homens em comum pode assumir essa ambição. E é preciso resgatar os valores dos quais vive essa consciência em comum hoje destruída pelo terror. Isso significa que devemos todos criar, fora dos partidos, comunidades de reflexão que abram o diálogo, acima das fronteiras, e, por meio de sua vida e de seus discursos, afirmem que este mundo deve deixar de ser o mundo dos policiais, dos soldados e do dinheiro, para se tornar o mundo do homem e da mulher, do trabalho fecundo e do lazer reflexivo. A liberdade que precisamos conquistar, por fim, é o direito de não mentir. Só assim conheceremos nossas razões de viver e morrer. Só assim poderemos, na cumplicidade geral em que vivemos, pelo menos tentar ser assassinos inocentes.

Conclusão

Terminei com algumas reflexões que desejava lhes propor. Talvez se acredite que a atitude bastante limitada de que falei tenha chances modestas diante das forças do assassinato. Entretanto — e concluo assim —, não é minha opinião. Pois se trata de uma prudência bem calculada, aliás provisória, que requer força e obstinação. De maneira mais simples, ela requer que amemos mais a vida do que a ideia. Talvez aí esteja o que a torna difícil, numa Europa que desaprendeu o amor à vida e finge amar o futuro acima de tudo, para tudo sacrificar em seu nome. Mas, se quiser recuperar o gosto pela vida, terá de substituir os valores da eficiência pelos valores do exemplo.

E, na verdade, se não o fizer, ninguém no mundo fará em seu lugar. Ela se impregnou dos mesmos empreendimentos assassinos das outras potências que hoje fingem conduzir o mundo. Mas tudo que essas potências fizeram foi seguir as lições da Europa. E esta última, [*duas palavras ilegíveis*], é capaz de elaborar uma solução, capaz de elaborar os pensamentos de que depende agora nossa salvação comum.

Alguém, no mundo antigo, nos legou justamente o exemplo e o caminho dessa salvação. Ele sabia que a vida tem uma parte de sombra e uma parte de luz, que o homem não podia ter a pretensão de controlar tudo, que era preciso lhe demonstrar sua presunção. Sabia que há coisas que não sabemos e que, se temos a pretensão de saber tudo, acabamos matando tudo. Pressentindo o que diria Montaigne: "Atribui preço muito alto às próprias conjecturas quem, em nome delas, põe para cozinhar um homem vivo!",[1] ele pregava nas ruas de Atenas o valor da ignorância [*palavras ilegíveis*], para que o homem se tornasse suportável ao homem. No fim, naturalmente, foi condenado à morte. Morto Sócrates, começa a decadência do mundo grego. E nos últimos anos foram mortos muitos Sócrates na Europa. É um indicativo. Um indicativo de que somente o espírito socrático de indulgência com os outros e de rigor consigo mesmo é perigoso neste momento para nossa civilização do assassinato. Quem sabia disso muito bem era Nietzsche, que identificou em Sócrates o pior inimigo da vontade de poder. É, portanto, um indicativo de que só esse espírito pode fazer bem ao mundo. Qualquer outro esforço, por mais admirável que seja, voltado para a dominação só pode mutilar o homem ainda mais gravemente. Sócrates tinha razão, não existe homem sem diálogo. E parece que chegou

---

[1] Montaigne, *Ensaios*, vol. 3, XI, "Dos coxos".

o momento de a Europa e o mundo reunirem as forças do diálogo contra as ideologias do poder.

E aqui eu me lembraria de que sou escritor. Pois um dos sentidos da história de hoje e mais ainda de amanhã é a luta entre os artistas e os conquistadores, e, por mais irrisório que possa parecer, entre as palavras e as balas. Os conquistadores e os artistas querem a mesma coisa e vivem da mesma revolta. Mas os conquistadores modernos querem a unidade do mundo, e só podem alcançá-la passando pela guerra e pela violência. Eles têm apenas um rival e, dentro em pouco, um inimigo, que é a arte. Pois os artistas também querem essa unidade, mas a buscam e a encontram às vezes na beleza, ao fim de uma longa ascese interior. "Os poetas", diz Shelley, "são os legisladores não reconhecidos do mundo."[1] Mas, com isso, ele define ao mesmo tempo a grande responsabilidade dos artistas contemporâneos, que devem reconhecer o que são e que, por exemplo, estão do lado da vida, e não da morte. Eles são testemunhas da carne, não da lei. Por vocação, estão condenados à compreensão daquilo que lhes é inimigo. O que não significa que sejam incapazes de emitir julgamentos sobre o bem e o mal. Contudo, sua capacidade de viver a vida do outro lhe possibilita reconhecer até no pior criminoso a constante justificativa do ser humano, que é a dor. Foi essa compaixão, no sentido forte da palavra, que já em outros tempos fez deles na história [*palavras ilegíveis*]. Em vez de fugir desse risco e dessa responsabilidade, os

---

[1] Percy Bysshe Shelley, "Uma defesa da poesia" (1821).

artistas devem aceitá-los [*palavras ilegíveis*]. E lutar à sua maneira, que só pode ser [*uma palavra ilegível*].

A Europa não vai se curar se não se recusar a adorar o acontecimento, o fato, a riqueza, o poder, a história como é feita e do mundo como caminha, se não consentir em enxergar a condição humana tal como é. E o que ela é nós sabemos. É essa condição terrível que requer carradas de sangue e séculos de história para chegar a uma modificação imperceptível no destino dos homens. Essa é a lei. Durante anos, no século XVIII, na França, rolaram cabeças como granizo, a Revolução Francesa inflamou os corações de entusiasmo e terror. E, afinal, no início do século seguinte, chegou-se à substituição da monarquia legítima pela monarquia constitucional. Nós, franceses do século XX, conhecemos muito bem essa lei terrível. Houve guerra, ocupação, massacres, milhares de muros de prisão, uma Europa desvairada de dor, e tudo isso para que se tornassem perceptíveis no mundo devastado duas ou três pequenas modificações que nos ajudarão a desesperar menos. Escandaloso aqui seria o otimismo dos saciados. A Europa precisa reaprender a modéstia. Pois aquele que tem esperança na condição humana talvez seja louco. Mas aquele que desespera dos acontecimentos sem dúvida é covarde. Por meio de sua obra e de seu exemplo, só lhes resta agora demonstrar que a compaixão também é uma força, que mais vale errar sem assassinar ninguém, deixando que os outros falem, do que ter razão em meio ao silêncio e aos cadáveres. Resta-lhes proclamar que as revoluções, embora possam ter êxito pela violência, só podem se manter no diálogo. Uma parte do futuro europeu está nas mãos dos nossos pensadores e artistas, que assim conhecem, ao mesmo tempo, miséria e grandeza. Mas sempre foi assim, e justamente isso é apaixonante. Hoje a história põe em primeiro plano a eterna vocação da inteligência, aquela que, ao longo de séculos de combates duvidosos e grandezas ameaçadas, jamais deixou de lutar para afirmar, contra as abstrações da história, aquilo que vai além de toda a história, que é a carne, seja ela sofrida, seja ela feliz. Toda a Europa de hoje nos grita em sua soberba que essa empreitada é irrisória e vã. Mas estamos todos no mundo para demonstrar o contrário.

A Europa da fidelidade
1951

A 12 de abril de 1951, a Associação dos Amigos da República Espanhola, contando entre seus membros mais ativos Édouard Herriot, René Cassin e Pierre Mendès France, organiza uma reunião na Salle Saulnier, em Paris. Convidado a falar, Camus reafirma que a Europa só pode ser construída com uma Espanha liberta do franquismo, no exato momento em que os Estados Unidos, a Inglaterra e a França restabelecem relações diplomáticas com Franco. O texto da intervenção de Camus é publicado já em maio de 1951 no quinquagésimo número da revista sindicalista-revolucionária de Pierre Monatte, La Révolution prolétarienne.[1]

As democracias do Oeste parecem cultivar a tradição de trair os amigos; os regimes do Leste se sentem na obrigação de devorá-los. Entre os dois, temos de construir

---

[1] Desde a retomada de sua publicação depois da guerra, em 1947, Camus demonstra grande interesse por essa revista, à qual enviaria uma dúzia de textos.

uma Europa que não seja nem a dos mentirosos nem a dos escravos. Pois sem dúvida é preciso construir uma Europa, como nos dizem, com razão, no Senado americano. Simplesmente não queremos uma Europa qualquer. Aceitar construir uma Europa com os generais criminosos da Alemanha e o general rebelde Franco seria aceitar a Europa dos renegados. E, afinal, se é essa Europa que as democracias do Oeste querem, seria fácil consegui-la. Hitler tentou construí-la, quase conseguiu; bastava cair de joelhos, e a Europa ideal teria sido construída sobre os ossos e as cinzas dos homens livres assassinados. No Ocidente não se quis isso. Lutou-se, de 1936 a 1945, e milhões morreram ou agonizaram na noite das prisões, para que a Europa e sua cultura continuassem sendo uma esperança e preservassem um sentido. Se há quem o tenha esquecido hoje, nós não esquecemos. A Europa é antes de mais nada uma fidelidade. Por isso estamos aqui esta noite.

A darmos crédito aos jornais franquistas, o marechal Pétain considerava Franco como a espada mais brilhante da Europa. São cortesias militares, sem maiores consequências. Mas, justamente, não queremos uma Europa defendida por esse tipo de espada. O servidor dos grandes nazistas, Serrano Súñer,[1] também acaba de escrever um artigo em que reivindica uma Europa aristocrática. Não tenho nada contra a aristocracia. Considero, pelo contrário,

---

[1] Serrano Súñer (1901-2003) foi ministro do Interior de Franco de 1938 a 1940, e em seguida ministro das Relações Exteriores de 1940 a 1942. Alto dignitário do franquismo, organizou em especial o encontro entre Hitler e Franco em Hendaye, em 23 de outubro de 1940.

que o problema da civilização europeia é a criação de novas elites, pois as suas foram desonradas. Mas a aristocracia de Súñer é por demais semelhante aos senhores de Hitler. É a aristocracia de uma gangue, a realeza do crime, a cruel senhoria da mediocridade. De minha parte, conheço apenas dois tipos de aristocracia: a da inteligência e a do trabalho. Elas estão sendo oprimidas, insultadas ou utilizadas cinicamente, no mundo de hoje, por uma raça de lacaios e funcionários a serviço do poder. Libertadas e reconciliadas, sobretudo reconciliadas, farão a única Europa capaz de durar; não a dos trabalhos forçados e da inteligência submetida à doutrina, nem essa, na qual vivemos, da hipocrisia e da moral mercadejante, mas a Europa viva das comunas e dos sindicatos, que preparará o renascimento que esperamos. Nesse imenso esforço, minha convicção é que não podemos prescindir da Espanha.

Com efeito, a Europa só se tornou essa terra desumana onde todos, porém, falam de humanismo, esse acampamento de escravos e esse mundo de sombras e ruínas porque se entregou sem pudor às doutrinas mais extravagantes, sonhou ser uma terra de deuses e, para divinizar o homem, decidiu sujeitar todos os homens aos meios do poderio. As filosofias do Norte a ajudaram e aconselharam nessa bela empreitada. E hoje, na Europa de Nietzsche, Hegel e Marx, colhemos os frutos dessa loucura. Se o homem se tornou Deus, somos obrigados a dizer que se tornou muito pouca coisa; esse deus tem cara de escravo ou de promotor. Nunca reinaram sobre o mundo deuses tão mesquinhos. Quem poderia estranhar, vendo-os na primeira página dos jornais ou nas telas de nossos cinemas, que suas Igrejas sejam antes de mais nada polícias? A Europa só foi grande na tensão que introduziu entre seus povos, seus valores, suas doutrinas. Ela é esse equilíbrio e essa tensão, ou não é nada. A partir do momento em que renunciou a isso, optando por estabelecer, pela violência, o reinado da unidade abstrata de uma doutrina, ela definhou, tornou-se essa mãe esgotada que agora só traz ao mundo criaturas avarentas e odiosas. E talvez seja justo que essas criaturas acabem se atirando umas sobre as outras para finalmente encontrarem uma paz impossível na morte desesperada. Mas nossa tarefa, o papel de todos nós, não é servir a essa terrível justiça. É recriar uma justiça mais modesta numa Europa renascente, e, consequentemente, renunciar às doutrinas que pretendem sacrificar tudo em nome da história, da razão e do poder. E para isso precisamos reencontrar o caminho do mundo, reequilibrar o homem com natureza, o mal com beleza, a justiça com a compaixão. Precisamos, finalmente, renascer na dura tensão atenta que torna as sociedades fecundas. É aqui que a Espanha precisa nos ajudar.

Com efeito, como prescindir dessa cultura espanhola em que jamais, nem uma única vez em séculos de história, a carne e o grito do homem foram sacrificados em nome da ideia pura, que foi capaz de dar ao mundo, ao mesmo tempo, Don Juan e Dom Quixote, as mais altas imagens da sensualidade e do misticismo, que, em suas criações mais desvairadas, não se separa do realismo cotidiano, cultura completa, enfim, que abarca com sua força criadora o universo inteiro, do sol à noite. É essa cultura que pode nos ajudar a refazer uma Europa que nada excluirá do mundo nem mutilará nada no homem. Ainda hoje, ela contribui para alimentar, em parte, a nossa esperança. E mesmo na época em que era amordaçada na Espanha, essa cultura ainda dava o seu sangue, o melhor, a essa Europa e a essa esperança. Os mortos espanhóis dos campos alemães, de Glières,[1] da divisão Leclerc e os vinte e cinco mil mortos nos desertos da Líbia eram essa cultura e essa Europa. É a eles que somos fiéis. E, se hoje eles podem reviver em algum lugar de seu país, é entre os estudantes e operários de Barcelona, que acabam de dizer ao mundo, perplexo, que a verdadeira Espanha não está morta e exige novamente o seu lugar.

Mas, se a Europa de amanhã não pode prescindir da Espanha, tampouco pode, pelos mesmos motivos, ser feita com a Espanha de Franco. A Europa é uma expressão cheia de contrastes, não pode se adaptar a doutrinas suficientemente estúpidas e ferozes para proibir qualquer expressão que não seja a sua própria. Meses atrás, enquanto um ministro espanhol exprimia o desejo de que as elites da França e da Espanha se interpenetrassem mais, sua censura proibia Anouilh e Marcel Aymé. Como esses escritores

---

[1] O planalto de Glières, no maciço de Bornes, foi um reduto privilegiado da Resistência. Mais de cem resistentes foram mortos pela Wehrmacht após a investida contra o planalto no fim de março de 1944.

nunca foram considerados implacáveis revolucionários, é possível adivinhar o que pode penetrar, na Espanha, que venha de Sartre, Malraux ou Gide. De nossa parte, de bom grado nos dispomos a ler o Sr. Benavente.[1] São os livros do Sr. Benavente que não se deixam ler, só isso. Afirmava-se em recentes artigos franquistas que a censura tinha sido abrandada. Depois de ler os textos, podemos ficar tranquilos. O abrandamento resume-se a afirmar que tudo é permitido, exceto o que é proibido. Franco, que gosta de se inspirar em um dos nossos grandes escritores — refiro-me a Joseph Prudhomme —, declarou que "a Espanha do alcácer de Toledo está ligada à cátedra de são Pedro". Mas ele censura o próprio papa quando o papa defende a liberdade de imprensa. Na nossa Europa, o papa tem direito de falar, como também o têm aqueles que pensam que o papa faz mau uso desse direito.

A Europa que queremos também é uma ordem. E, quando qualquer um pode prender qualquer um, quando a delação é estimulada, quando as mulheres grávidas nas prisões são generosamente dispensadas do trabalho, mas só no nono mês, então é porque vivemos na desordem, e Franco prova ao mundo inteiro que é um anarquista muito mais perigoso que nossos amigos da CNT,[2] que,

---

[1] Jacinto Benavente y Martínez (1866-1954), escritor e dramaturgo espanhol, autor de mais de cento e cinquenta peças; ganhou o Prêmio Nobel de literatura em 1922.

[2] Fundada em 1911, de tendência anarquista e libertária, a Confederação Nacional do Trabalho era o principal sindicato operário espanhol no início do século XX.

esses sim, querem uma ordem. E a desordem chega ao auge, pelo menos para mim, nessa horrenda confusão em que a religião se mistura às execuções, e o padre se perfila por trás do carrasco. Na Espanha franquista, as ordens de execução terminam com estes piedosos votos dirigidos ao diretor da prisão: "Que Deus lhe dê longa vida." Os presos também são obrigados a assinar o semanário *Redención*. Essa Europa em que Deus é reservado para uso particular dos diretores de prisão acaso será a civilização pela qual devemos combater e morrer? Não! Felizmente há uma redenção que não requer assinatura e que reside no julgamento dos homens livres. Se há um Cristo na Espanha, de fato ele está nas prisões, mas nos catres das celas; está com os católicos que recusam a comunhão porque o padre carrasco a tornou obrigatória em certas prisões. Esses são nossos irmãos, e filhos da Europa livre.

Nossa Europa também é a da verdadeira cultura. E, lamento ter de dizer, não vejo nenhum sinal de cultura na Espanha de Franco. Li recentemente a filosofia da história, bem pessoal, do caudilho. Ela se resume no seguinte, e cito: "a maçonaria oculta no cavalo de Troia da *Enciclopédia* foi introduzida na Espanha pelos Bourbons". Li ao mesmo tempo que um peregrino católico da América, recebido por Franco, o achara "extraordinariamente inteligente". Peregrinos são sempre entusiastas. Não querem ser incomodado por nada. Mas, enfim, acho a frase de Franco e a do peregrino levemente incompatíveis. E minha convicção de que a cultura e a Espanha oficial de hoje mantêm apenas relações de cortesia se consolida quando leio que "Franco precisa cortar com sua espada os nós górdios de problemas seculares, cuja solução estava reservada ao seu gênio", ou que "parece que Deus colocou o destino de Franco sob o signo daquelas aparições históricas fulgurantes, destacando sua cabeça aureolada contra o horizonte do nosso século". Não, idolatria não é cultura. A cultura, pelo menos ela, morre com o ridículo. E, por fim, Franco, exigindo seu lugar no concerto das nações e reivindicando para a Espanha o direito (que reivindicamos com ele) de ter o governo que bem quiser, resume sua doutrina nestas frases, sobre as quais não me canso de refletir, como bem entenderão: "Não é que caminhemos em direção diferente [...] É que caminhamos mais depressa que os outros e já estamos no caminho de volta, enquanto os outros ainda estão caminhando para a meta." Essa metáfora ousada basta para explicar tudo e justificar que, para a nossa cultura, prefiramos a Europa de Unamuno[1] à do Sr. Rocamora.[2]

Por fim, nossa Europa — e isso resume tudo — não pode prescindir da paz. A Espanha de Franco, por sua vez, só vive e sobrevive porque a guerra nos ameaça, enquanto a República espanhola se fortalece toda vez que aumentam as chances da paz. Se a Europa, para existir, precisar passar pela guerra, será a Europa das polícias e das ruínas. Entendemos então por que Franco é considerado indispensável, em virtude da malfadada ausência de

---

[1] Ver "A Espanha e o dom-quixotismo", p. 271.

[2] Pedro Rocamora (1911-1993) era na época diretor-geral de Propaganda na Subsecretaria da Educação Popular, vinculada ao Ministério da Educação Nacional do governo franquista.

Hitler e Mussolini. Foi esse o julgamento daqueles que têm da Europa uma ideia que nos causa horror. Franco foi julgado com severidade até o momento em que se deram conta de que ele tinha trinta divisões. Foi quando ele começou a fazer parte da verdade. Para seu uso, foi reformulada a frase de Pascal,[1] que passou a ser: "Erro aquém da trigésima divisão, verdade além dela." Em tais condições, por que entrar em guerra contra a Rússia? Ela é mais verdadeira que a verdade, pois conta com cento e setenta e cinco divisões. Mas a inimiga é ela, e tudo que possa combatê-la é bom. Para vencer, é preciso antes de mais nada trair a verdade. Pois bem, é o momento de dizer que a Europa que queremos nunca será aquela em que a justiça de uma causa é avaliada pelo número de seus canhões. Já é uma estupidez calcular a força de um exército pelo número de seus oficiais. Nessa contagem, o exército espanhol de fato é o mais forte do mundo.

Mas também é o mais fraco. Só mesmo um pensador do State Department para imaginar que o povo espanhol vai lutar em nome de uma liberdade que não tem. Mas a estupidez não é nada. O mais grave é a traição de uma causa sagrada, a causa da única Europa que desejamos. Ao aprovarem a retomada de relações com Franco, a América oficial e seus aliados assinaram a ruptura com certa Europa que é a nossa — e que continuaremos a defender e a

---

[1] "Verdade aquém dos Pireneus, erro além deles" (Blaise Pascal, *Pensamentos*).

servir juntos. E a serviremos apesar de nos distinguirmos, justamente, de todos aqueles que não têm mais nenhum direito moral de servi-la, daqueles que, por causa de uma provocação policial, permitem que sejam torturados em nosso solo militantes irrepreensíveis da CNT como José Peirats,[1] daqueles que permitem que as eleições argelinas sejam fraudadas, e também daqueles que lavam as mãos do sangue dos fuzilados de Praga e insultam os prisioneiros dos campos de concentração russos. Esses perdem o direito de falar da Europa e de denunciar Franco. Quem falará, então? Quem o denunciará? Amigos espanhóis, a resposta é simples: a voz tranquila da fidelidade. Mas a fidelidade é solitária? Não, somos em todo o mundo milhões de fiéis preparando o dia da reunião. Trezentos mil cidadãos de Barcelona acabam de proclamá-lo alto e bom som.[2] Cabe a nós buscar a união, nada fazer que possa nos separar. Sim, basta nos unirmos, e que vocês também se unam, eu imploro. A Espanha do exílio tem aqui sua justificação, nessa união enfim realizada, nessa luta paciente e inflexível. Chegará o dia em que a Europa vencerá suas misérias e seus crimes, em que finalmente reviverá.

---

[1] José Peirats Valls (1908-1989), operário e jornalista, foi secretário da CNT e redator do jornal anarcossindicalista *Solidaridad Obrera*. Forçado ao exílio depois da vitória de Franco, ele publica no início da década de 1950 uma obra de referência sobre o anarcossindicalismo espanhol: *La CNT en la revolución española*.

[2] Em março de 1951, uma convocação ao boicote dos bondes de Barcelona, após um aumento do preço da passagem, transforma-se num movimento de greve geral que paralisa a cidade durante duas semanas.

Mas esse dia será exatamente o mesmo — e é isso o que eu quis lhes dizer — em que a Espanha da fidelidade, vinda dos quatro cantos do mundo, voltará a se reunir no alto dos Pireneus, e verá estender-se à sua frente a velha terra ferida que tantos de vocês esperaram em vão, e que os espera silenciosamente há tanto tempo. Nesse dia, nós, europeus, recuperaremos com vocês uma pátria a mais.

Conferência no Casal de Catalunya
[Calendário da Liberdade:
19 de julho de 1936]

1951

No dia 19 de julho de 1951, o centro cultural Casal de Catalunya comemora na sede da Ligue de l'enseignement, na rue Récamier, em Paris, o décimo quinto aniversário da revolução social e libertária de 19 de julho de 1936 na Espanha. Convidado a falar, ao lado de Octavio Paz, Jean-Paul Sartre e Jean Cassou, Albert Camus faz a palestra que segue, cujo texto é publicado em 4 de agosto de 1951 no semanário da CNT espanhola, Solidaridad Obrera. *Ele voltaria a ser publicado três anos depois, na quinta edição da revista* Témoins *da primavera de 1954, ampliado com a intervenção de Albert Camus na Mutualité (Paris) em 30 de junho de 1953, depois das revoltas operárias em Berlim Oriental.*[1] *Os dois textos foram então reunidos com o título de "Calendário da Liberdade".*

---

[1] Ver p. 213.

No dia 19 de julho de 1936 começou na Espanha a Segunda Guerra Mundial. Hoje rememoramos esse evento. Essa guerra hoje terminou em todos os lugares, exceto, justamente, na Espanha. O pretexto para não a terminar é a obrigação de se preparar para a terceira guerra mundial. Isso resume a tragédia da Espanha republicana, à qual a guerra civil e estrangeira foi imposta por comandantes militares rebeldes e à qual esses mesmos comandantes são impostos hoje em nome da guerra estrangeira. Durante quinze anos, uma das causas mais justas que pode haver na vida de um homem foi constantemente deformada e, eventualmente, traída em nome dos interesses mais amplos de um mundo entregue às lutas pelo poder. A causa da república foi e continua sendo identificada com a causa da paz, o que é sem dúvida sua justificação. Infelizmente, o mundo não deixou de estar em guerra desde 19 de julho de 1936, e em consequência a República espanhola não deixou de ser traída ou usada com cinismo. Por isso talvez seja inútil apelar, como tantas vezes fizemos, para o espírito de justiça e de liberdade, para a consciência dos governos. Um governo, por definição, não tem consciência. Às vezes tem uma política, e nada mais. E talvez a maneira mais certa de sair em defesa da República espanhola já não seja dizer que é indigno de uma democracia matar pela segunda vez aqueles que lutaram e morreram pela liberdade de todos nós. Essa é a linguagem da verdade; ela ecoa, portanto, no deserto. A maneira mais correta será dizer que, se a manutenção de Franco no poder só se justifica pela necessidade de garantir a defesa do Ocidente, então nada a justifica. Essa defesa do Ocidente, é preciso que se saiba, perderá suas justificações e seus melhores combatentes se servir para autorizar a manutenção de um regime de usurpação e tirania. Como os governos ocidentais decidiram levar em conta apenas realidades, melhor dizer-lhes que as convicções de toda uma parcela da Europa também fazem parte da realidade e que não será possível negá-las até o fim. Os governos do século XX têm a tendência lamentável a acreditar que a opinião pública e as consciências podem ser governadas como as forças do mundo físico. E é verdade que, mediante as técnicas de propaganda ou de terror, conseguiram conferir às opiniões públicas e às consciências uma consternadora elasticidade. Mas tudo tem limite, especialmente a flexibilidade da opinião pública. Já foram capazes de mistificar a consciência revolucionária a ponto de fazê-la exaltar as miseráveis proezas da tirania. Mas os próprios excessos dessa tirania tornam evidente essa mistificação, e eis que, no meio do século, a consciência revolucionária volta a despertar e se volta para suas origens. Por outro lado, eles conseguiram mistificar o ideal de liberdade pelo qual povos e indivíduos souberam lutar enquanto seus governos capitulavam. Conseguiram impor a esses povos uma espera paciente, fazê-los aceitar concessões cada vez mais onerosas. Mas agora se chegou a um limite que é preciso anunciar claramente, além do qual não será mais possível usar as consciências livres: pelo contrário, será necessário combatê-las também. Esse limite, para nós, europeus, que tomamos consciência de nosso destino e de nossas verdades no dia 19 de julho de 1936, é a Espanha e suas liberdades.

O pior erro que os governos ocidentais poderiam cometer seria ignorar a realidade desse limite. Nossa pior covardia seria deixar que a ignorassem. Nos curiosíssimos artigos[1] dedicados ao que chama de problema espanhol por um jornal que nos acostumou a mais neutralidade, li que os comandantes republicanos espanhóis já não acreditam muito na república. Se fosse verdade, estariam justificadas as piores iniciativas contra essa república. Mas o autor dos artigos, o Sr. Créach, falando desses comandantes republicanos, acrescenta "pelo menos os que vivem na Espanha". Para azar do Sr. Créach, e para sorte da liberdade da Europa, os comandantes republicanos não vivem na Espanha. Ou, se vivem, o Sr. Créach não pode encontrá-los nos ministérios e nos salões de Madri. Os que ele conhece e afirma serem republicanos efetivamente deixaram de acreditar na república. Mas deixaram de acreditar a partir do momento em que aceitaram sujeitá-la pela segunda vez a seus assassinos. Os verdadeiros, os únicos comandantes republicanos que vivem na Espanha, têm uma opinião tão categórica que temo não ser do agrado do

---

[1] Em julho de 1951, *Le Monde* publica uma série de artigos de Jean Créach intitulada "Éléments du problème espagnol" [Elementos do problema espanhol].

Sr. Créach nem daqueles que, para servir a Franco, não se cansam de invocar o perigo de guerra e as necessidades da defesa ocidental. É a opinião desses combatentes clandestinos que deve ser dada a conhecer, pois só ela pode indicar o limite no qual todos nos posicionamos e que, no que nos diz respeito, não permitiremos seja ultrapassado. Por isso gostaria que minha voz fosse muito mais forte do que é e que chegasse diretamente àqueles cuja missão é definir a política ocidental em função da realidade, para levar-lhes as inequívocas declarações do responsável pelo mais poderoso movimento clandestino espanhol. Essas declarações, cuja origem e autenticidade posso assegurar, são curtas. Ei-las: "Por costumes, cultura e civilização, pertencemos ao mundo ocidental e somos contrários ao mundo oriental. Entretanto, com a permanência de Franco no poder, faremos o que for necessário para impedir que qualquer um jamais empunhe armas pelo Ocidente em nosso solo. Estamos organizados para isso."

Essa é uma realidade sobre a qual os realistas do Ocidente deveriam meditar. E não apenas no que diz respeito à Espanha. Pois o combatente que fala aí, cuja vida hoje está em constante perigo, é o irmão em armas de centenas de milhares de europeus parecidos com ele, que estão decididos a lutar por suas liberdades e por certos valores do Ocidente, sabem que toda luta pressupõe um mínimo de realismo, mas jamais confundirão realismo com cinismo nem empunharão armas para defender o Ocidente ao lado dos mouros de Franco,[a] nem a liberdade com os admiradores de Hitler. Existe aí, com efeito, um limite que não será ultrapassado. Durante quase dez anos, comemos o pão da vergonha e da derrota. No dia da libertação, no auge da esperança, ficamos sabendo que a vitória também fora traída e que teríamos de abrir mão de algumas ilusões. De algumas? Certamente! Afinal, não somos crianças. Mas não de todas, não de nossa fidelidade mais essencial. Nesse limite claramente traçado situa-se em todo caso a Espanha, que mais uma vez nos ajuda a enxergar com clareza. Não será justo nenhum combate que seja realmente travado contra o povo espanhol. E, se for travado contra ele, será travado sem nós. Nenhuma Europa, nenhuma cultura, será livre se for construída sobre a servidão do povo espanhol. E, se for construída sobre essa servidão, será construída contra nós. O inteligente realismo dos políticos ocidentais redundará, afinal, no ganho, para sua causa, de cinco aeródromos e três mil oficiais espanhóis, e no afastamento definitivo de centenas de milhares de europeus. E então esses gênios políticos se congratularão em meio às ruínas. A não ser que os realistas realmente entendam a linguagem do realismo e compreendam enfim que o melhor aliado do Kremlin, hoje, não é o comunismo

---

[a] Opondo durante três anos republicanos de esquerda leais ao governo da República e nacionalistas de direita conduzidos pelo general Francisco Franco, a Guerra Civil Espanhola teve início, em julho de 1936, com a mobilização no Marrocos, por iniciativa de Franco, de dezenas de milhares de soldados marroquinos que ficaram conhecidos como "los Moros". As zonas costeiras do norte do Marrocos ainda eram protetorado espanhol na época. (*N. do T.*)

espanhol, mas o próprio general Franco e aqueles que o apoiam no Ocidente.

Talvez essas advertências sejam inúteis. Mas, por enquanto e apesar de tudo, resta um lugarzinho para a esperança. O fato de tais advertências serem feitas, de um combatente espanhol ter dito as palavras que reproduzi, prova, pelo menos, que nenhuma derrota será definitiva enquanto o povo espanhol preservar sua força de combate, como acaba de demonstrar.[1] Paradoxalmente, é esse povo faminto, subjugado, exilado da comunidade das nações, que é hoje guardião e testemunha da nossa esperança. Ele, pelo menos, diferentemente dos comandantes do Sr. Créach, está vivo, sofre e luta. E a tal ponto que causa embaraço aos teóricos do realismo que afirmavam que esse povo pensava em primeiro lugar na própria tranquilidade. Pensava tão pouco nela que esses teóricos tiveram de dar o braço a torcer. Os jornais nos quais hoje se expressa laboriosamente a pretensa elite europeia empenharam-se em explicar o fenômeno das greves espanholas de uma maneira que deixava intactas as verdadeiras forças do regime franquista. Seu mais recente achado é que essas greves foram favorecidas pela burguesia e pelo exército. Mas essas greves foram feitas em primeiro lugar por aqueles que trabalhavam e sofriam, essa é a verdade. E se, como é bem possível, patrões e bispos espanhóis tiverem visto nisso uma oportunidade de manifestar sua oposição sem se envolverem pessoalmente, então serão ainda mais des-

---

[1] Ver nota 1, p. 170.

prezíveis por terem contado com o sofrimento e o sangue do povo espanhol para dizer o que eram incapazes de proclamar por si mesmos. Esses movimentos foram espontâneos, e esse elã confirma a realidade das declarações de nosso companheiro e fundamenta a única esperança que ainda podemos nutrir.

Não devemos acreditar que a causa republicana vacila! Nem acreditar que a Europa agoniza! O que agoniza, de Leste a Oeste, são essas ideologias. E a Europa, à qual a Espanha está intimamente unida, talvez só seja tão miserável por ter dado as costas completamente, até em seu pensamento revolucionário, a uma fonte de vida generosa, a um pensamento em que justiça e liberdade convergiam numa unidade carnal, igualmente distante das filosofias burguesas e do socialismo cesarista. Os povos da Espanha, da Itália e da França têm o segredo desse pensamento, e haverão de preservá-lo para que sirva no momento do renascimento. Então o 19 de julho de 1936 também será uma das datas da segunda revolução do século, que tem sua origem na Comuna de Paris, que continua avançando sob a aparência da derrota, mas que ainda não terminou de sacudir o mundo e no fim levará o homem mais longe do que foi capaz a revolução de 1917. Nutrida pela Espanha e, em geral, pelo gênio libertário, ela nos devolverá um dia uma Espanha e uma Europa, e com elas novas tarefas e combates finalmente a céu aberto. Isso pelo menos alimenta nossa esperança e as nossas razões de lutar.

Companheiros espanhóis, dizendo isto eu não esqueço, acreditem, que, embora quinze anos sejam pouca coisa do ponto de vista da história, os quinze anos que acabamos de viver tiveram um terrível peso para muitos de vocês, no silêncio do exílio. Há uma coisa de que já não consigo falar, por tê-la repetido muitas vezes: é o desejo apaixonado que tenho de vê-los reencontrar a única terra que está à sua altura. Esta noite mesmo, sinto a amargura que pode haver em lhes falar apenas de lutas e combates reiterados, em vez da justa felicidade a que têm direito. Mas só o que podemos fazer para justificar tanto sofrimento e tantas mortes é trazer em nós as esperanças deles, não permitir que tais sofrimentos tenham sido em vão e que esses mortos sejam solitários. Esses quinze anos implacáveis, que levaram tantos homens à exaustão mortal, acabaram forjando alguns outros, cujo destino é justificar os primeiros. Por mais difícil que seja, é assim que os povos e as civilizações se elevam. E afinal, foi com vocês, foi em parte com a Espanha que alguns de nós aprendemos a nos manter de pé e a aceitar sem vacilação o duro dever da liberdade. Para a Europa e para nós, muitas vezes sem saberem, vocês foram e são mestres de liberdade. E agora cabe a nós dividir com vocês esse duro dever, que não acaba mais, sem vacilação nem transigência. É aí que está a justificação de vocês. Adulto, encontrei na história muitos vencedores cujo rosto me pareceu repugnante. Pois nele eu via ódio e solidão. É que eles não eram nada se não fossem vencedores. Para simplesmente serem, tinham de matar e subjugar. Mas existe outra raça de homens, que nos ajuda a respirar e sempre encontrou existência e liberdade apenas na liberdade e na felicidade de todos e, em consequência, extrai até das derrotas razões de viver e amar. Esses, mesmo vencidos, nunca serão solitários.

Albert Camus talks about the general election in Britain

1951

A partir do fim de 1947, a British Broadcasting Corporation (BBC) convida intelectuais franceses a manifestar-se numa crônica mensal intitulada "Letter from Paris", transmitida durante seu Third Programme. *Albert Camus aceita comentar as eleições gerais britânicas antecipadas, de outubro de 1951, nas quais os trabalhistas de Clement Attlee, apesar de obterem maioria de votos, são derrotados pelos conservadores em número de assentos. Seis anos depois de sua inesperada derrota nas eleições de 1945, Churchill volta a ser primeiro-ministro. A fala de Camus, provavelmente gravada em Paris e não em Londres, foi transmitida pela primeira vez por via radiofônica no dia 8 de novembro de 1951, com o título acima. Seria retransmitida em 10 de novembro, em tradução inglesa, e mais uma vez no dia 30 do mesmo mês, acompanhada então de uma intervenção de Raymond Aron, que comentava as declarações de Camus.*

Vou me eximir de dizer, como é costume, que a política interna da Inglaterra não me diz respeito. Pelo contrário, tenho a impressão de que me diz respeito, como diz respeito, direta ou indiretamente, a milhões de europeus. Em compensação, posso perfeitamente reconhecer que meus ouvintes ingleses consideram que minha opinião, como a de qualquer francês sem responsabilidade política, é destituída de importância imediata para eles. Por isso, falarei das suas últimas eleições com sinceridade e liberdade. Com sinceridade, porque sinto perfeitamente sua gravidade. Com liberdade, porque aqui só falo por mim e não preciso disfarçar meu pensamento. Além disso, dirijo-me a pessoas livres.

Antes de mais nada, eu acharia desonesto esconder minhas preferências. Embora não seja realmente socialista, pois simpatizo com as formas libertárias de sindicalismo, desejei que os trabalhistas saíssem vitoriosos nessas eleições. Se me perguntassem por quê, eu confessaria, evidentemente, que raciocino sobretudo por analogia: gostaria de ver na Europa continental governos trabalhistas em vez de ministérios conservadores. E a razão é simples. Meus ouvintes ingleses, que conhecem a revoltante desproporção exibida nas cidades do continente entre a miséria dos subúrbios e o luxo esmagador de alguns, entenderão que, por simples decência, alguém deseje um conjunto de medidas que elevem o nível de vida dos trabalhadores, com proporcional diminuição das gritantes fortunas que, em certos casos, sequer escondem ter sido acumuladas por meio de fraude. Bem sei que os ingleses pagaram com muita austeridade a relativa justiça social em que vivem, e não tenho preconceitos pessoais em favor da austeridade. Mas no fim das contas podemos constatar todos os dias ao nosso redor que a austeridade é um mal infinitamente menor que a injustiça.

Também me interesso pelo trabalhismo como exemplo de um socialismo sem filosofia, ou quase. Há um século o socialismo europeu põe a filosofia de seus dirigentes à frente dos interesses concretos de suas forças operárias. Essa filosofia, por ser eficaz em seu aspecto crítico, mas irreal em sua parte positiva, tem-se chocado constantemente com as realidades, e os socialistas do continente não tiveram outra escolha senão um oportunismo que sanciona seu fracasso, ou então o terror, cujo objetivo profundo é fazer a realidade humana e econômica curvar-se a princípios que não lhe convêm. Quando entra na história, a filosofia pode levar muito longe. Na Europa, ela produziu mentirosos e carrascos, ao passo que o socialismo se propunha a criar uma cidade de homens livres e generosos. Parece-me, pelo contrário, que o trabalhismo inglês, assim como o socialismo escandinavo, manteve-se mais ou menos fiel a suas origens, embora às vezes contaminado pelo oportunismo, e que conseguiu realizar, tateando um pouco, um mínimo de justiça com um máximo de liberdade política. O exemplo que a Inglaterra nos deu nesse aspecto deveria deixar muitos governantes europeus de consciência pesada.

Seja como for, esse exemplo é instrutivo para um europeu do continente. E a tal ponto que me parece impossível avaliar as eleições inglesas e sua importância internacional sem levar em conta, justamente, problemas atinentes à justiça social, que se apresentam aí e no continente. Quero dizer que não existem dois problemas: justiça social, que seria uma questão interna, e paz, que permaneceria como um problema externo. Existe apenas um: a paz depende da justiça interna, assim como a justiça interna está ligada ao destino da paz e da guerra. A Europa, podemos estar certos, não terá paz sem justiça social. Dizem, por exemplo, que o Sr. Churchill fortaleceu todos os setores que dizem respeito à defesa e que, em circunstâncias novamente trágicas, assumirá o comando com mão firme. Não me parece difícil acreditar. Durante todos os anos de guerra admirei a linguagem do Sr. Churchill. Ele não só sustentou a esperança e o orgulho do seu país como também nossa esperança e nosso orgulho, quando estávamos amordaçados. São coisas que certas pessoas pelo menos, entre as quais me incluo, não esquecerão, não obstante tudo que as separa do Sr. Churchill. Mas também nos dizem que o seu Premier quer encerrar sua grande vida de estadista fortalecendo a paz. O que sinceramente me alegra. Estou convencido, porém, de que o Sr. Churchill não poderá se limitar a se encontrar com Stálin, com quem, ademais, se não me trai a memória, já se encontrou em Ialta; também precisará, em muitos pontos, dar continuidade à política interna do Sr. Attlee. Parece-me, em suma, que sob a pressão das circunstâncias internacionais, o trabalhismo não saiu completamente vencido dessas últimas eleições, pois, em grande medida, o

Sr. Churchill será obrigado, pelo seu próprio desejo de paz, a se tornar trabalhista. Explico-me.

Não podemos duvidar de que a paz depende da maneira como as democracias ocidentais ganharão a guerra fria sem se atirar nas chamas da guerra pura e simples. De todas as democracias europeias, a Inglaterra é a única que já ganhou essa guerra fria, pelo fato de que nela o comunismo praticamente desapareceu. Já nós não podemos dizer o mesmo. Quando um quarto do contingente eleitoral da Itália e da França vota no inimigo que lhe apontam, é evidente que não estamos em condições, em que pesem todos os rearmamentos, de resistir de maneira eficaz a esse adversário. Quem diz o contrário está mentindo. E o que faz a força do partido comunista na Europa continental não é a absurda propaganda desse partido, nem, naturalmente, o exemplo dos campos de concentração russos, mas o escândalo permanente em que vivemos em matéria de justiça social. O que pensar de uma nação que, em luta contra uma potência comunista, permite a persistência, em seu território, de uma desordem capaz de gerar comunistas como a umidade multiplica as plantas? Só se pode pensar uma coisa: que essa nação se expõe a ser vítima de qualquer ação e corre assim o risco de provocar a ação final, que ateará fogo à pólvora.

Todas as nossas democracias europeias têm real desejo de paz. Elas sabem, se mais não fosse o caso, e nós franceses sabemos melhor que ninguém, que a guerra já não é bom negócio e que a guerra atômica seria um absurdo e um suicídio. Mas, embora todos estejamos conscientes disso, nem todos dispomos de iguais meios de oferecer a paz. De que adianta ao homem caído oferecer a paz àquele que o domina com todas as armas? Mesmo se supondo que dois homens igualmente armados estejam frente a frente, de que adianta um oferecer a paz ao outro, se tiver atrás de si um membro da própria família pronto para estrangulá-lo? É por isso — e o digo pesando bem as palavras — que as democracias do continente já não podem servir realmente à paz no atual estado de coisas. A única coisa que podemos fazer é, em primeiro lugar, tentar curar-nos do câncer que nos corrói, ou, o que dá no mesmo, restabelecer o entendimento em nossa própria família. A Inglaterra, pelo contrário, é o país que nos últimos anos de guerra fria ofereceu mais garantias à paz, mesmo deixando bem claro que não cederia ao espírito de agressão. Talvez ainda hoje só possamos respirar livremente graças à sabedoria de que seu governo tantas vezes deu mostras. Mas esse país só pôde se dar ao luxo de manter a paz depois de garantir a vitória porque renunciou resolutamente a certo luxo interno. Pois a injustiça social é um luxo extravagante a que só podem se entregar nações que têm muito dinheiro para compensar os estragos que ela provoca ou muitos policiais para calar as revoltas que suscita. A Inglaterra, que carece de divisas, mas não de liberdade, soube abrir mão desse luxo, e por isso ganhou provisoriamente a guerra fria que a Europa continental está perdendo por causa da ganância e da inconsciência de suas elites.

São essas as razões pelas quais me parece que um governo conservador, se quiser uma política de paz, desestimulando a agressão, deverá deixar intacto o essencial das reformas sociais de que a Inglaterra acaba de se beneficiar. E não deveria se convencer disso apenas pela precariedade de sua vitória nem pelo aumento dos sufrágios trabalhistas, mas pelas necessidades da própria guerra fria. Minha única preocupação seria que os conservadores imaginassem poder promover uma política externa de paz, mas retrocedendo na política interna de seus adversários. Essa não é uma preocupação de quem milita na política partidária, mas de alguém que, vivendo longe dos partidos e dos meios oficiais, pôde refletir com toda a independência sobre as causas da fraqueza de que atualmente padece a Europa democrática, encontrando-as na indiferença ou no alheamento de massas cada vez maiores que, justificadamente, se consideram lesadas na distribuição da renda nacional. As ditaduras podem se permitir travar guerras com miseráveis: têm meios de convencê-los. As democracias, pelo contrário, precisam de soldados que tenham algo para defender. Quando se tira tudo de um homem, até a esperança, ele não tem mais nada para defender. Ao que tudo indica, vários milhões de europeus consideram que não têm nada para defender, defendendo sua nação. Eis o fato mais importante de nossa história, a trágica evidência que faz a força da Inglaterra e a nossa fraqueza. Cabe a nós superar essa fraqueza. Quanto a vocês, preservem pelo menos sua força mais segura, mantendo a justiça a qualquer preço. Para concluir, se o Sr. Churchill ganhar a paz — o que desejo com todas as forças —, essa vitória também se deverá às reformas iniciadas pelo governo de coalizão e consolidadas pelo Sr. Attlee, o que simbolizará, por trás das aparentes oposições, a profunda coesão de um povo que, mais uma vez em sua longa história, terá merecido nossa estima e nossa gratidão.

Entretanto, se posso permitir-me falar com a mesma liberdade, acrescentarei que esse país terá conquistado direitos ainda maiores à gratidão dos homens livres a partir do momento em que deixar de exercer suas virtudes a distância. A Europa, em decorrência de suas próprias desordens, precisa da Inglaterra e, por mais miserável que possa parecer este continente, o certo é que a Inglaterra não poderá se salvar sem a Europa. Os preconceitos ou a indiferença que seus políticos muitas vezes têm em relação ao continente talvez sejam legítimos, mas nem por isso deixam de ser lamentáveis. A desconfiança pode ser boa como método. Mas é detestável como princípio: sempre chega um momento em que o princípio contradiz os fatos. Os fatos dizem que, para o melhor e para o pior, a Inglaterra e a Europa são solidárias. Pode parecer um casamento desequilibrado. Mas um dos nossos moralistas disse: existem bons casamentos, mas não casamentos deliciosos. Como o nosso não é delicioso, pelo menos cuidemos para que seja bom, porque o divórcio é impossível. Pois o divórcio é impossível. Por mais fortes que sejam as garantias de paz oferecidas pela Inglaterra, ela entrará em guerra se a Europa, incapaz de encontrar uma coesão pessoal, entregar-se inapelavelmente a cada um dos dois blocos. E não haverá coesão europeia se nosso continente não encontrar o caminho da justiça. E a Europa não encontrará esse caminho se as forças e as pessoas que sempre estiveram a serviço da paz e da justiça não se unirem. Essas forças e essas pessoas, na Europa, quase sempre são socialistas, é fato. Mas o socialismo europeu, desmoralizado por suas loucuras doutrinárias e seus excessos oportunistas, não pode prescindir do trade-unionismo inglês. O grande erro do governo trabalhista foi negligenciar ou repelir essa Europa fraterna e assim deixar nosso continente transformar-se aos poucos em arena de uma guerra hoje fria, amanhã quente, que ninguém quer. Se o tratamento oposicionista a que os trabalhistas serão submetidos os levar a entender melhor essa questão, se, com seu realismo ou por inspiração de uma dessas grandes percepções que às vezes coroam as longas carreiras políticas, o Sr. Churchill se solidarizar ao mesmo tempo com as reformas trabalhistas e com a Europa laboriosa, se ele demonstrar, assim, a suprema capacidade de conduzir os interesses da justiça e da paz, então a Europa, a França e os franceses solitários que se parecem comigo poderão se rejubilar, não obstante suas preferências, com as recentes eleições deste país, em nome de algo que supera os partidos e as nações, algo que, conforme o caso, se chama dignidade ou felicidade dos seres humanos.

Apelo em favor dos condenados à morte

1952

"Franco continua assassinando!", revolta-se a Liga dos Direitos Humanos no cartaz que anuncia o grande comício a se realizar em 22 de fevereiro de 1952, na Salle Wagram (Paris), em protesto contra a condenação à morte, pelo regime franquista, de onze sindicalistas espanhóis da Confederação Nacional do Trabalho (CNT). Vários intelectuais sobem à tribuna, entre eles Georges Altman, André Breton, Albert Béguin, Albert Camus, Louis Guilloux, Jean-Paul Sartre, René Char e Ignazio Silone. É nessa reunião que Albert Camus lança o apelo reproduzido aqui, que seria publicado pela revista Esprit *em abril de 1952. Apesar da considerável mobilização, cinco dos onze sindicalistas (Santiago Amir Gruañas, Pedro Adrover Font, Jorge Pons Argilés, José Pérez Pedrero e Ginés Urrea Piña) seriam fuzilados em 14 de março de 1952.*

Um diário parisiense anuncia hoje a seus leitores aliciados um estudo sobre as grandes diretrizes da política franquista. Esta noite, infelizmente, somos obrigados a nos limitar ao exame de uma única das direções tomadas por essa política, e essa direção é indicada pela mira dos fuzis de execução. Essa direção pelo menos tem a seu lado a constância e a obstinação.

Há quase quinze anos o franquismo visa o mesmo alvo: o rosto e o peito dos espanhóis livres.

Temos de reconhecer que acertou esse alvo com frequência, e se, apesar de tantas balas, ainda não desfigurou esse rosto que renasce constantemente, agora pode ter a expectativa de alcançar seus fins graças à cumplicidade inesperada de um mundo que se diz livre.

Pois bem, de nossa parte recusaremos até o fim que essa cumplicidade seja nossa também! Mais uma vez nos vemos diante do intolerável escândalo da consciência europeia; mais uma vez, sem descanso, nós a denunciaremos. Essas novas vítimas, depois de tantas outras, clamando do fundo de suas celas, que a mistificação, pelo menos nesse ponto, não pode durar mais muito tempo.

É preciso escolher entre o franquismo e a democracia. Pois entre essas duas concepções não há meio-termo. O meio-termo, justamente, é essa sórdida confusão em que nos encontramos, na qual as democracias se exercitam no cinismo, enquanto o franquismo, por cortesia, exercita-se na tentativa de observância às leis. Concede então quatro advogados a onze acusados que, em virtude de uma lei especial, são julgados por uma banca de oficiais num abrir e fechar de olhos, antes que os advogados possam falar. Da mesma maneira, Franco se recusa a condenar à morte um menino de 16 anos: por isso o mantém preso até a maioridade, para poder fuzilá-lo finalmente conforme as regras. Já está na hora, está mais que na hora de os representantes das democracias desautorizarem essa caricatura e renegarem em público, definitivamente, a curiosa teoria que consiste em dizer: "Vamos entregar armas a um ditador e ele se tornará um democrata." Não! Se lhe derem armas, ele vai atirar à queima-roupa, como é sua prática, no seio da liberdade.

É preciso escolher entre Cristo e o matador, e está na hora, mais que na hora, de a hierarquia católica denunciar em público, definitivamente, esse pavoroso acasalamento. Filipe II era criticado por tender a acreditar que Deus era espanhol. Mas Filipe II era modesto em comparação com Franco, que manda repetir, sem trégua, ao som dos tambores de execução, que Deus é falangista. Sim, o que estão esperando para condenar essa estranha religião que, há quinze anos, se dedica a abençoar hediondas comunhões em que hóstias de chumbo são distribuídas às dúzias, em fogo cerrado, para consagrar o sangue dos justos?

De qualquer maneira, se essa denúncia não for feita sem demora, não vejo que motivos haveria para escolher entre a hipocrisia e o terror, pois a hipocrisia se teria tornado para sempre servidora do terror. Então a unidade do mundo de fato teria sido consagrada, mas na infâmia. Quanto a nós, pelo menos, em meio a essa repugnante aposta dobrada, haveremos de nos manter firmes, saberemos distinguir o que ainda pode ser salvo, esta noite e amanhã. E o que ainda pode ser salvo é a vida, a frágil e preciosa vida dos homens livres. Pois, se permitirmos que esses homens sejam mortos, eles nos farão falta, não tenham dúvida, não somos assim tão numerosos. Pelo contrário, estamos sufocando numa Europa em que a qualidade humana é degradada dia a dia em grande velocidade. A cada homem livre que cai, nascem dez escravos, e o futuro se torna um pouco mais sombrio.

É esse futuro que precisamos manter aberto. É essa chance de vida e, com ela, a chance da grandeza que precisamos preservar. E o grito que lançamos diante desses assassinatos múltiplos é, antes de mais nada, um protesto indignado contra a destruição sistemática de todos aqueles que, só por existirem, ainda salvam este mundo da desonra.

Já se disse que o povo espanhol é a aristocracia da Europa. E quem poderia duvidar, vendo o que nos cerca? Infelizmente, essa aristocracia hoje é a aristocracia do sacrifício. Uma elite que é assassinada, quando precisamos que ela viva e nos ajude a viver. Por isso, é preciso agir sem demora, quando cada dia, cada hora conta.

Que cada um de nós faça o que puder, mas tudo o que puder. Não nos deixemos adormecer nem ceder à facilidade da melancolia e do desânimo. Não nos resignemos facilmente com o martírio dos outros. Não devemos ceder, em hipótese nenhuma, à tentação de dizer que esse martírio não será inútil. Pois, se, para ser útil, esse martírio só puder contar com a memória dos homens, há o risco de um dia ele ter sido vão. Há vítimas demais hoje, de todos os lados: a memória já não é suficiente. Não precisamos da morte desses homens, nós precisamos de sua vida, antes de mais nada.

Não, não os deixemos morrer, o coração dos homens não é firme. Ao passo que, pelo menos, a vida deles é firme, o calor de seu sangue, seu orgulho de homens livres. É tudo isso que ainda precisamos preservar entre nós. Para isso, contudo, temos de arrancar esses homens das mãos dos carrascos, das missas de sangue, dos cálculos risíveis das chancelarias, dos chefes de Estado que saúdam os presidentes democratas depois de terem condecorado os mandantes da Gestapo: precisamos arrancá-los sobretudo da indiferença do mundo. Para cada homem livre que salvamos, dez futuros escravos morrem, e o futuro se tornará possível de novo. É esse o sentido da nossa ação, esta noite. Diante dos carrascos da Espanha, como diante de todas as tiranias, é esse também o sentido da nossa esperança.

A Espanha e a cultura

1952

Em 30 de novembro de 1952, realiza-se na Salle Wagram (Paris) um grande comício para protestar contra o ingresso da Espanha franquista na Unesco, ocorrido cerca de dez dias antes. Albert Camus, que já declarara em junho que se recusaria a colaborar com a instituição enquanto se pretendesse integrar a Espanha franquista, está presente nessa reunião, ao lado de Jean Cassou, Louis Martin-Chauffier, Émile Kahn, Charles-André Julien, Salvador de Madariaga e Eduardo Santos. Faz então o pronunciamento a seguir, que será publicado em dezembro no jornal anarcossindicalista espanhol Solidaridad Obrera *e, posteriormente, no número 22 da revista* Preuves. *O autor aproveitaria o texto para inseri-lo no capítulo "Criação e liberdade" da sua coletânea de crônicas* Atuais II, *publicada em outubro de 1953.*

Hoje nos cabe celebrar uma nova e reconfortante vitória da democracia. Mas é uma vitória que ela obteve sobre si mesma e sobre seus próprios princípios. A Espanha de

Franco é introduzida às pressas no templo bem aquecido da cultura e da educação, enquanto a Espanha de Cervantes e Unamuno[1] é mais uma vez posta na rua. Quando se sabe que, em Madri, o atual ministro da Informação, agora colaborador direto da Unesco, é o mesmo que fez propaganda dos nazistas durante o reinado de Hitler, quando se sabe que o governo que acaba de condecorar o poeta cristão Paul Claudel é exatamente o mesmo que condecorou Himmler, organizador dos crematórios, com a Ordem das Flechas Vermelhas, podemos dizer sem medo de errar que não é Calderón nem Lope de Vega[2] que as democracias acabam de acolher em sua sociedade de educadores, mas Joseph Goebbels. Sete anos depois do fim da guerra, essa arrogante retratação deveria justificar nossos cumprimentos ao governo do Sr. Pinay.[3] Não será ele que merecerá críticas por se deixar tolher por escrúpulos de alguma espécie em se tratando de alta política. Até agora, todos achavam que o destino da história dependia um pouco da luta dos educadores contra os carrascos. Mas ninguém pensou que, em resumo, bastava nomear oficialmente os carrascos como educadores. Pois o governo do Sr. Pinay pensou.

---

[1] Ver adiante "A Espanha e o dom-quixotismo", p. 271.

[2] Em 1953, Albert Camus adapta *A devoção da cruz*, de Pedro Calderón de la Barca, para o Festival de Angers, e, em 1957, *O cavaleiro de Olmedo*, de Lope de Vega.

[3] Nos diferentes ministérios que chefia na década de 1950, o conservador moderado Antoine Pinay (1891-1994) desempenha papel importante na reconciliação franco-espanhola, estimulando a cooperação entre os dois países.

Claro que a operação é um pouco embaraçosa, e foi preciso fazê-la a toque de caixa. Mas, ora bolas, escola é uma coisa, mercado é outra! Nessa história, na verdade, trata-se mais ou menos de um mercado de escravos. As vítimas da Falange são trocadas pelos súditos das colônias. Quanto à cultura, fica para depois. De resto, ela não é da alçada dos governos. Os artistas fazem a cultura, depois os governos a controlam e, eventualmente, eliminam os artistas para controlá-la melhor. E por fim chega o dia em que um punhado de militares e industriais pode dizer "nós", falando de Molière e Voltaire, ou imprimir, desfiguradas, as obras do poeta que fuzilaram.[1] Esse dia, que é o dia em que nos encontramos, deveria pelo menos nos inspirar um pensamento de compaixão pelo pobre Hitler. Em vez de se matar por excesso de romantismo, bastaria imitar seu amigo Franco e esperar um pouco. Hoje seria delegado da Unesco para a educação do Alto Níger, e o próprio Mussolini contribuiria para elevar o nível cultural dos pequenos etíopes cujos pais ele massacrou um pouco, não faz tanto tempo.[2] Então, numa Europa finalmente reconciliada, assistiríamos ao triunfo definitivo da cultura, num imenso banquete de generais e marechais servidos por um pelotão de ministros democratas, mas decididamente realistas.

A palavra nojo, aqui, seria bem fraca. Mas a esta altura me parece inútil expressar mais uma vez a nossa indig-

---

[1] Camus faz referência aqui ao poeta e dramaturgo Federico García Lorca (1898-1936), fuzilado no início da guerra civil.
[2] A Itália de Mussolini invadiu a Etiópia em outubro de 1935, ocupando-a até 1941.

nação. Como nossos governos são bastante inteligentes e realistas para prescindirem da honra e da cultura, não façamos concessões aos sentimentos e, pelo contrário, sejamos realistas. Visto que foi o exame objetivo da situação histórica que conduziu Franco à Unesco, oito anos depois que o poderio das ditaduras desmoronou nas ruínas de Berlim, sejamos objetivos e raciocinemos friamente sobre os argumentos que nos são apresentados para justificar a manutenção de Franco.

O primeiro argumento é relativo ao princípio de não intervenção. Podemos resumi-lo da seguinte maneira: as questões internas de um país dizem respeito apenas a esse país. Em outras palavras, um bom democrata fica sempre em casa. Esse princípio é inatacável. Mas sem dúvida tem inconvenientes. A chegada de Hitler ao poder competia exclusivamente à Alemanha, e os primeiros internados em campos de concentração, judeus ou comunistas, de fato eram alemães. Oito anos depois, contudo, Buchenwald, capital da dor, era uma cidade europeia. Não importa, princípio é princípio, o vizinho manda na sua casa. Vamos então admiti-lo e reconhecer que nosso vizinho de andar pode perfeitamente espancar a mulher e dar aguardente calvados para os filhos. Mas em nossa sociedade existe um pequeno corretivo. Se o vizinho exagerar, os filhos lhe serão tirados e confiados a uma instituição de utilidade pública. Franco, por sua vez, pode exagerar. Mas suponhamos que o vizinho pratique abusos domésticos sem limites. Você não poderá fazer nada, claro. A correção que ele merece está na palma das suas mãos, mas você enfia as mãos nos bolsos porque não é da sua conta. No entanto, se esse vizinho for comerciante, você não é obrigado a comprar na loja dele. E nada tampouco o obriga a abastecê-lo, emprestar-lhe dinheiro ou jantar com ele. Em suma, sem interferir na vida dele, você pode dar-lhe as costas. E, se muita gente no bairro o tratar dessa maneira, ele será levado a refletir, a ver quais são seus interesses, e terá pelo menos uma chance de mudar sua concepção de amor familiar. Sem contar que essa quarentena pode fornecer um argumento à sua mulher. Seria essa, não resta dúvida, a verdadeira não intervenção. Mas, a partir do momento em que janta com ele e empresta-lhe dinheiro, você estará lhe dando os meios e a boa consciência necessários para prosseguir, e estará praticando, dessa vez, uma verdadeira intervenção, mas contra as vítimas. E quando, por fim, você colar sub-repticiamente a etiqueta "vitaminas" na garrafa de calvados com que ele fortifica os filhos e, sobretudo, quando decidir diante do mundo inteiro confiar-lhe a educação dos seus próprios filhos, então você será mais criminoso que ele, e duas vezes criminoso, pois estará estimulando o crime e chamando-o de virtude.

Aqui entra o segundo argumento, que consiste em dizer que Franco é ajudado, apesar dos seus inconvenientes, porque se opõe ao comunismo. Opõe-se, para começar, em casa. E também se opõe fornecendo as bases necessárias para a estratégia da próxima guerra. Mais uma vez, não se há de perguntar se o raciocínio é honroso, mas se é inteligente.

Cabe notar, para começo de conversa, que ele contradiz totalmente o raciocínio anterior. Não pode alguém defender a não intervenção e querer impedir que um partido, seja qual for, saia vitorioso num país que não é o seu. Mas essa contradição não assusta ninguém. É que ninguém jamais acreditou realmente, exceto talvez Pôncio Pilatos, na não intervenção em política externa. Falando sério, vamos supor que seja imaginável por um só segundo uma aliança com Franco para preservar nossas liberdades e perguntar de que maneira ele poderá ajudar os estrategistas da Otan em sua luta contra os estrategistas do Leste. Para começar, temos como experiência constante na Europa contemporânea que a manutenção de regimes totalitários significa, mais cedo ou mais tarde, o fortalecimento do comunismo. É nos países em que a liberdade é prática nacional e doutrina que o comunismo não prospera. Ao contrário, nada lhe facilita mais a vida — e o exemplo dos países da Europa Oriental está aí para prová-lo — do que seguir os passos do fascismo. É com certeza na Espanha que o comunismo tem menos chances, por ter pela frente uma verdadeira esquerda popular e libertária, além do caráter espanhol em sua plenitude. Nas últimas eleições livres da Espanha, em 1936, os comunistas conseguiram apenas quinze assentos nas Cortes, num total de quatrocentos e quarenta e três. E é verdade que só mesmo uma conspiração da estupidez internacional será capaz de transformar um espanhol num marxista consequente. Mas, supondo-se também — o que é absurdo — que o regime de Franco seja a única trincheira contra o comunismo, e visto que estamos falando de realismo, o que pensar de uma política que, querendo enfraquecer o comunismo em determinado ponto, o fortalecesse em outros dez? Pois nada jamais poderá impedir que, para milhões de pessoas na Europa, a questão da Espanha, assim como o antissemitismo, os campos de concentração ou a técnica dos processos por confissão, constitua um teste capaz de avaliar a sinceridade de uma política democrática. E a manutenção sistemática de Franco continuará impedindo que essas pessoas acreditem na sinceridade dos governos democráticos quando alegam representar a liberdade e a justiça. Essas pessoas jamais poderão consentir em defender a liberdade ao lado dos assassinos da liberdade. Uma política que ponha tantos homens livres nesse impasse pode ser considerada uma política realista? Não passa de política criminosa, pois, consolidando o crime, tende apenas a deixar sem esperanças aqueles que, espanhóis ou não, rechaçam o crime, venha ele de onde vier.

Sobre o valor puramente estratégico da Espanha, não estou qualificado para falar, como eterno iniciante na arte militar. Mas não apostaria muito na plataforma ibérica no dia em que os parlamentos francês e italiano contarem com algumas centenas de novos deputados comunistas. Os que quiseram deter o comunismo na Espanha por meios indignos estão dando sérias oportunidades à comunização da Europa, e, se ela se concretizar, até a Espanha será comunizada, e dessa plataforma estratégica partirão então argumentos que finalmente convencerão os pensadores de Washington. "Nesse caso, vamos à guerra", dirão eles. Com certeza, e talvez até a vençam. Mas eu penso em Goya e em seus cadáveres mutilados. Sabem o que ele diz? *"Grande hazana, con muertos"*,[1] "grande façanha, com mortos".

Mas são esses miseráveis argumentos que hoje justificam o escândalo que nos reuniu aqui. Eu não quis fingir acreditar que estariam em jogo considerações culturais. Trata-se apenas de uma barganha por trás do biombo da cultura. Mas nem como barganha a coisa se justifica. Talvez acabe enriquecendo alguns mercadores de novidades, mas não serve a nenhum país nem a causa alguma, apenas presta um desserviço às poucas razões que os europeus ainda podem ter para lutar. Por isso, não existem duas possíveis atitudes para um intelectual quando Franco é recebido na Unesco. E não basta dizer que recusaremos qualquer tipo de colaboração com uma organização que aceita dar cobertura a semelhante operação. A partir de agora, cada um em seu lugar, nós a combateremos de frente, com firmeza, para expor o mais rapidamente possível que ela não é o que afirma ser e que, em vez de reunião de intelectuais dedicados à cultura, é uma associação de governos a serviço de qualquer política.

Sim, a partir do momento em que Franco entrou para a Unesco, a Unesco saiu da cultura universal, é o que devemos dizer. A objeção que nos fazem é que a Unesco é útil. Teríamos muito a dizer sobre as relações entre burocracia e cultura, mas pelo menos podemos ter certeza de que nada

---

[1] Título de uma das oitenta e duas gravuras da série *Os desastres da guerra*, de Francisco de Goya (1746-1828).

do que perpetua a mentira em que vivemos pode ser útil. Se a Unesco não foi capaz de preservar sua independência, é melhor que desapareça. Afinal, as sociedades de cultura passam, e a cultura fica. Tenhamos pelo menos a certeza de que esta não vai desaparecer só porque um organismo de alta política foi denunciado pelo que é. A verdadeira cultura vive da verdade e morre da mentira. Vive sempre de algo que está em outro lugar, longe dos palácios e dos elevadores da Unesco, longe das prisões de Madri, nos caminhos do exílio. Sempre tem a sua sociedade, a única que eu reconheço, a sociedade dos criadores e dos homens livres que, contra a crueldade dos totalitários e a covardia das democracias burguesas, contra os processos de Praga e as execuções de Barcelona, reconhece todos os lados, mas serve apenas a um, a liberdade. E é nessa sociedade que, de nossa parte, receberemos a Espanha da liberdade. Não fazendo-a entrar pela porta dos fundos e escamoteando o debate, mas abertamente, com solenidade, com o respeito e a ternura que lhe devemos, com a admiração que temos por suas obras e sua alma, com a gratidão, enfim, que nutrimos pelo grande país que nos deu e ainda nos dá as mais valiosas lições.

Pão e liberdade
1953

Em 10 de maio de 1953, as seções locais de vários sindicatos franceses, unidos a organizações sindicais espanholas no exílio, organizam na Bolsa do Trabalho de Saint-Étienne uma grande reunião em torno do tema "Defesa de todas as liberdades". Depois de várias intervenções dedicadas especialmente às greves operárias, à independência dos sindicatos em relação à política, à repressão colonial, à ditadura franquista e ao regime soviético, Albert Camus é o último orador a tomar a palavra. O texto de sua alocução é publicado pela primeira vez em setembro de 1953 no número 75 da revista La Révolution prolétarienne, *com o título "Restaurer la valeur de liberté"* [Restabelecer o valor da liberdade], *e também consta do capítulo "Criação e liberdade" da coletânea* Atuais II, *publicada em outubro do mesmo ano.*

Se somarmos as violações e os vários abusos que acabam de ser denunciados diante de nós, poderemos imaginar um tempo em que, numa Europa cheia de campos de concentração, em liberdade só estarão os carcereiros, que ainda terão de encarcerar uns aos outros. O único que sobrar será nomeado carcereiro-mor, e teremos a sociedade perfeita, na qual os problemas da oposição, pesadelo dos governos do século XX, estarão definitivamente resolvidos.

Claro que não passa de profecia, e, embora os governos e as polícias do mundo inteiro tentem com enorme boa vontade chegar a esse feliz desfecho, ainda não estamos lá. Em nossos países, por exemplo, na Europa Ocidental, a liberdade é oficialmente bem-vista. Só que ela me lembra aquelas primas pobres que encontramos em certas famílias burguesas. A prima ficou viúva, perdeu seu protetor natural. É então recolhida, ganha um quarto no quinto andar e direito de entrada na cozinha. Às vezes é mostrada na rua, aos domingos, para provar que a família é do bem, e não uma qualquer. Mas, quanto ao resto, sobretudo nas grandes ocasiões, ela é convidada a ficar de boca fechada. E, se acontecer de um policial distraído a estuprar um pouquinho pelos cantos, ninguém vai fazer um escarcéu, ela já passou por poucas e boas, principalmente com o dono da casa, e afinal não vale a pena criar caso com as autoridades constituídas. No Leste, temos de reconhecer que há mais franqueza. O problema da prima foi resolvido de uma vez por todas, e ela foi metida num armário, com dois bons ferrolhos. Parece que vão tirá-la de lá mais ou menos daqui a meio século, quando a sociedade ideal tiver sido definitivamente instaurada. Nessa ocasião, ela será homenageada festivamente. Mas, em minha opinião, o risco é então ela já estar um pouco roída pelas traças, e meu medo é que não já não sirva para nada. Se acrescentarmos que essas duas concepções de liberdade — a do armário e a da cozinha — decidiram impor-se uma à outra e, com todo esse rebuliço, são obrigadas a reduzir ainda mais os movimentos da prima, entenderemos sem dificuldade que essa é uma história muito mais da servidão do que da liberdade, e que o mundo em que vivemos é esse que acabamos de expor, mundo que nos salta do jornal aos olhos toda manhã para transformar nossos dias e nossas semanas em um só dia de revolta e nojo.

O mais simples, logo o mais tentador, é acusar os governos, ou forças ocultas, por esses maus modos. Aliás, é verdade que são culpados, com uma culpa tão cerrada e antiga que já nem enxergamos sua origem. Mas não são os únicos responsáveis. Afinal, se a liberdade contasse apenas com os governos para cuidar do seu crescimento, é provável que ainda estivesse na infância, ou definitivamente enterrada, com a inscrição "um anjo no céu". A sociedade do dinheiro e da exploração nunca foi acusada, que eu saiba, de estabelecer o reinado da liberdade e da justiça. Os Estados policiais nunca foram suspeitos de abrir escolas de direito nos subterrâneos onde interrogam seus pacientes. De modo que, quando oprimem e exploram, estão exercendo seu ofício, e quem lhes entregar sem qualquer controle o cuidado da liberdade não tem direito de se espantar com o fato de ela ser imediatamente desonrada. Se hoje a liberdade é humilhada ou acorrentada, não é porque seus inimigos se mostraram traiçoeiros. É porque ela perdeu seu protetor natural, justamente. Sim, a liberdade ficou viúva, mas é preciso dizer a verdade: ela é viúva de todos nós.

A liberdade é uma questão dos oprimidos, e seus protetores tradicionais sempre vieram dos povos oprimidos. Foram as comunas da Europa feudal que mantiveram os fermentos de liberdade, os habitantes dos burgos e das cidades que a fizeram triunfar fugazmente em 1789, e, a partir do século XIX, foram os movimentos operários que se encarregaram de honrar a liberdade e a justiça sem jamais pensarem em dizer que eram inconciliáveis. Foram os trabalhadores manuais e intelectuais que deram corpo à liberdade e a fizeram avançar no mundo até que se tornasse o próprio princípio do nosso pensamento, o ar sem o qual não vivemos, que respiramos sem mesmo nos darmos conta, até o momento em que, privados dele, sentimos estar morrendo. E, se hoje ela recua em grande parte do mundo, é certamente porque nunca as ações de sujeição foram mais cínicas e mais bem armadas, mas também porque seus verdadeiros defensores, por cansaço, desesperança ou falsa ideia de estratégia e eficácia, afastaram-se dela. Sim, o grande acontecimento do século XX foi o abandono dos valores de liberdade pelo movimento revolucionário, o progressivo recuo do socialismo de liberdade diante do socialismo cesarista e militar. A partir desse momento, certa esperança desapareceu do mundo, e começou a solidão para cada homem livre.

Quando, depois de Marx, começou a se espalhar e a se fortalecer o boato de que a liberdade é uma mistificação burguesa, não havia nessa afirmação uma só palavra no devido lugar, mas ainda hoje pagamos por esse erro na posição das palavras com as convulsões do século. Pois era o caso de dizer apenas que a liberdade burguesa é uma mistificação, e não toda e qualquer liberdade. Dizer, justamente, que a liberdade burguesa não é liberdade, ou, no melhor dos casos, ainda não o é. Mas que havia liberdades por conquistar e nunca mais abandonar. É bem verdade que não existe liberdade possível para um homem que fica preso a um torno o dia inteiro e, à noite, se amontoa com a família num único cômodo. Mas isso condena uma classe, uma sociedade e a servidão que ela pressupõe, e não a própria liberdade, da qual nem mesmo o mais pobre de nós pode prescindir. Pois, mesmo que a sociedade fosse subitamente transformada e se tornasse decente e confortável para todos, não havendo liberdade, ainda assim se teria barbárie. E, visto que a sociedade burguesa fala da liberdade sem praticá-la, por acaso terá a sociedade operária de renunciar também a praticá-la, vangloriando-se apenas de não falar dela? Mas essa confusão se estabeleceu, e no movimento revolucionário a liberdade aos poucos veio a ser condenada porque a sociedade burguesa faz dela um uso mistificador. Partindo da justa e sadia desconfiança em relação às prostituições que a sociedade burguesa infligia à liberdade, passou-se a duvidar da própria liberdade. Na melhor das hipóteses, ela foi adiada para o fim dos tempos, rogando-se que até lá se tenha a bondade de não falar mais dela. Declarou-se que primeiro era necessária a justiça, e, quanto à liberdade, depois se veria, como se os escravos pudessem ter esperança de justiça. E intelectuais dinâmicos anunciaram ao trabalhador que só o pão lhe interessava, e não a liberdade, como se o trabalhador não soubesse que seu pão também depende de sua liberdade. E é bem verdade que, ante a prolongada injustiça da sociedade burguesa, era forte a tentação de cair nesses extremos. Afinal, talvez não haja um só dentre nós, aqui, que não tenha cedido a ela, na ação ou na reflexão. Mas a história caminhou, e o que vimos agora deve nos levar a refletir. A revolução feita por trabalhadores saiu vitoriosa em 17, e de fato foi a aurora da liberdade real e a maior esperança que este mundo conheceu. Mas essa revolução, cercada, ameaçada interna e externamente, armou-se, dotou-se de uma polícia. Herdeira de uma fórmula e de uma doutrina que infelizmente tornavam suspeita a liberdade, a revolução aos poucos perdeu o fôlego, enquanto a polícia se fortalecia, e a maior esperança do mundo se esclerosou na ditadura mais eficiente do mundo. A falsa liberdade da sociedade burguesa não se sai assim tão mal, afinal. O que foi morto nos julgamentos de Moscou e de outros lugares, assim como nos campos da revolução, o que é assassinado quando se fuzila, como na Hungria, um ferroviário por erro profissional, não é a liberdade burguesa, é a liberdade de 17.[1] A liberdade burguesa, enquanto isso, pode dar prosseguimento a todas as suas mistificações. Os julgamentos e as perversões da sociedade revolucionária lhe dão, ao mesmo tempo, boa consciência e argumentos.

Para concluir, o que caracteriza o mundo em que vivemos é justamente essa dialética cínica que opõe injustiça a servidão, que as reforça reciprocamente. Quando se abrem as portas do palácio da cultura para Franco,[2] amigo de Goebbels e Himmler, Franco, o verdadeiro vencedor da Segunda Guerra Mundial, há quem proteste e diga que os direitos humanos inscritos na carta da Unesco são ridicularizados diariamente nas prisões de Franco; a estes respondem, sem rir, que a Polônia também está na Unesco e que, em matéria de respeito às liberdades públicas, uma não é melhor que a outra. Argumento idiota, naturalmente! Se você teve o azar de casar sua filha mais velha com um suboficial dos batalhões da África, não é motivo para casar a mais moça com um inspetor da brigada de repressão ao proxenetismo: basta uma ovelha negra na família. Mas o argumento idiota é eficaz, e isso é comprovado diariamente. A alguém que aponte o escravo das colônias, clamando por justiça, mostra-se um interno dos campos de concentração russos, e vice-versa. E se você

---

[1] Camus refere-se aqui à revolta dos operários de Petrogrado, que desencadeou a revolução russa de fevereiro de 1917.
[2] Ver "A Espanha e cultura", p. 191.

protestar contra o assassinato em Praga de um historiador de oposição como Kalandra,[1] atiram-lhe à cara dois ou três negros americanos. Nessa revoltante competição, só uma coisa não muda, a vítima, sempre a mesma, um único valor é constantemente violado e prostituído, a liberdade, e nos damos conta então de que, em toda parte, juntamente com ela, a justiça também é aviltada.

Como então romper esse círculo infernal? É evidente que isso só pode ser feito restabelecendo-se desde já, em nós mesmos e ao nosso redor, o valor da liberdade — e jamais permitindo que ela seja sacrificada de novo, ainda que provisoriamente, ou separada de nossa reivindicação de justiça. A palavra de ordem de hoje, para todos nós, pode ser apenas uma: sem nada ceder no plano da justiça, nada abandonar no da liberdade. Em particular, as poucas liberdades democráticas de que ainda desfrutamos não são ilusões sem importância, que nos possam ser arrebatadas sem protestos. Elas representam exatamente o que nos resta das grandes conquistas revolucionárias dos últimos dois séculos. Portanto, ao contrário do que nos dizem tantos astuciosos demagogos, não são a negação da verdadeira liberdade. Não existe uma liberdade ideal que

---

[1] O historiador, jornalista e ensaísta tcheco Záviš Kalandra entrou para o Partido Comunista Tcheco na década de 1920, sendo expulso em 1936 por trotskismo. Pelo mesmo motivo, foi preso em 1949 e condenado à morte em 1950, após um simulacro de processo. Apesar dos apelos de clemência vindos do mundo inteiro, foi enforcado em Praga no dia 27 de dezembro de 1953.

um dia nos será concedida de repente, tal como se recebe a aposentadoria no fim da vida. Existem liberdades que precisam ser conquistadas, uma a uma, com dificuldade, e aquelas de que ainda dispomos são etapas, certamente insuficientes, mas ainda assim etapas no caminho de uma libertação concreta. Se aceitarmos que sejam eliminadas, nem por isso estaremos avançando. Pelo contrário, estaremos recuando, e um dia será preciso percorrer de novo esse caminho, mas esse novo esforço mais uma vez será feito à custa do suor e do sangue humanos.

Não, escolher a liberdade hoje não é, como Kravchenko,[1] passar da condição de aproveitador do regime soviético à de aproveitador do regime burguês. Pois isso seria, pelo contrário, escolher duas vezes a servidão e — suprema condenação — escolhê-la duas vezes para os outros. Escolher a liberdade não é, como nos dizem, escolher contra a justiça. Pelo contrário, escolhemos a liberdade hoje no nível daqueles que em todo o mundo sofrem e lutam, e apenas nele. Nós a escolhemos ao mesmo tempo que escolhemos a justiça e, na verdade, a esta altura já não podemos escolher uma sem a outra. Quem retira o pão de alguém está, ao mesmo tempo, suprimindo sua liberdade. Mas quem retira a liberdade de alguém também está ameaçando seu

---

[1] Viktor Kravchenko (1905-1966), capitão do Exército Vermelho, foi durante a Segunda Guerra Mundial representante da Câmara de Comércio Soviética em Washington. Em 1944, pediu asilo político aos Estados Unidos e denunciou o regime stalinista em seu livro *I Chose Freedom*, publicado em 1946.

pão, pois este já não depende dessa pessoa e de sua luta, mas sim do bel-prazer de um senhor. A miséria aumenta à medida que a liberdade recua no mundo, e vice-versa. E, se este século implacável nos ensinou alguma coisa, foi que a revolução econômica será livre ou não será, assim como a libertação será econômica ou não será nada. Os oprimidos não querem apenas ser libertados da fome, mas também de seus senhores. Sabem perfeitamente que só serão de fato libertados da fome quando impuserem respeito a seus senhores, a todos os senhores.

Acrescentarei, para concluir, que separar a liberdade da justiça é o mesmo que separar cultura e trabalho, que é o pecado social por excelência. A desorientação do movimento operário na Europa decorre em parte de ter perdido sua verdadeira pátria, aquela onde ele refazia as forças depois das derrotas, que era a fé na liberdade. Mas, da mesma maneira, a desorientação dos intelectuais europeus provém do fato de que as duas mistificações, burguesa e pseudorrevolucionária, os separaram de sua única fonte de autenticidade, o trabalho e o sofrimento de todos, e os isolaram de seus únicos aliados naturais, os trabalhadores. De minha parte, sempre reconheci apenas duas aristocracias, a do trabalho e a da inteligência, e agora sei que é insano e criminoso querer submeter uma à outra; sei que, juntas, elas constituem uma única nobreza, que sua verdade e, sobretudo, sua eficácia estão na união; sei que, separadas, serão reduzidas, uma após a outra, pelas forças da tirania e da barbárie, mas que, unidas, pelo contrário, farão a lei do mundo. Por isso qualquer iniciativa visando a desuni-las e separá-las é uma ação dirigida contra o homem e suas esperanças mais valiosas. O primeiro esforço de qualquer ação ditatorial é sujeitar o trabalho e a cultura. É preciso amordaçar a ambos, caso contrário, cedo ou tarde um falará pelo outro — e os tiranos bem o sabem. Assim, na minha opinião, hoje em dia um intelectual tem duas maneiras de trair, e nos dois casos ele trai por aceitar uma única coisa: essa separação entre trabalho e cultura. A primeira caracteriza os intelectuais burgueses, que aceitam que seus privilégios sejam custeados pela sujeição dos trabalhadores. Esses muitas vezes dizem defender a liberdade, mas defendem antes de mais nada os privilégios que lhes são conferidos, exclusivamente a eles, pela liberdade.* A segunda caracteriza intelectuais que se julgam de esquerda e, por desconfiarem da liberdade, aceitam que a cultura e a liberdade, que aquela pressupõe, sejam dirigidas, com o vão pretexto de servirem a uma justiça futura. Nos dois casos, sejam aproveitadores da injustiça ou renegados da liberdade, eles ratificam, consagram a separação entre trabalho intelectual e manual — que condena à impotência tanto o trabalho quanto a cultura — e aviltam a liberdade e a justiça!

É bem verdade que a liberdade insulta o trabalho e o separa da cultura quando é constituída sobretudo de pri-

---

* E de resto, quase sempre, sequer defendem a liberdade, quando isso representa algum risco.

vilégios. Mas a liberdade não é constituída sobretudo de privilégios, é constituída sobretudo de deveres. E, a partir do momento em que cada um de nós tentar fazer que os deveres da liberdade prevaleçam sobre seus privilégios, a partir desse momento a liberdade reunirá o trabalho e a cultura e porá em marcha uma força que é a única capaz de servir eficazmente à justiça. A regra da nossa ação e o segredo de nossa resistência podem então ser formulados de maneira simples: tudo aquilo que humilha o trabalho humilha a inteligência, e vice-versa. E a luta revolucionária, o esforço secular de libertação, define-se, em primeiro lugar, como uma dupla e incessante recusa da humilhação.

Na verdade, ainda não saímos dessa humilhação. Mas a roda gira, a história muda, aproxima-se o tempo, tenho certeza, em que já não estaremos sozinhos. Para mim, nossa reunião de hoje já é um sinal. O fato de trabalhadores sindicalizados se reunirem e se congregarem em torno das liberdades para defendê-las, sim, isso realmente merecia que todos viessem de todas as partes, para manifestar sua união e sua esperança. O caminho é longo. Mas, se a guerra não vier confundir tudo em sua pavorosa desordem, teremos tempo de finalmente dar uma forma à justiça e à liberdade de que precisamos. Para isso, contudo, a partir de agora devemos refutar claramente, sem raiva, mas de maneira irredutível, as mentiras que nos impingiram. Não, não se pode construir a liberdade sobre campos de concentração, sobre os povos subjugados das colônias, sobre a miséria operária! Não, as pombas da paz não se empoleiram nos patíbulos, não, as forças da liberdade não podem misturar os filhos das vítimas com os carrascos de Madri ou de qualquer outro lugar! Pelo menos disso estaremos agora bem certos, como estaremos certos de que a liberdade não é um presente que recebemos de um Estado ou de um chefe, mas um bem que conquistamos diariamente, pelo esforço de cada um e pela união de todos.

Conferência na Mutualité
[Calendário da Liberdade:
17 de junho de 1953]

1953

Em 16 de junho de 1953, estala uma revolta operária em Berlim Oriental, após a decisão do governo de aumentar a jornada de trabalho sem compensação salarial. Rapidamente o movimento ganha o resto do país. Em 17 de junho, dezenas de milhares de pessoas entram em greve e se manifestam nas principais cidades da RDA. Incapaz de controlar a situação, o secretário-geral do SED,[1] Walter Ulbricht, pede a intervenção das tropas soviéticas, o que causa a morte de cerca de cinquenta manifestantes, deixando muitos feridos. Em 30 de junho de 1953, um comício de apoio é promovido no teatro da Mutualité (Paris). Camus faz este discurso, cujo texto é publicado na quinta edição da revista Témoins

---

[1] Sozialistische Einheitspartei Deutschlands (Partido Socialista Unificado da Alemanha).

da primavera de 1954, *antecedido de seu discurso de 19 de julho de 1951 no Casal de Catalunya (Paris), quando do décimo quinto aniversário da revolução social espanhola.*[1] *Os dois textos reunidos são publicados com o mesmo título: "Calendário da Liberdade".*

Como não pertenço a nenhum partido e estou muito pouco tentado, por enquanto, a ingressar em algum, parece-me que eu daria sentido à nossa reunião desta noite se conseguisse tornar claras, em algumas frases, as razões que me trouxeram a esta tribuna. Para bem situar essas razões, é preciso dizer, antes de mais nada, que os acontecimentos de Berlim provocaram, em certos meios, uma alegria ignóbil, que não podemos compartilhar. No momento em que, depois de dois anos de agonia, os Rosenberg[2] eram conduzidos à morte, a notícia de que os operários de Berlim Oriental estavam sendo alvejados não nos fez esquecer o suplício dos Rosenberg — apesar das tentativas da imprensa que se costuma chamar de burguesa —, mas, ao contrário, apenas agravou, para nós, a obstinada infelicidade de um mundo em que todas as esperanças, uma a uma, são sistematicamente assassinadas. *Le Figaro* falando com eloquência do povo revolucionário de Berlim seria

---

[1] Ver p. 167.
[2] Condenados à morte em 1951 por espionagem a serviço da URSS, Julius e Ethel Rosenberg são executados nos Estados Unidos no dia 19 de junho de 1953. O julgamento do casal, considerado parcial e injusto, causa manifestações de protesto em todo o mundo.

motivo de riso se, no mesmo dia, *L'Humanité*,ᵃ atacando aqueles que, como nos bons tempos, esse jornal chama de "agitadores", não pusesse diante de nossos olhos a tragédia em que vivemos e a dupla mistificação que prostitui até nossa língua.

Mas, se considero impossível que a insurreição de Berlim leve a esquecer os Rosenberg, parece-me muito mais terrível que gente que se diz de esquerda tente dissimular os fuzilados alemães à sombra dos Rosenberg. No entanto, é o que vimos e estamos vendo todos os dias, e justamente por isso estamos aqui. Estamos porque, se não estivéssemos, aparentemente não estaria nenhum daqueles que têm como vocação proclamada defender o trabalhador. Estamos aqui porque os operários de Berlim podem ser traídos depois de terem sido mortos, e traídos por aqueles dos quais podiam esperar solidariedade.

Quando alguém afirma dedicar-se à emancipação dos trabalhadores, a sublevação dos operários da Alemanha e da Tchecoslováquia,[1] que se recusam a aceitar que suas normas de trabalho sejam ampliadas e passam logicamente a exigir eleições livres, assim demonstrando, aos intelectuais dinâmicos que lhes pregavam o contrário, que a justiça não

---

ᵃ *Le Figaro*, diário conservador; *L'Humanité*, jornal do Partido Comunista Francês. (*N. do T.*)

[1] Em 1º de junho de 1953, uma greve na fábrica Škoda de Plzeň dá início a um amplo movimento de protesto em várias cidades tchecoslovacas. A repressão da manifestação pela polícia e o exército não faz vítimas, porém mais de duas mil pessoas foram presas.

pode ser separada da liberdade, essa sublevação e a grande lição que acarreta, assim como a repressão que se seguiu, sim, essa sublevação não merecia algumas reflexões? Não merecia, depois de tantos posicionamentos proclamados a torto e a direito, uma afirmação firme e clara de solidariedade? Quando um trabalhador, em qualquer lugar do mundo, ergue os punhos nus diante de um tanque e grita que não é escravo, o que seríamos nós se ficássemos indiferentes? E o que significa interferirmos em favor dos Rosenberg se calamos diante de Goettling?[1]

Mas foi a essa deserção que assistimos, e por isso o que nos faz falar esta noite é não só a indignação, mas também a repulsa. Pelo menos no meu caso, pareceu-me que não poderíamos ficar tão facilmente de consciência tranquila. Admiro e invejo, é claro, a alegre facilidade com que certa imprensa de esquerda e seus colaboradores neutralizaram — é bem essa a palavra — a tragédia de Berlim. Admiro o fato de que, já no primeiro dia, nossos órgãos progressistas tenham percebido espontaneamente que as manifestações da Stalin Allee[2] haviam sido inspiradas pelo governo russo. Essa engenhosa explicação ficou um pouco obscurecida a partir do momento em que os manifestantes do Kremlin

---

[1] Acusado de ser um dos líderes da insurreição, Willi Göttling, operário de Berlim Oriental nascido em 1918, é condenado à morte por uma corte marcial e executado no dia 18 de junho de 1953.
[2] O movimento grevista dos operários da construção civil da Avenida Stálin, em Berlim, foi a origem da insurreição.

foram abatidos a bala. Mas já conseguira confundir certas ideias. Depois, bastou um pouco de maquilagem tipográfica para relegar à terceira página a notícia mais importante que recebemos em anos. Também admiro que um jornalista tenha concluído um relato dos acontecimentos de Berlim, dos quais falava sobretudo com base em depoimentos de terceiros, advertindo-nos de que a partida dos russos, largando os alemães entregues a si mesmos, deixaria o campo livre para atrocidades ainda mais sinistras que as cometidas em nossa libertação. Pode parecer espantoso o fato de a única lição que nos caiba tirar das revoltas de Berlim ser a de que deveríamos, em suma, lastimar a partida de Hitler. Enfim, já nem se trata de admiração, mas de uma espécie de consideração respeitosa o que sinto diante desse jornalista de um semanário, supostamente de esquerda, que, ao relatar os mesmos acontecimentos, escreveu, sem corar, que não se podia deixar de admirar a disciplina e o sangue-frio das tropas russas.

 Mas, enfim, apesar de toda essa admiração, há pelo menos um argumento com o qual não podemos, em minha opinião, nos contentar: o que consiste em dizer que não estamos suficientemente informados. Pois, afinal, sempre somos informados pela metade sobre o que acontece nos regimes totalitários, quaisquer que sejam. Então seria o caso de só a ditadura se esquivar ao julgamento da opinião pública, pois só ela se recusa a informar a opinião pública? E seria o caso de calar sobre todas as Bastilhas, a pretexto de que seus prisioneiros não estão ligados por uma linha direta aos diretores dos nossos jornais? Só o fato de os acontecimentos a que nos referimos terem ocorrido a poucos passos do setor ocidental impediu que fossem inteiramente camuflados. Caso contrário, teríamos ignorado essa revolta ou só teríamos tomado conhecimento dela como tomamos conhecimento das revoltas na Tchecoslováquia, aos poucos, através dos grossos muros das polícias e das prisões. Mas esses acontecimentos se desenrolaram ante os olhos dos berlinenses e também à frente de uma câmera holandesa, e não podemos mais ignorar que se tratou sobretudo de uma revolta operária contra um governo e um exército que se diziam a serviço dos operários, qualquer que seja o modo como os dois lados queiram explorar o fato. E, se não estivéssemos suficientemente convencidos, os discursos do governo de Berlim Oriental o confirmariam. Desafio aqueles que, depois disso, declaram em público que não têm informações suficientes a repeti-lo para si mesmos quando estiverem sozinhos, na hora da verdade. Desse modo, seria indigno usar em prejuízo exclusivamente das vítimas a sombra que pesa sobre certas regiões da revolta e a ignorância em que nos encontramos quanto ao destino de milhares de pessoas. Se essa ignorância depõe contra alguém, é contra os responsáveis pela repressão, e não contra os revoltosos. Enfim, o que precisa ser dito — para mim, a suprema condenação — é que ainda hoje há pessoas que são mortas por terem clamado pela liberdade operária, e, no entanto, jamais conheceremos seus nomes. Mas, só porque tais vítimas permanecerem para sempre anônimas, caberá eliminá-las uma vez mais, dessa vez da nossa memória? Sabemos apenas que são trabalhadores que se insurgiram em defesa da sua condição, e do fato de sequer sabermos seus nomes há quem extraia um pretexto para torná-los ainda mais anônimos, para lhes negar a condição que lhes pertence, contestar seu título de trabalhadores e até, sempre que possível, desonrá-los, chamando-os de canalhas e fascistas.

Não, a esse serviço não nos prestamos; estamos todos aqui para compensar um pouco essas repugnantes manobras. E por fim, para esclarecer numa frase as razões da presença de todos nós aqui; é preciso dizer que, diante dos trabalhadores alemães e tchecos agora silenciados, não aceitamos que um dia nos venham dizer: "Eles foram assassinados, e vocês, o que fizeram foi enterrá-los, envergonhados."

Pouco tenho a acrescentar para encerrar esta reunião. Muitas escolhas decisivas foram feitas por cada um de nós desde a Libertação. Mas hoje, diante do acontecimento mais grave ocorrido desde essa libertação, chegou, na minha opinião, a hora da escolha definitiva. Parece-me impossível que homens que se dizem defensores da dignidade e da emancipação dos trabalhadores sejam capazes, com seu silêncio, de aceitar a execução de operários cujo único crime foi levantar-se contra uma condição material insuportável. Nem nós nem eles fomos capazes de impedir essa tragédia, é verdade. Mas a repressão não terminou e, manifestando nossa opinião, ainda podemos influir, por pouco que seja, no que está por vir. Quando surgiram no Leste os primeiros sinais de antissemitismo, foi a indignação espontânea daqueles que não eram apenas representantes de partidos, no Oeste, que de certa maneira mostrou aos governos populares que não poderiam permitir que essa perversão se estabelecesse. E é por isso que, com todos vocês, me dirijo àqueles que não esquecemos terem sido nossos companheiros, para dizer-lhes: ainda que salvemos apenas uma vida de trabalhador alemão nos próximos dias, vale a pena estarmos reunidos por essa vida, e por ela vale a pena que falem agora, pelo menos, aqueles que se calaram, e assim nos ajudem a salvá-la. Não prefiram seus raciocínios e seus sonhos a essa miséria que clama por nós há duas semanas, não desculpem o sangue e a dor de hoje invocando a preocupação com um futuro histórico que não terá sentido para aqueles que esse futuro tiver matado. Acreditem, pela última vez, quando lhes dizemos que nenhum sonho humano, por maior seja, justifica matar aquele que trabalha e é pobre. Ninguém lhes pede que reneguem nada daquilo em que acreditam ou do que querem. Mas, até mesmo em nome da verdade que afirmam servir, pelo menos exijam conosco essa comissão de inquérito em que serão representadas todas as centrais sindicais e que pelo menos servirá como mediadora num drama em que não está em jogo a sociedade ideal que vocês defendem e com a qual sonham para um dia ainda invisível, mas sim a terrível morte que paira hoje mesmo sobre os humilhados que acreditaram, como o Marx de que ouviam falar diariamente, que a igualdade não pode nem deve prescindir da liberdade.

O futuro da civilização europeia

1955

Em abril de 1955, Albert Camus visita a Grécia como parte de um programa de intercâmbios franco-helênicos organizados pela embaixada da França em Atenas. Durante essa estada de três semanas, participa em 28 de abril, na União Cultural Greco-Francesa de Atenas, deste debate sobre o futuro da civilização europeia. O próprio Camus escolheu o tema nos entendimentos anteriores à visita, solicitando que fosse desenvolvido em forma de perguntas e respostas, e não de uma conferência formal. O texto reproduzido a seguir foi datilografado a partir de uma gravação e publicado em 1956 pela Biblioteca do Instituto Francês de Atenas. As intervenções de Camus são aqui transcritas na íntegra, e as declarações dos outros participantes, resumidas entre colchetes.

[O Sr. Papanutsos pede que o escritor defina as características essenciais da civilização europeia (ele próprio identifica duas: por um lado, a determinação de se basear na ciência e na técnica, apesar da possível decepção que daí resulte, e de subordinar a natureza aos desejos humanos; por outro, a preocupação com a dignidade da pessoa humana), que aponte as propriedades que devem ser preservadas a qualquer preço e diga em que medida elas se veem ameaçadas pelas grandes forças históricas do momento.]

— Pois bem, devo dizer que me sinto muito intimidado pela amplitude da pergunta. Embora esse problema tenha sido apresentado como contexto da nossa discussão esta noite, acredito que se trata de um contexto algo ambicioso. Em especial, gostaria inicialmente de falar da minha dificuldade de dizer coisas definitivas sobre o tema.

Para começar, tenho grande dificuldade de me situar numa perspectiva de futuro. Tenho o senso do presente, de maneira muito aguda e forte, creio, e um pouco o senso do passado. Quanto ao futuro, pelo contrário, creio que minhas reservas de imaginação são insuficientes. Preciso sempre fazer um verdadeiro esforço para tentar imaginar o futuro de um pensamento ou de uma posição.

O segundo empecilho é de ordem muito mais geral. A mim parece que, para arbitrar nessas questões, considerando-se a soma de conhecimentos de toda ordem envolvidos no destino da Europa e da civilização, seria necessária uma cultura que não tenho.

Dito isso, creio que o senhor estabeleceu bem a distinção que podemos introduzir no fenômeno da civilização em geral e, em particular, na nossa. É verdade que a resposta será diferente em função do ponto de vista que se assume. Se considerarmos que a civilização ocidental é a humanização da natureza, vale dizer, as técnicas e a ciência, não apenas a Europa triunfou, como também as forças que hoje a ameaçam são forças que herdaram da Europa Ocidental suas técnicas, suas ambições técnicas e seu método científico, ou seu método de raciocínio. Nesses casos, a civilização europeia não está ameaçada, senão de um suicídio geral, e por si mesma, de certa maneira.

Se, pelo contrário, considerarmos que nossa civilização está centrada na noção de pessoa humana, esse ponto de vista, também defensável, acarretará, como o senhor tem razão de frisar, uma resposta absolutamente diferente. A saber, provavelmente, e digo provavelmente, é difícil encontrar uma época em que a quantidade de pessoas humilhadas seja tão grande. Mas não direi que nossa época tem um desprezo especial pela pessoa humana. Em paralelo com essas forças, que chamaremos de forças do mal, para simplificar, não resta dúvida de que a reação da consciência coletiva, em particular da consciência dos direitos da pessoa, vem-se ampliando cada vez mais há séculos. Acontece que duas guerras mundiais a maltrataram um bocado, e creio que devemos responder, com justiça, que nossa civilização está ameaçada, na exata medida em que essa pessoa humana, que ela fora capaz de colocar no centro da reflexão, hoje é humilhada em quase todos os lugares.

O que posso acrescentar a essa distinção útil é que poderíamos nos perguntar (falarei sempre no condicional), poderíamos nos perguntar, justamente, se o singular êxito da civilização ocidental em seu aspecto científico não seria em parte responsável pelo singular fracasso moral dessa civilização. Em outras palavras, se a crença absoluta, cega de certa maneira, no poder da razão (digamos, a razão cartesiana, para simplificar, pois é ela que está no centro do conhecimento contemporâneo), se essa crença absoluta na razão racionalista não é responsável em certa medida por um encolhimento da sensibilidade humana que aos poucos levou, por etapas que naturalmente seria demasiado longo definir, a essa degradação do universo pessoal. O universo técnico em si mesmo não é ruim, e me oponho absolutamente aos pensamentos que pretendam um retorno à roca ou ao arado manual. Mas a razão técnica, quando colocada no centro do Universo, considerada como o agente mecânico mais importante de uma civilização, acaba provocando uma espécie de perversão, tanto na inteligência quanto nos costumes, que pode ocasionar esse fracasso a que nos referimos. Seria interessante tentar entender como.

Agora terei de responder às três perguntas específicas que o senhor me fez. Para começar, quais são os elementos que constituem a civilização europeia? Responderei que não sei. Mas cada um de nós tem uma perspectiva preferida, de certa maneira sentimental (o que não a impede de ser lógica e escorada em observações), que o leva a escolher um dentre esses elementos. De minha parte (e aqui, pelo menos uma vez, poderei responder claramente), a civilização europeia é antes de tudo uma civilização pluralista. Quero dizer que ela é o lugar da diversidade de pensamentos, de oposições, de valores contrastantes e da dialética sem fim. A dialética viva na Europa é aquela que não leva a uma espécie de ideologia totalitária e ortodoxa. Esse pluralismo que sempre foi o fundamento da noção europeia de liberdade parece-me a contribuição mais importante da nossa civilização. É ele, justamente, que hoje está em perigo e é ele que precisamos tentar preservar.

A excelente frase de Voltaire, creio, que diz: "Não penso como você, mas seria capaz de morrer para lhe dar o direito de manifestar seu pensamento",[1] é, evidentemente, uma grande expressão do pensamento europeu.

Não resta dúvida de que, no plano da liberdade intelectual (mas isso também ocorre nos outros planos), o que está em causa hoje é esse princípio, que é atacado e me parece precisar ser defendido. Quanto a saber se ele será salvo e se o futuro é nosso, como se diz, pois bem, dou a esse tipo de pergunta a resposta que dou a outras perguntas que faço a mim mesmo e em situações semelhantes. Em certas circunstâncias, parece-me que se pode responder: "Isto é verdade, na minha opinião, ou provavelmente é verdade. Isto, portanto, deve continuar vivo. Não é indubitável que eu possa fazê-lo viver, não é indubitável que a morte não esteja à espera dessa coisa que me parece essencial. De qualquer maneira, a única coisa que posso fazer é lutar para que ela viva."

[O Sr. Papanutsos se pergunta se os desdobramentos da ciência e da técnica (cibernética, máquinas) poderão ser harmonizados com os direitos da pessoa humana.]

---

[1] Nunca se confirmou a autenticidade desta citação atribuída a Voltaire.

— Nesta questão, eu diria que, excepcionalmente, não sou pessimista. Quero dizer que é preciso ter paciência. Existem ainda assim dois fenômenos característicos da história europeia. O primeiro é que o mundo mudou muito mais, digamos, entre 1800 e 1950 do que durante os longos séculos que separaram, por exemplo, as comunidades da Idade Média da nossa época clássica.

Em um século, houve uma espécie de disparada fulminante, tamanha aceleração da história que me parece difícil que o homem tenha conseguido, apenas com os recursos da inteligência — que são recursos de meditação e reflexão e, em consequência, pressupõem tempo —, que o homem, portanto, tenha conseguido avançar tão rápido quanto as máquinas que ele havia lançado. O segundo ponto, muito bem frisado por Ortega y Gasset[1] em *A rebelião das massas*, resume-se num número. Do século VI ao XVIII, a população da Europa nunca passou de cento e oitenta milhões de habitantes. De 1800 a 1914, ou seja, em pouco mais de um século, ela passou de cento e oitenta milhões de habitantes a quatrocentos e sessenta milhões. O advento das massas explode nesses números. Esse advento, acompanhado da aceleração da história (e, naturalmente, esses dois fatores interagem), levou-nos a uma situação que ultrapassa nitidamente os contextos intelectuais e racionais que o originaram. Hoje, nosso problema é, antes de tudo, a adaptação da nossa inteligência às novas realidades que nos são apresentadas pelo mundo. As ideologias com base nas

---

[1] José Ortega y Gasset (1883-1955), filósofo, sociólogo e ensaísta espanhol.

quais vivemos são ideologias com cem anos de atraso. Por isso, aceitam tão mal as inovações. Não há nada mais convicto de sua verdade do que uma ideologia ultrapassada.

[O segundo orador, o Sr. Tsatsos, considera que a cultura europeia é atravessada por duas correntes opostas, uma corrente clássica e uma corrente romântica. A primeira é racional, enfatiza os limites e se opõe ao ilimitado, afirma a justa medida, o relativo no mundo histórico e rejeita o absoluto, o extremo, o messianismo. Está ligada ao presente, à imanência, ao indivíduo vivo, ao qual atribui valor iminente. A corrente romântica afirma tudo o que a tendência clássica rejeita: o irracional, a intuição; as ideologias totalitárias, à primeira vista bem organizadas, de fato sacrificam o presente em nome do futuro, e o messianismo do além é substituído pelo culto ao futuro. O helenismo, que faz parte da corrente humanista clássica, não teria uma contribuição essencial para dar à renovação social e cultural da Europa?]

— Muito bem, também me sinto intimidado diante dessa pergunta. Dito isso, considero sua distinção entre romantismo e classicismo tão sedutora que poderíamos estendê-la a toda a história das civilizações. Nesse caso, seria razoável ter esperança. Pois, tendo em vista que todas as civilizações foram obrigadas a se adequar a essas duas tendências da natureza humana, encarnada na história, e como a história teve prosseguimento até o momento presente, nada nos impede de pensar que nós também poderemos dar alguns passos à frente. Mas quero esclarecer bem minha ideia. O senhor tem razão de pensar que este mundo oferece apenas atitudes negativas, mas creio que não deveríamos considerar a noção de medida, uma das raras nas quais tenho meditado, como uma noção negativa. O senhor bem sabe que ela não é, não preciso dizer-lhe isso. Mas por que não é?

Se hoje a noção de medida fosse mencionada numa mesa-redonda parisiense, mil pares de braços românticos se ergueriam inconformados. Para nossos intelectuais, a noção de medida nada mais é que a diabólica moderação burguesa. Ora, não é nada disso. A medida não é a recusa da contradição, nem a solução da contradição. A medida, no helenismo, se é que meus conhecimentos sobre essa questão são suficientes, sempre foi o reconhecimento da contradição e a decisão de manter-se nela, aconteça o que acontecer. Uma fórmula desse tipo não é apenas uma fórmula racional, humanista e amável. Ela pressupõe, na realidade, um heroísmo. Em todo caso, a probabilidade é que ela não nos forneça a solução, não é o que esperamos, mas sim um método para abordar o estudo dos problemas que se nos apresentam e para caminhar rumo a um futuro suportável.

Tentemos aplicar esse método à Europa contemporânea. Há uma Europa burguesa, individualista, que pensa em suas geladeiras, seus restaurantes gastronômicos, que diz "eu não voto"; é a Europa burguesa, é verdade. Essa não quer viver. Sem dúvida afirma que quer viver, mas pôs a vida num nível tão baixo que não tem chance de se prolongar na história; ela vegeta, e nenhuma sociedade vegetou durante muito tempo. Mas nada vejo aí que seja expressão da justa medida clássica. Vejo apenas um niilismo individualista, que consiste em dizer "não queremos romantismo nem excessos, e não queremos viver nas fronteiras nem conhecer conflitos". Quem não quiser viver nas fronteiras nem conhecer conflitos, não viverá e, em particular, a sua sociedade não viverá.

A grande lição — e o digo por me opor formalmente à ideologia das democracias populares —, a grande lição que nos vem do Leste é justamente o senso de participação num esforço comum, e não há razão alguma para rejeitarmos esse exemplo.

Desse ponto de vista, não tenho nenhum gesto de aprovação para a Europa burguesa. Mas adotaria, pelo contrário, uma posição que consistisse em dizer: "Nós conhecemos o extremo, nós o vivenciamos, vamos vivenciá-lo quando for necessário e podemos dizer que o vivenciamos porque passamos por acontecimentos que nos possibilitaram conhecê-lo." Houve de fato uma solidariedade nacional francesa e houve uma solidariedade nacional grega, a solidariedade do sofrimento. Essa solidariedade pode ser recuperada a qualquer momento, e não apenas com as feições do sofrimento. Se meditarmos suficientemente nessa experiência, estou convencido de que entenderemos melhor a noção de medida, compreendida como a conciliação das contradições e, particularmente no terreno social e político, como a conciliação entre os direitos e deveres do indivíduo. A posição da Europa burguesa equivale a reivindicar unicamente os direitos humanos. Os direitos humanos são valores que devemos defender, mas não se significarem a negação dos deveres. E vice-versa. Os deveres do homem, proclamados no Leste, não são deveres que aceitaremos se significarem a negação de tudo o que constitui o direito do homem a ser o que é.

Parece-me então que, nessa direção, poderíamos definir fórmulas sociais em que se realize esse tipo de equilíbrio, difícil de manter, entendendo-se, naturalmente, que o equilíbrio em questão não pode ser por definição um conforto. Hoje, costuma-se dizer que alguém é "equilibrado", com certo desdém. Na verdade, o equilibrado é um esforço e uma coragem de cada momento. A sociedade que tiver essa coragem será a verdadeira sociedade do futuro. Aliás, em minha opinião, ela está em vias de aparecer em diversas partes do mundo, e é aí, mais uma vez, que não me sinto completamente pessimista. A esperança existe. Ela nos vem do helenismo, que foi o primeiro a defini-la, que lhe deu os exemplos mais comoventes ao longo dos séculos. Hoje podemos esperar que essa semente ainda dará frutos e nos ajudará a encontrar a solução de nossos problemas.

[O Sr. Teotocas, o terceiro orador, constata que a oposição romântica ao mundo da ciência e da técnica está ultrapassada e que o problema atual consiste em harmonizar essas novas forças com a natureza humana. A Europa atual está condenada por sua estrutura: dividida em vários Estados, ela é incapaz de dominar a dinâmica científica e técnica. Sem unidade política, a Europa não seria incapaz de garantir essa harmonização?]

— Primeiro quero dizer que estou totalmente de acordo quanto ao fundo. Em seguida, farei uma pequena ressalva. Acredito, como o senhor, que a Europa no momento se vê premida por umas duas dezenas de camisas de força que não a deixam respirar. Numa época em que Atenas está a seis horas de Paris, em que vamos de Roma a Paris em três horas, e as fronteiras só existem para a alfândega e os passageiros sujeitos à sua jurisdição, vivemos num estado feudal. A Europa, que inventou, peça por peça, as ideologias que hoje dominam o mundo e agora as vê voltadas contra si mesma, encarnadas que estão nos países maiores e mais poderosos industrialmente, essa Europa, que teve o poder e a força de conceber essas ideologias, também pode ter a força de conceber as noções que possibilitarão controlar ou equilibrar essas ideologias. Só que ela precisa respirar, precisa de alguma folga, de pensamentos que não sejam provincianos, como são atualmente todos os nossos pensamentos. As ideias parisienses são ideias provincianas; as ideias atenienses também são ideias provincianas, no sentido de que temos a maior dificuldade de manter contatos suficientes, conhecimentos suficientes, de misturar suficientemente nossos pensamentos para que os valores errantes, isolados em nossos respectivos países, se fecundem reciprocamente. Pois bem, acredito que esse ideal para o qual tendemos todos no final, ideal que devemos defender, pelo qual devemos fazer tudo que é possível fazer, esse ideal não será alcançado de imediato. O senhor disse há pouco uma palavra fatídica, a palavra "soberania". Essa palavra, "soberania", há muito tempo vem pondo travas às rodas da história internacional. E continuará travando. As feridas da guerra ainda são muito recentes, dolorosas demais, para esperarmos que coletividades nacionais façam esse esforço de que só são capazes indivíduos superiores, esforço que consiste em dominar os próprios ressentimentos. Portanto, psicologicamente, estamos diante de obstáculos que tornarão difícil essa realização. Dito isso, compartilho a sua opinião, é preciso lutar para vencer esses obstáculos e fazer a Europa, finalmente a Europa, na qual Paris, Atenas, Roma, Berlim serão os centros nervosos de um Império do Meio, se me permitem a expressão, que de certa maneira será capaz de desempenhar seu papel na história de amanhã.

A pequena ressalva que eu farei é a seguinte. O senhor disse que não podemos abordar intelectualmente o problema do futuro europeu, não podemos refletir a respeito enquanto não dispusermos dessa estrutura na qual possamos nos apoiar. Minha ressalva consiste em dizer: devemos abordar o problema apesar de tudo, dar um conteúdo aos valores europeus, ainda que a Europa não seja para amanhã.

O senhor deu há pouco um exemplo que me chamou a atenção. Disse: "Em suma, a Alemanha, quando ainda não alcançara a unidade, pois bem, a Alemanha não era uma potência." Absolutamente certo. Mesmo assim, podemos dizer que grande parte das ideologias contemporâneas se formou na ideologia alemã do século XIX e que todos os filósofos alemães, em especial o maior deles, que deram origem a essa nova forma de pensamento antecedem a unidade alemã (se considerarmos, naturalmente, que a unidade alemã é concluída em 1871). Existe, portanto, a possibilidade de influenciar uma cultura, mesmo no estado de desamparo e pobreza em que nos encontramos. De qualquer modo, o papel dos intelectuais e escritores, de certa maneira, é persistir no esforço em sua esfera de ação, ao mesmo tempo empurrando a roda da história, se puderem e tiverem tempo, para que, no momento desejado, os valores necessários, se não estiverem prontos, pelo menos já possam servir de fermento.

[O Sr. Vegleris lembra que dois elementos são essenciais à cultura europeia: o princípio de liberdade e o princípio de justiça social, devendo este corrigir o que aquele pode ter de destruidor. Ele se pergunta se a Europa é capaz de conjugar melhor esses dois princípios.]

— Se esquematizássemos grosseiramente as coisas, poderíamos dizer que hoje o Oeste quer pôr a liberdade adiante da justiça, e o Leste pretende pôr a justiça adiante da liberdade. Não vamos examinar a questão para saber se a liberdade reina no Oeste e se a justiça reina a Leste; limitamo-nos a registrar as pretensões das duas sociedades. É possível que a liberdade, brandindo a bomba atômica, e a justiça, brandindo outra, se destruam mutuamente numa fronteira que é fácil prever. Nesse caso, confesso não ter imaginação para o que pode se seguir a uma Terceira Guerra Mundial, na forma atômica. E, de minha parte, considero extremamente culpados os chefes de Estado que levam seus povos a crer que esse futuro pode ser imaginado, depois de uma guerra dessa natureza. Entretanto, se essa guerra atômica, esse suicídio, não ocorrer, continuaremos diante das duas estátuas, a da liberdade e a da justiça frente a frente, de cara feia. Creio que hoje a relação de forças é praticamente equivalente, e a abundância de populações do lado Leste é compensada por maior perfeição técnica do lado Oeste. Então acredito que, inevitavelmente, a própria história, na qual tanta gente confia tanto, vai justificar essa confiança e de fato a ideia de medida e contradição desempenhará nessa altura o seu papel. Pois ela faz parte da natureza humana e da natureza da história. Chegaremos, por exemplo, a uma percepção a que algumas inteligências na Europa já chegaram, apesar de tudo, a saber, que a liberdade tem um limite, que a justiça também tem um limite, que o limite da liberdade está na justiça, vale dizer, na existência do outro e no reconhecimento do outro, e que o limite da justiça está na liberdade, ou seja, no direito da pessoa de existir tal como é numa coletividade.

[Segue-se uma série de perguntas de diversos participantes:]

— *A civilização europeia não é una, mas plural, então não deveríamos falar de colaboração harmoniosa, mais que de fusão numa unidade?*

— Meu senhor, creio que posso responder brevemente. Harmonia é uma coisa excelente. Infelizmente, nem sempre é possível. Podemos dizer, por exemplo, que o casamento é uma excelente instituição, desde que os cônjuges vivam em acordo. Mas pode acontecer que não, de tal maneira que o casamento em certos casos — raros, admito — é uma catástrofe. Desse modo, contar apenas com a boa vontade dos povos europeus — e precisamos contar com ela, pois sem ela, está claro, não é possível avançar — não será suficiente para avançarmos. São necessárias, portanto, instituições. Sua objeção a essas instituições, que seriam, naturalmente, instituições comuns, é que a diferença de costumes e modos de vida entre os povos europeus se opõe a ela. Mas eu o contradigo com o exemplo da França. Um marselhês sem dúvida está mais próximo de um napolitano do que de um habitante de Brest. Há grande diferença entre um francês natural de Perpignan e outro de Roubaix. Apesar disso, a unidade da França aconteceu, e hoje Perpignan e Roubaix elegem um mesmo governo, seja ele bom ou ruim.

— *Qual a contribuição da obra de Jean Genet, de* Os mandarins[1] *e de Histoire d'O*[2] *para a cultura europeia?*

— Contribuição para o futuro europeu ou contribuição para a literatura francesa?

— *Para a civilização europeia.*

— Eu diria que é nula, francamente.

---

[1] Publicado em 1954, este romance de Simone de Beauvoir recebe no mesmo ano o Prêmio Goncourt.

[2] Romance de Dominique Aury publicado em 1954 com o pseudônimo Pauline Réage. É um dos clássicos da literatura erótica do século XX.

— *A diversidade europeia é uma desvantagem ou uma esperança de salvação?*

— É uma esperança de salvação pelo excelente motivo de que sempre, na história, todo Império compacto que ultrapassou certos limites desmoronou. Se Alexandre tivesse permanecido nos limites da Macedônia, é provável que ainda hoje haveria uma Grécia descendente em linha direta de Alexandre. A diversidade, é claro, tem inconvenientes. São exatamente os inconvenientes da liberdade. E também da lealdade e da objetividade. Mesmo assim, foi por meio da objetividade e da liberdade que o mundo progrediu no plano que nos interessa, e devemos aceitar seus inconvenientes. Mas, francamente, acredito que os inconvenientes dos Impérios e dos continentes compactos podem ser pelo menos tão grandes, no que diz respeito a seu futuro desenvolvimento, quanto os inconvenientes da diversidade para a Europa. Parece-me, por exemplo, que a pesquisa científica, embora hoje em dia seja a base do poder material, a longo prazo só será verdadeiramente concludente, eficaz e fecunda num clima de liberdade.

— *A civilização europeia não deveria se defender dos ataques que vêm ao mesmo tempo do Leste e do Oeste?*

— É o que chamamos de pergunta capciosa. Bom. Primeiro vou responder que sim e não, depois vou dar uma resposta bem direta. Respondo que sim e não dizendo que, para mim, o principal inimigo de uma civilização é em geral ela própria. Se a civilização europeia corre perigo, é sem dúvida porque impérios ou civilizações estão exercendo pressões externas sobre ela, mas principalmente porque ela não tem tido bastante saúde e força para reagir a esse desafio da história. Pensando bem, minha resposta não é assim tão ambígua.

"Mas responderei ainda mais diretamente dizendo que não sou desses que pensam que a ameaça do Leste e a ameaça do Oeste têm a mesma força. Penso que a ameaça do Leste, considerando-se que é uma ameaça militar e que arrasta atrás de si o perigo do totalitarismo, é mais grave que a ameaça que podem representar para nossa civilização formas de cultura americana dificilmente assimiláveis por nós. Por enquanto, trata-se de um confronto pacífico entre as formas da civilização americana e a nossa, ao passo que se trata de um confronto belicoso ou quase belicoso entre o Leste e o Oeste. É pelo menos o que eu penso. Claro que estou falando em caráter pessoal. Dito isso, creio que no fundo o senhor me faz essa pergunta não para saber meu ponto de vista, que acabo de expor, mas para me perguntar o que acho dos perigos que a civilização americana pode representar para nós. Vou então dizer o que penso a respeito pessoalmente.

"Conheço pouco a América: lá passei apenas três meses.[1] Dito isso, conheço bastante bem sua literatura e sua história. Para mim, a América representa a realização das esperanças do século XVIII francês. E explico. Refiro-me àqueles que chamamos de enciclopedistas, que foram os primeiros na Europa a definir o que designavam como filosofia da felicidade. Foram eles que sonharam com uma

---

[1] Ver "A crise do homem", p. 34; e "Somos pessimistas?", p. 59.

felicidade racional baseada na harmoniosa organização do mundo e, sobretudo, que deram ênfase àquilo que a natureza e o mundo podem proporcionar de felicidade ao homem. São os filósofos da felicidade em geral. E não resta dúvida, o que achei muito simpático na América, assim que desembarquei, é que existe na América desejo de felicidade; esse desejo se manifesta por sinais puramente negativos, outras vezes positivos; os sinais puramente negativos consistem na recusa a considerar as filosofias pessimistas realmente sérias, na recusa a considerar, a ressaltar a infelicidade. Na América, por exemplo, os mortos são enterrados rapidamente. São enterrados rapidamente, ao passo que na civilização mediterrânea, como sabem, há o prolongamento do contato com a morte, do contato com o ser amado que se acaba de perder. Esse pequeno exemplo, que não se deve em absoluto extrapolar, parece-me ilustrar certa recusa à infelicidade e, positivamente, o desejo de organizar todas as coisas para que a vida seja mais fácil e luminosa. Nesse sentido, não resta dúvida de que a filosofia do século XVIII, por caminhos que seria fácil encontrar, tem lá uma encarnação bem sensacional, temos de reconhecer.

"Dito isso, creio que falta, por razões que também poderíamos definir, mas seria demasiado longo, falta ao temperamento americano essa coisa que, na filosofia da felicidade dos nossos enciclopedistas, desempenhava o papel de freio e regulador. Era o que designamos com uma palavra difícil de definir: o gosto. Refiro-me à relutância em levar alguma coisa longe demais (por exemplo, um homem como Benjamin Constant, que era ateu, dizia um pouco mais tarde, com certo ar de repulsa, que 'a irreligião tem algo de vulgar e obsoleto', pois o ateísmo militante, segundo ele, era exagerado demais, carente de nuances). É grande a quantidade de bobagens e de injustiças que se diz sobre a cultura americana, especialmente na Europa. Essa cultura nos oferece intelectuais de primeira ordem, uma literatura, uma ciência. Se hoje é cada vez menor o número de tuberculosos na Europa, a quem o devemos? Mas, enfim, deixemos isso de lado. Entretanto, há entre vocês, no exercício dessa filosofia da felicidade, uma espécie de excesso que é do temperamento americano, uma espécie de vontade de conquista total que acabou assumindo formas que, naturalmente, passaram dos limites, pulverizaram as nuances. É o que torna a vida cotidiana de vocês dificilmente adaptável ao europeu médio, e estou falando com objetividade, pois, sendo africano do Norte, e não europeu, eu me senti à vontade no ritmo de vida americano. Mas, de qualquer maneira, esse ritmo desorienta o europeu. Do mesmo modo, a recusa sistemática a ideias gerais, o gosto pelo concreto, pelo empirismo, pelo fato, ou seja, por tudo o que pode ser percebido, compreendido e entendido de maneira imediata, levou o pensamento americano a desviar-se das ideias gerais. Nisso, aliás, ele tem a inspiração direta dos empiristas franceses e ingleses do século XVIII. Essa desconfiança em relação às ideias gerais o condenou, e serei agora muito mais afirmativo do que em tudo o que acabo de dizer, o condenou quase irremediavelmente a não entender nada do drama europeu. Certas gafes, pois não podemos dar outro nome, certas gafes americanas em questões europeias decorrem dessa recusa a considerar certos fundamentos da tragédia europeia, os fundamentos ideológicos e metafísicos. Mas acrescentarei que a América também é um povo jovem e que a liderança que ela exerce, mais ou menos desde 1945, é uma liderança completamente nova. Ela ainda tem tempo para praticar. Mas o tipo de perigo que pode nos vir da América é justamente essa tendência a nos empurrar para o nível direto dos fatos da vida tal como ela se manifesta, o que, quando o alvo são pessoas pouco preparadas (a influência do cinema é muito impressionante), expõe ao risco de levar certas sensibilidades a níveis aos quais não é desejável que as sensibilidades sejam levadas. É exatamente o que eu penso."

— *Como explicar que a filosofia francesa seja tão dependente da filosofia alemã?*

— O senhor sabe, por profissão, como a questão das influências é uma questão difícil na história do pensamento. Quero com isso dizer-lhe simplesmente o seguinte: é uma pergunta que também já me fiz, pois escapei desse contágio, e, de certa maneira, achei espantoso encontrar tantas razões profundas de desacordo com a sociedade intelectual em que vivo. Aqui vai a resposta que encontrei. Acredito simplesmente que a Alemanha descobriu a dor da existência antes da França. Não que a história dela tenha sido mais dolorosa, mas porque ela foi gerada mais tarde e com mais dificuldade como nação. Além disso, talvez, por causa daquilo que Stendhal dizia do caráter alemão. Ele se referia ao destino alemão de tornar tudo difícil. De qualquer maneira, os filósofos alemães começaram no século XIX a refletir sobre a dor da existência. Nossa filosofia dessa época, o senhor a conhece. É uma filosofia que estava realmente afastada dos verdadeiros problemas da nossa civilização. Esses problemas foram formulados na Alemanha e, de outra forma, na Rússia; mas não na França. Nossa filosofia do século XIX foi a ideologia de uma classe satisfeita e, em consequência, ancorada na própria satisfação, desvinculada da história e nem de longe decidida a entrar nela. Então, duas guerras: uma lamentável para começar, e vencida à custa de terríveis sacrifícios, outra na qual tudo foi perdido e salvo. Os franceses viram-se então diante da dor histórica. Quando se voltaram, nesse momento, para seus filósofos, o que encontraram? Não encontraram nada que pudesse lhes falar da dor em que estavam mergulhados. Voltaram-se, portanto, para os filósofos que falaram da dor da história, da consciência infeliz, da dificuldade de viver, do ser para a morte, enfim, de tudo que o senhor conhece. E é evidente que esse movimento, na minha opinião, foi apaixonado demais, exclusivo demais, porém, ainda assim, pode ser explicado. Dito isso, podemos encontrar mais uma explicação para o problema que o senhor levanta no fato de a maioria dos pensadores franceses ser hoje de esquerda, logo, em parte marxizantes. Acontece que Marx vem direto da ideologia alemã. Em função das próprias convicções, eles voltaram às fontes. Donde o renascimento dos estudos hegelianos, dos estudos marxistas e da filosofia existencialista alemã em geral. Mas parece que estão surgindo sinais de evolução. Pelo que se diz, está para chegar uma conversão espetacular. O Sr. Merleau-Ponty,[1] que era um dos representantes da tendência que nos preocupa, acaba de publicar um livro intitulado *As aventuras da dialética*, que parece assinalar certa ruptura com essa tendência e, em consequência, iniciar uma virada na ideologia francesa, para usar uma expressão horrível.

— *A fraqueza da Europa e seu niilismo não se devem ao fato de ela não ter mais fé, ao passo que os países do Leste têm?*

— Bom, sabe como é, eu também sou escritor. Lamento um pouco ter sempre de enfrentar perguntas que estão além da minha competência. Na literatura, tenho alguma competência, enfim, seria capaz de falar, de me expressar, até com vivacidade, ao passo que nesse terreno fico um pouco amarrado. Sim, o Leste tem fé. Será que tem? O senhor sabe se tem? Nós não temos fé? Quem disse? Conheço um monte de gente que tem: nós não temos fé, isso não está escrito nos textos, nossas Constituições não apresentam prova de fé. Mas em 45 todas as nações da Europa mostraram que tinham fé, quando estavam sob a dominação alemã. Não faz tanto tempo assim. Diante desses problemas eu me sinto sempre um pouco... enfim, para falar com sinceridade, não creio que sejam profundamente verdadeiros. Claro que podemos, devemos discuti-los, mas creio que o niilismo não está apenas de um lado. É a posição que sempre defendi. Considero que existe apenas um capitalismo no mundo, mas

---

[1] Sobre a relação entre Camus e Merleau-Ponty, ver "Intervenção na mesa-redonda da associação Civilisation", p. 67, nota 1.

que ele pode assumir formas diferentes: capitalismo privado ou capitalismo de Estado. A falta de fé não está de um lado só, a fé não brota sozinha do outro. Afinal, também há uma fé cristã, existe um movimento cristão no Ocidente. Por que a fé cristã não produziria hoje suas obras e suas formas institucionais? Ela tentou, continua tentando, será que vai conseguir? Como saber?

"Creio que o verdadeiro problema não está aí. O verdadeiro problema é saber se queremos sobreviver como civilização. E essa vontade não é necessariamente racional. Se digo que quero continuar a viver, não é por saber perfeitamente o que sou, mas por ter um sentimento extremamente vivo e agudo do que sou enquanto ser e por ter vontade de continuar no meu ser. Não é, portanto, a razão que vem primeiro, mas o instinto de viver. Pois bem, se os jovens de hoje, no Ocidente, não têm esse instinto de viver, terão de resgatá-lo, pois é aí que está o problema. E não vão resgatá-lo, acredito, recorrendo a pessoas que lhes digam, nesta ordem, no que devem acreditar e o que devem fazer. Vão resgatá-lo recorrendo a si mesmos. Quer dizer, à sua experiência de vida e à sua própria reflexão."

— *O racionalismo da ciência e o racionalismo cartesiano não são refutados pelo desenvolvimento da própria ciência (na física, na química, as funções mais elementares escapam a qualquer possibilidade de serem concebidas de maneira racional), e essa evolução não ameaçaria a civilização europeia?*

— Creio que a descoberta dos irracionais pela ciência contemporânea é um progresso. É um progresso porque, se a ciência contemporânea conseguisse demonstrar o determinismo total, o seu correspondente nas formas da civilização seria um totalitarismo, por via direta, e seria fácil demonstrá-lo se não tivéssemos tão pouco tempo. Quanto ao racionalismo cartesiano, falei a respeito há pouco. Ele faz parte da nossa civilização. Mas, em virtude da interpretação que lhe foi dada, da noção do indivíduo que se baseou nele, o racionalismo cartesiano está na origem de certa degenerescência da sociedade ocidental. Quero esclarecer que não está em questão o próprio Descartes. Os filósofos são grandes espíritos e grandes homens. Mas o que se aproveita deles não é o melhor, são sempre os resíduos. Uma das fraquezas da civilização ocidental, de qualquer maneira, é a constituição desse indivíduo separado da comunidade, do indivíduo considerado como um todo. Para resumir um pouco tudo que não cheguei a expressar bem há pouco, parece-me que a sociedade ocidental hoje morre de um individualismo excessivo, ao passo que a sociedade oriental nem sequer nasceu ainda, por causa de um coletivismo excessivo. À medida que nosso individualismo for integrando uma noção mais segura dos deveres da comunidade, à medida que, paralelamente, o coletivismo oriental assistir ao surgimento dos primeiros fermentos da liberdade individual, progrediremos. É nesse sentido que não me preocupo em absoluto se os trabalhos de um homem como Heisenberg acabam pondo em risco certa noção, estática e puramente racionalista, do homem, tal como se estabeleceu no Ocidente.

— Se o artista tiver de reivindicar a liberdade de falar em nome dos que não podem falar, não estará limitando essa liberdade, por ter de escolher aqueles pelos quais vai falar, excluindo os demais?

— Muito bem, é a liberdade limitada, senhorita. Liberdade sem limites é o contrário de liberdade. A liberdade sem limites só pode ser exercida pelos tiranos; e Hitler, por exemplo, era um homem relativamente livre, o único, por sinal, em todo o seu império. Mas, se quisermos exercer uma verdadeira liberdade, ela não pode ser exercida unicamente no interesse do indivíduo que a exerce. A liberdade sempre teve como limite, é uma velha história, a liberdade dos outros. Eu acrescentaria a esse lugar-comum que ela só existe e só tem sentido e conteúdo na medida em que for limitada pela liberdade dos outros. Uma liberdade que comportasse apenas direitos não seria liberdade, seria onipotência, tirania. Uma liberdade que também comporte direitos e deveres é uma liberdade que tem conteúdo e pode ser vivida. O resto, a liberdade sem limites, ou não é vivido, ou é vivido à custa da morte dos outros, em última análise. A liberdade limitada é a única coisa que permite que vivam ao mesmo tempo aquele que a exerce e aqueles em favor dos quais ela é exercida.

— A concepção do artista como porta-voz do povo sofredor não nos leva de volta ao tempo das catedrais ou ao mito, e seria o único remédio para a literatura burguesa e individualista?

— Eu entendo a pergunta e ela vai no sentido da verdade, não é mesmo? Só que não podemos voltar às catedrais, não há o que fazer, nem, aliás, aos templos gregos. Quando falamos de helenismo, acredito que nenhum de nós aqui deseja reconstruir uma ágora na qual caminharíamos de túnicas curtas... Não voltaremos, portanto, à catedral. Voltar ao mito é uma questão totalmente diferente, e já faz mais sentido, pois de fato algumas das grandes obras da nossa época, como por exemplo *Moby Dick*, de Melville,[1] são obras que desaguaram no mito suscetível de ser entendido por todo mundo. Esse livro, *Moby Dick*, é dado como prêmio às crianças das escolas americanas, no entanto representa uma das reflexões mais profundas e patéticas jamais feitas por um artista sobre o problema do mal. Não resta dúvida, assim, de que o mito ainda é entre nós uma das possíveis formas do renascimento literário e artístico. Mas o caminho em direção a esse renascimento artístico, a essa arte que seja sensível a todos, não passa por este ou aquele gênero. O renascimento talvez seja um renascimento da tragédia ou um considerável florescimento do romance, ou, pelo contrário, um renascimento épico, não saberia dizer. Porém, muito mais importante para esse renascimento é a atitude interior do artista. E essa atitude interior só pode ser a sinceridade. Poderão entender melhor o que quero dizer com a palavra sinceridade se considerarem que, na minha opinião, essa sinceridade não pode ser praticada na solidão. Os artistas que se separam voluntariamente do mundo são obrigados a sacrificar certa parcela de sinceridade, pelo

---

[1] Albert Camus tem grande admiração pelo escritor americano, que situa entre "os maiores gênios do Ocidente" (*Herman Melville*, texto publicado em *Les Écrivains célèbres*, 1952).

excelente motivo de que a sinceridade não é um estado de pureza, um ferro incandescente, mas uma maneira de se apresentar ao outro, ao leitor, no caso, ou ao espectador, quando se trata de um quadro, de uma peça, é se apresentar ao outro da maneira mais simples e verdadeira. O que no fim das contas parece muito fácil, mas é evidente que se trata da culminância da arte, à qual nenhum de nós é capaz de chegar. No momento, na Europa, todos estamos, como artistas, de tal maneira atados por impedimentos, considerações, pelo peso da história, pela aceleração das coisas, pela multiplicidade de informações, estamos de tal modo atados por tudo isso que a simples e natural sinceridade de Homero, por exemplo, nos é impossível. Mas é para essa sinceridade, para essa simplicidade que devemos tender, pelo excelente motivo de que ela é o lugar onde o artista e o público se encontram. Quanto ao resto, não sou profeta e não posso dizer que forma esse renascimento vai assumir.

— *Por que concordar em falar do futuro da civilização europeia quando se declara estar interessado sobretudo no presente?*

— Pois bem, tenho primeiramente uma resposta circunstancial para lhe dar: aceito os temas que me propõem.

"Em segundo lugar, esse tema tem interesse para mim. De fato, eu disse que só o presente me interessava, mas entendo como presente algo que ultrapassa o dia ou o ano que vem. O presente histórico, *grosso modo*, é a geração viva. O que, apesar de tudo, implica o futuro da Europa. No momento em que minha geração sair de cena para finalmente tirar férias, de certa maneira é o meu presente que vai acabar. Se não tenho imaginação, digamos, para o ano 2000, ainda assim tenho imaginação bem forte para os anos que estão chegando. São anos que me pertencem. Nesse sentido, estão presentes para mim. Tudo que está diante de mim de maneira sensível, tudo que pode me fazer sofrer ou me dar alegria é meu presente.

"Sou eu, portanto, que estou errado. Dei abruptamente uma definição do presente que não era a correta. A sua pergunta é judiciosa, pois a minha afirmação não era."

— *Na conferência sobre "O artista e seu tempo", o senhor criticava a arte pela arte e a arte realista. Mas, em vez de pensar o processo de criação num contexto de oposição entre sujeito e objeto, não seria o caso do entendê-lo como a identificação progressiva do artista com seu objeto? Para um pintor como Braque, por exemplo, há toda uma elaboração pela qual o pintor se identifica com o objeto que pinta. Esse processo de identificação é possível em literatura?*

— Acredito que é possível em poesia, pelo menos suponho, já que não sou poeta. Mas creio que é impossível em literatura, pelo excelente motivo de que, em prosa, pelo menos, não é possível eliminar completamente o intermediário racional. A literatura passa pela linguagem, e a linguagem não pode dispensar o intermediário racional. Já se tentou, como sabe. As experiências de escrita automática, como se dizia, foram interessantes como experiências. É até possível, em certa medida (todos nós o fazemos, até os escritores aparentemente mais senhores de si), é possível dispor-se à escrita automática. Mas não é possível fazer dela um sistema de composição, tal como Braque, nos textos que conheço, cria um sistema de composição a partir dessa identificação quase mística, não é mesmo? O que é possível em pintura, pois os fatos estão aí, Braque fez, parece-me impossível em literatura. Não conheço nenhum exemplo.

— *O escritor não se identifica com seus personagens?*

— Sim, nessa medida. Mas é uma medida parcial. Pois a composição de um livro, especialmente de um romance, é uma composição racional. Ela convoca uma estética que, por sua vez, é um exercício de inteligência. Por isso digo que podemos nos dispor a um método como esse, mas não podemos nos entregar a ele, quando se é escritor.

— *Não seria o caso de dissociar a civilização europeia da área geográfica à qual costuma ser limitada e definir a cultura como Isócrates concebia a cultura helênica: "Consideramos gregos aqueles que participam da nossa cultura"? Abandonar o caráter universalista da civilização europeia, da sua força de irradiação fora da própria área geográfica, não seria apressar a sua morte?*

— Meu sentimento tende muito a isso que está dizendo. Nenhum fenômeno intelectual pode ter um horizonte territorial razoavelmente definido. Os limites da geografia nunca foram os limites do intelecto. Não resta dúvida de que a influência da civilização europeia transcendeu os limites em que nasceu. Transcendeu tanto, aliás, que seus vestígios podem ser encontrados em nações ou territórios que não são especificamente europeus. Também não resta dúvida de que a Inglaterra só é europeia pela metade, tanto geográfica quanto culturalmente.

"Essas diversidades, essas nuances, essas divergências não impedem que, para facilitar o debate, tracemos os limites geográficos que, *grosso modo* e convencionalmente, delimitariam a área da civilização europeia.

"Quanto a saber se essa civilização deve influenciar outros povos para não morrer, bem, tendo a ser de sua opinião, mas é uma das razões da minha esperança. Por enquanto, a Europa está sendo ameaçada antes de tudo pelas ideias europeias e, particularmente, pela insurreição das colônias que aprenderam as ideias de liberdade nas escolas europeias. A mim parece que isso representa um elemento de confiança (além de uma preocupação quanto ao futuro, naturalmente)."

— *A obra de Kazantzákis[1] é apreciada na França?*

— Creio já ter dito que ela é muito apreciada. Dois romances seus foram traduzidos. Algumas coletâneas de poesia, ou melhor, seria o caso de dizer, de prosa poética, como *Ascese: os salvadores de Deus*, também foram traduzidas. Duas de suas peças foram traduzidas e publicadas. Ainda temos esperança de que venham a ser montadas.

"No momento, poucos escritores estrangeiros desfrutam dessa situação literária em nosso país. Há escritores estrangeiros que têm situação literária maior, escritores como Faulkner ou Thomas Mann, que são universalmente conhecidos e muito mais lidos, muito mais traduzidos na França.

---

[1] Nikos Kazantzákis (1883-1957), escritor, filósofo, dramaturgo e poeta grego, conhecido especialmente pelos romances *Zorba, o grego* (1946) e *A última tentação* (1954).

Mas, entre os escritores que começam a ser conhecidos na França e, espero, venham a ser cada vez mais divulgados, bem, Kazantzákis é realmente um dos maiores. De resto, a jovem literatura grega também está sendo traduzida, pois a Sra. Liberaki[1] foi traduzida e dois romances seus foram publicados pela Gallimard."

— *O romance francês está progredindo desde Balzac e Stendhal?*

— Nenhum escritor vivo teria coragem hoje de se comparar a essas grandes sombras.

---

[1] Margarita Liberaki (1919-2001), escritora e dramaturga grega; dois romances seus foram traduzidos para o francês com os títulos *L'Autre Alexandre* [O outro Alexandre] e *Trois étés* [Três verões], publicados pelas Éditions Gallimard em 1950 e 1953.

Sobre o futuro da tragédia
1955

No dia seguinte a sua participação no debate sobre "O futuro da civilização europeia" na União Cultural Greco--Francesa,[1] Albert Camus profere em 29 de abril de 1955, no Instituto Francês de Atenas, a conferência que segue, sobre o teatro contemporâneo. O texto da conferência ficaria inédito até ser incluído em 1965 no volume Ensaios, *da primeira coletânea das obras completas de Albert Camus, editada por Roger Quilliot na Bibliothèque de la Pléiade. Os trechos de obras teatrais com que Camus pontua sua intervenção não foram reproduzidos.*

Um sábio oriental sempre pedia em suas orações que a divindade se dignasse poupá-lo de viver numa época interessante. Essa sorte não nos foi poupada. Nossa época é muito interessante, ou seja, ela é trágica. Mas será que, para purgar nossas desgraças, temos pelo menos o teatro de

---

[1] Ver p. 222.

nossa época ou podemos esperar tê-lo? Em outras palavras, a tragédia moderna é possível? É a pergunta que gostaria de fazer aqui, hoje. Mas essa pergunta faz sentido? Não seria do tipo: "Será que teremos um bom governo?" ou "Nossos escritores se tornarão modestos?", ou então "Os ricos em breve vão compartilhar sua fortuna com os pobres?" — perguntas certamente interessantes, mas que fazem mais sonhar do que pensar.

Não creio. Acredito, pelo contrário, e por duas razões, que é legítimo nos questionarmos sobre a tragédia moderna. A primeira razão é que os grandes períodos da arte trágica se situam, historicamente, em séculos de transição, em momentos em que a vida dos povos está prenhe de glória e de ameaças, em que o futuro é incerto, e o presente, dramático. Afinal, Ésquilo combateu duas guerras e Shakespeare foi contemporâneo de uma belíssima sucessão de horrores. Além disso, ambos se situam numa espécie de virada perigosa na história de sua cultura.

Pode-se notar que nos trinta séculos da história ocidental, dos dórios à bomba atômica, há apenas dois períodos de arte trágica, ambos estreitamente circunscritos no tempo e no espaço. O primeiro é grego, apresenta notável unidade e dura um século, de Ésquilo a Eurípides. O segundo dura um pouco mais e floresce durante muito tempo, com éticas diferentes, em países limítrofes no extremo da Europa Ocidental. Com efeito, não se observou devidamente que a magnífica explosão do teatro elisabetano, o teatro espanhol do Século de Ouro e a tragédia francesa do século XVII são mais ou menos contemporâneos. Quando Shakespeare morre, Lope de Vega tem 54 anos e já montou grande parte de suas peças; Calderón e Corneille estão vivos. Enfim, a distância no tempo entre Shakespeare e Racine não é maior do que entre Ésquilo e Eurípides. Pelo menos historicamente, podemos considerar que se trata, na época do Renascimento, de um único e magnífico florescimento, que nasce na desordem inspirada da cena elisabetana e se arremata em perfeição formal um século depois, na tragédia francesa.

Entre esses dois momentos trágicos transcorrem quase vinte séculos. Ao longo desses vinte séculos, nada. Nada, apenas o mistério cristão, que pode ser dramático, mas não é trágico, e direi mais adiante por quê. Podemos afirmar então que se trata de épocas excepcionais que, por sua própria singularidade, deveriam nos dar informações sobre as condições da expressão trágica. É um estudo extremamente apaixonante, na minha opinião, que deveria ser empreendido com rigor e paciência por autênticos historiadores. Mas está além da minha competência e eu gostaria apenas de mencionar aqui, a respeito, as reflexões de um homem de teatro.

Quando examinamos o movimento de ideias nessas duas épocas e nas obras trágicas desses períodos, deparamos com uma constante. Os dois períodos assinalam uma transição entre formas de pensamento cósmico, impregnadas pela noção do divino e do sagrado, e outras formas, ao contrário, animadas pela reflexão individual e racionalista. O movimento que vai de Ésquilo a Eurípides é, *grosso modo*, o mesmo que vai dos grandes pensadores pré-socráticos ao próprio Sócrates (que desprezava a tragédia, abrindo uma exceção para Eurípides). Da mesma maneira, de Shakespeare a Corneille, vamos do mundo das forças obscuras e misteriosas, que ainda é o mundo da Idade Média, ao universo dos valores individuais afirmados e sustentados pela vontade humana e pela razão (quase todos os sacrifícios racinianos são sacrifícios racionais). É o mesmo movimento, em suma, que vai das teologias apaixonadas da Idade Média a Descartes. Embora essa evolução seja mais clara na Grécia, pois mais simples e concentrada num só lugar, é a mesma nos dois casos. Em ambos, na história das ideias, o indivíduo aos poucos se desprende de um corpo sagrado e se insurge diante do mundo antigo do terror e da devoção. Em ambos, nas obras, passamos da tragédia ritualística e da celebração quase religiosa à tragédia psicológica. E em ambos, o triunfo definitivo da razão individual, no século IV na Grécia, no século XVIII na Europa, estanca a produção trágica durante longos séculos.

O que podemos extrair dessas considerações, no que nos interessa aqui? Primeiro, a observação muito genérica de que a era trágica parece coincidir toda vez com uma evolução em que o homem, conscientemente ou não, se desliga de uma forma antiga de cultura e se vê diante dela em situação de ruptura, mas sem ter encontrado uma nova forma que o satisfaça. Em 1955, é onde nos encontramos, ao que me parece, de modo que a questão é saber se essa ruptura interior encontrará uma expressão trágica entre nós. Ocorre que os vinte séculos de silêncio que separam Eurípides de Shakespeare devem nos convidar à prudência. Afinal, a tragédia é uma flor raríssima, e é pequena a probabilidade de vê-la desabrochar em nossa época.

Mas uma segunda razão também nos estimula a indagar sobre essa probabilidade. E dessa vez se trata de um fenômeno muito particular que temos observado na França há cerca de trinta anos, exatamente desde a reforma de Jacques Copeau.[1] Esse fenômeno é a adesão dos escritores ao teatro, até então colonizado pelos montadores e comerciantes do palco. A participação de escritores ocasiona então a ressurreição de formas trágicas que tendem a reconduzir a arte dramática ao seu verdadeiro lugar, no ápice das artes literárias. Antes de Copeau (com a exceção de Claudel, que ninguém encenava), o lugar privilegiado do sacrifício teatral, em nosso país, era a cama de casal. Quando a peça era muito bem-sucedida, os sacrifícios se multiplicavam, e as camas também. Em suma, um comércio como outro qualquer, no qual tudo se pagava, se me permitem a expressão, pela arroba da carne em cena. De resto, eis o que dizia Copeau a respeito:

---

[1] Albert Camus considera Jacques Copeau (1879-1949), fundador do teatro e da companhia do Vieux-Colombier, um dos seus mestres teatrais. Já em 1937, ele encena em Argel *Os irmãos Karamazov* na adaptação de Copeau. Em 1959, no décimo aniversário da morte dele, Camus escreveria uma homenagem intitulada *Copeau, seul maître* [Copeau, único mestre], publicada numa brochura com o título *Cahier Jacques Copeau* (outubro-novembro de 1959).

"[...] se quiserem com mais clareza o nome do sentimento que nos anima, a paixão que nos move, nos compele, nos sujeita, à qual temos afinal de ceder: é a *indignação*.

"Uma industrialização desenfreada que degrada nosso palco francês, cada dia mais cinicamente, e afasta o público culto; a monopolização da maioria dos teatros por um punhado de fabricantes de diversão a soldo de comerciantes descarados; em todo lugar, até onde as grandes tradições deveriam preservar um mínimo de pudor, o mesmo espírito de cabotinismo e especulação, a mesma baixeza; em todo lugar o blefe, competições de todo tipo e exibicionismo das mais variadas espécies parasitando uma arte que vai morrendo, e com a qual ninguém mais se preocupa; em todo lugar descaso, desordem, indisciplina, ignorância e estupidez, desprezo pelo criador, ódio à beleza; uma produção cada vez mais insana e vã, uma crítica cada vez mais condescendente, um gosto público cada vez mais desorientado: é o que nos causa indignação e raiva."[1]

Depois desse belo protesto, seguido da criação do Vieux--Colombier, em nosso país, o teatro — e é essa nossa dívida perene com Copeau — aos poucos recuperou grandeza e dignidade, vale dizer, estilo. Gide, Martin du Gard, Giraudoux, Montherlant, Claudel e tantos outros lhe devolveram um esplendor e ambições que tinham desaparecido havia um século. Simultaneamente, um movimento de

---

[1] Jacques Copeau, "Un essai de rénovation dramatique", *La Nouvelle Revue française*, 1º de setembro de 1913.

ideias e reflexão sobre o teatro, cujo produto mais significativo é o belo livro de Antonin Artaud, *O teatro e seu duplo*, e a influência de teóricos estrangeiros como Gordon Craig[1] e Appia[2] recolocaram a dimensão trágica ao centro de nossas preocupações.

Reunindo todas essas observações, posso então estabelecer limites claros para o problema de que gostaria de tratar aqui. Nossa época coincide com um drama civilizacional que poderia favorecer a expressão trágica, como em outras épocas. Num mesmo momento muitos escritores, na França e fora dela, se empenham em dar à época a sua tragédia. Esse sonho é razoável, essa empreitada é possível, em que condições? Eis a questão do momento, em minha opinião, para todos aqueles que veem no teatro uma paixão, uma segunda vida. Naturalmente, ninguém tem condições, hoje, de dar a essa pergunta uma resposta decisiva do tipo: "Condições favoráveis. Segue-se tragédia." Vou me limitar, assim, a algumas sugestões a respeito dessa grande esperança de quem lida com cultura no Ocidente.

Para começar, o que é tragédia? A definição do trágico deu muito trabalho aos historiadores da literatura e aos próprios escritores, mas nenhuma fórmula alcançou consenso. Sem pretender resolver um problema ante o qual tantas inteligências hesitam, podemos pelo menos proceder

---

[1] Ator, diretor e cenógrafo, o britânico Gordon Craig (1872-1966) é um dos grandes teóricos da arte dramática.

[2] Adolphe Appia (1862-1928), cenógrafo e diretor suíço, é considerado um dos pioneiros do teatro moderno.

por comparação e tentar descobrir, por exemplo, no que a tragédia difere do drama ou do melodrama. E a diferença parece-me ser a seguinte: as forças que se defrontam na tragédia são igualmente legítimas, estão igualmente munidas de razão. No melodrama ou no drama, pelo contrário, só uma é legítima. Em outras palavras, a tragédia é ambígua; o drama, simplista. Naquela, cada força é ao mesmo tempo boa e má. Neste, uma das forças é o bem, a outra, o mal (por isso, em nossa época, o teatro de propaganda nada mais é que a ressurreição do melodrama). Antígona tem razão, mas Creonte não está errado. Da mesma maneira, Prometeu é ao mesmo tempo justo e injusto, e Zeus, que o oprime sem piedade, também está no seu direito. A fórmula do melodrama, em suma, seria: "Só um é justo e justificável", e a fórmula trágica por excelência: "Todos são justificáveis, ninguém é justo." Por isso o coro das tragédias antigas dá principalmente conselhos de prudência. Pois sabe que, dentro de certos limites, todo mundo tem razão e aquele que, por cegueira ou paixão, ignora esses limites está correndo rumo à catástrofe para impor um direito de que se julga o único detentor.

Portanto, o tema constante da tragédia antiga é o limite que não deve ser ultrapassado. De ambos os lados desse limite estão forças igualmente legítimas num confronto vibrante e contínuo. Enganar-se quanto a esse limite, querer romper esse equilíbrio é perecer. Encontramos tanto em *Macbeth* quanto em *Fedra* (embora de maneira menos pura do que na tragédia grega) essa ideia do limite que não pode ser ultrapassado, além do qual se encontra a morte ou o desastre. Podemos então entender por que o drama ideal, como o drama romântico, é antes de tudo movimento e ação, pois representa a luta do bem contra o mal e as peripécias dessa luta, ao passo que a tragédia ideal, em especial a grega, é, antes de mais nada, tensão, pois é a oposição, numa imobilidade implacável, de duas forças, ambas cobertas com as máscaras do bem e do mal. Nem é preciso lembrar, claro, que entre esses dois tipos extremos, o drama e a tragédia, a literatura dramática apresenta todos os intermediários.

Entretanto, para ficarmos nas formas puras, quais são as duas forças que se opõem na tragédia antiga, por exemplo? Se tomarmos *Prometeu acorrentado*[1] como tipo dessa tragédia, podemos dizer que se trata, por um lado, do homem e seu desejo de poder, e, por outro, do princípio divino que se reflete no mundo. Há tragédia quando o homem, por orgulho (ou mesmo estupidez, como Ájax), passa a contestar a ordem divina personificada num deus ou encarnada na sociedade. E a tragédia será tanto maior quanto mais legítima for essa revolta e mais necessária essa ordem.

Em consequência, tudo aquilo que tende a romper esse equilíbrio no interior da tragédia destrói a própria tragédia. Se a ordem divina não pressupuser nenhuma contestação e só admitir o pecado e o arrependimento, não

---

[1] Em março de 1937, Albert Camus tinha adaptado e encenado *Prometeu acorrentado*, de Ésquilo, com o Teatro do Trabalho, em Argel.

haverá tragédia. Nesse caso, pode haver apenas mistério ou parábola, ou ainda aquilo que os espanhóis chamavam de ato de fé ou ato sacramental, ou seja, um espetáculo em que a verdade única é solenemente proclamada. Portanto, é possível haver drama religioso, mas não tragédia religiosa. Explica-se assim o silêncio da tragédia até o Renascimento. O cristianismo mergulha todo o universo inteiro, o homem e o mundo, na ordem divina. Logo, não há tensão entre o homem e o princípio divino, mas a rigor ignorância e dificuldade de despojar o homem da carne, de renunciar às paixões para abraçar a verdade espiritual. E no fim das contas talvez tenha havido apenas uma única tragédia cristã na história. Ela foi celebrada no Gólgota, num instante imperceptível, no momento do "Meu Deus, por que me abandonaste?". Essa dúvida fugaz, só essa dúvida, consagrava a ambiguidade de uma situação trágica. Depois, não houve mais dúvida quanto à divindade de Cristo. A missa que consagra diariamente essa divindade é a verdadeira forma do teatro religioso no Ocidente. Mas ela não é invenção nem criação, é repetição.

Em sentido inverso, tudo o que liberta o indivíduo e sujeita o universo à sua lei completamente humana, em especial pela negação do mistério da existência, também destrói a tragédia. A tragédia ateia e racionalista, portanto, também é impossível. Se tudo é mistério, não há tragédia. Se tudo é razão, tampouco. A tragédia nasce entre a sombra e a luz, e pela sua oposição. O que é compreensível. No drama religioso ou ateu, o problema já está previamente resolvido. Na tragédia ideal, pelo contrário, não está resolvido. O herói se revolta e nega a ordem que o oprime; o poder divino, pela opressão, se afirma na exata medida em que é negado. Em outras palavras, a revolta por si só não faz uma tragédia. A afirmação da ordem divina também não. São necessárias uma revolta e uma ordem, uma se escorando na outra e cada uma reforçando a outra com a própria força. Não há Édipo sem o destino resumido pelo oráculo. Mas o destino não teria toda a sua fatalidade se Édipo não o recusasse.

E, se a tragédia acaba em morte ou punição, é importante observar que punido não é o próprio crime, mas a cegueira do herói que negou o equilíbrio e a tensão. Naturalmente, estamos falando da situação trágica ideal. Ésquilo, por exemplo, que se mantém bem próximo das origens religiosas e dionisíacas da tragédia, concede perdão a Prometeu na última etapa de sua trilogia; suas *Eumênides* sucediam às *Erínias*. Mas em Sófocles, quase sempre, o equilíbrio é absoluto, e nisto ele é o maior trágico de todos os tempos. Eurípides, pelo contrário, desequilibraria a balança trágica no sentido do indivíduo e da psicologia. Anuncia, assim, o drama individualista, ou seja, a decadência da tragédia. Do mesmo modo, as grandes tragédias shakespearianas ainda se enraízam numa espécie de vasto mistério cósmico que opõe obscura resistência às iniciativas de seus indivíduos apaixonados, ao passo que Corneille mostra o triunfo da moral do indivíduo e, com a própria perfeição do gênero, anuncia seu fim.

Houve quem escrevesse que a tragédia se equilibra entre os polos do niilismo extremo e da esperança ilimitada. Nada mais verdadeiro, na minha opinião. O herói nega a ordem que o golpeia e a ordem divina golpeia porque é negada. Assim, ambos afirmam sua existência recíproca no exato momento em que ela é contestada. Desse modo, tudo é justificável e nada o é. Disso o coro tira a lição, a saber, que existe uma ordem, que essa ordem pode ser dolorosa, mas que seria pior ainda não reconhecer que ela existe. A única purificação consiste em nada negar nem excluir, em aceitar, portanto, o mistério da existência, o limite do homem e essa ordem, enfim, em que se sabe sem saber. "Está tudo bem", diz então Édipo, e seus olhos são vazados. Agora ele sabe, sem jamais voltar a enxergar, que sua noite é uma luz e que, em seu rosto de olhos mortos, resplandece a mais alta lição do universo trágico.

O que podemos extrair dessas observações? Uma sugestão e uma hipótese de trabalho, nada mais. Parece que a tragédia nasce no Ocidente toda vez que o pêndulo da civilização está a igual distância entre uma sociedade sagrada e uma sociedade construída em torno do homem. Em dois momentos, com vinte séculos de intervalo, encontramos em enfrentamento um mundo ainda interpretado no sentido do sagrado e um homem já engajado em sua singularidade, ou seja, armado de seu poder de contestação. Nos dois casos, o indivíduo posteriormente se afirma cada vez mais, o equilíbrio é destruído aos poucos e o espírito trágico afinal se cala. Nietzsche, quando acusa Sócrates de ser o coveiro da tragédia antiga,[1] em certa medida tem razão. Na exata medida em que Descartes marcou o fim do movimento trágico do Renascimento. Na época do Renascimento, o universo cristão tradicional está sendo posto em xeque pela Reforma, pela descoberta do mundo e pelo florescimento do espírito científico. O indivíduo se insurge aos poucos contra o sagrado e o destino. Shakespeare então lança suas criaturas apaixonadas contra a ordem má e, ao mesmo tempo, justa do mundo. A morte e a piedade invadem o palco e de novo ecoam as palavras definitivas da tragédia: "Meu desespero gera uma vida mais elevada." Depois a balança volta a pender para o outro lado, cada vez mais. Racine e a tragédia francesa concluem o movimento trágico com a perfeição de uma música de câmara. Armada por Descartes e pelo espírito científico, a razão triunfante proclama em seguida os direitos do indivíduo, criando um vazio no palco: a tragédia desceria para a rua, nos tablados sangrentos da revolução. O romantismo não escreveria nenhuma tragédia, apenas dramas, e destes só os de Kleist e Schiller alcançam verdadeira grandeza. O homem está sozinho, não se confronta com nada, senão consigo mesmo. Já não é trágico, é aventureiro; drama e romance o pintariam melhor que qualquer outra arte. O espírito

---

[1] Tese exposta por Nietzsche em *O nascimento da tragédia* (1872).

da tragédia, assim, desapareceu até nossos dias, quando as guerras mais monstruosas da história não inspiraram nenhum poeta trágico.

O que nos poderia levar, então, a esperar um renascimento da tragédia entre nós? Se nossa hipótese for válida, nosso único motivo de esperança é que hoje o individualismo se transforma visivelmente e o indivíduo, sob a pressão da história, aos poucos reconhece seus limites. O mundo que o indivíduo do século XVIII julgava poder submeter e modelar por meio da razão e da ciência de fato adquiriu forma, mas uma forma monstruosa. Ao mesmo tempo racional e descomedido, é o mundo da história. Mas nesse grau de descomedimento, a história passou a ter o semblante do destino. O homem duvida ser capaz de dominá-la, só consegue lutar nela. Por um curioso paradoxo, a humanidade, com as mesmas armas de que se servira para rejeitar a fatalidade, remodelou para si um destino hostil. Depois de transformar o reinado humano em deus, o homem volta-se de novo contra esse deus. Está em contestação, a um tempo combatente e desnorteado, dividido entre a esperança absoluta e a dúvida definitiva. Vive, assim, num clima trágico. Isso talvez explique por que a tragédia quer renascer. O homem de hoje, que clama sua revolta sabendo que essa revolta tem limites, que exige liberdade e está sujeito à necessidade, esse homem contraditório, dividido, já agora consciente da ambiguidade do homem e de sua história, esse homem é o homem trágico por excelência. Talvez esteja caminhando para a formulação de sua própria tragédia, a ser alcançada no dia do *Está tudo bem*.

E, justamente, o que podemos observar no renascimento da dramaturgia francesa, por exemplo, são tateios nessa direção. Nossos autores teatrais estão em busca de uma linguagem trágica porque não há tragédia sem linguagem, e é difícil formar essa linguagem porque ela precisa refletir as contradições da situação trágica. Deve ser ao mesmo tempo hierática e familiar, bárbara e erudita, misteriosa e clara, altiva e compassiva. Em busca dessa linguagem, portanto, nossos autores instintivamente se voltaram para as fontes, ou seja, para as épocas trágicas de que falei. Assim, assistimos ao renascimento, entre nós, da tragédia grega, mas nas únicas formas possíveis para espíritos muito individualistas. Essas formas são a zombaria ou a transposição preciosista e literária, em suma, o humor e a fantasia, pois só o cômico é da esfera do indivíduo. Dois bons exemplos dessa atitude são *Oedipe* [Édipo] de Gide e *La Guerre de Troie n'aura pas lieu* [A Guerra de Troia não acontecerá] de Giraudoux.[1] [*Leitura*.]

Também pudemos observar na França um esforço de reintrodução do sagrado nos palcos. O que era lógico. Mas, para isto, foi necessário recorrer a imagens antigas

---

[1] A peça de Jean Giraudoux estreou em Paris a 21 de novembro de 1935.

do sagrado, quando o problema da tragédia moderna consiste em criar um novo sagrado. Assistimos, assim, a uma espécie de pastiche, no estilo e no sentimento, como em *Port-Royal*, de Montherlant,[1] que no momento faz enorme sucesso em Paris [*leitura*], ou à ressurreição de um sentimento cristão autêntico, por exemplo, na admirável peça *Le partage du midi* [A partilha do meio-dia].[2] [*Leitura*.] Mas vemos aqui como o teatro religioso não é trágico: ele não é o teatro da contestação entre a criatura e a criação, mas o da renúncia à criatura. Em certo sentido, as obras de Claudel anteriores à sua conversão, como *Tête d'or* [Cabeça de ouro] e *La Ville* [A Cidade], eram mais significativas do ponto de vista do que nos interessa aqui.

Mas, de qualquer maneira, o teatro religioso é sempre anterior à tragédia. Em certo sentido, ele a anuncia. Não surpreende, portanto, que a obra dramática em que já é perceptível o estilo trágico, senão a situação trágica, seja a obra de Henry de Montherlant, *Le Maître de Santiago* [O senhor de Santiago],[3] da qual gostaria de ler as duas cenas principais. [*Leitura*.]

Conclusão. Encontramos nessa obra, em minha opinião, uma tensão autêntica, embora um pouco retórica e,

---

[1] A primeira representação de *Port-Royal* ocorreu, em Paris, a 8 de dezembro de 1954.

[2] Esta peça de Paul Claudel foi encenada pela primeira vez por Jean-Louis Barrault a 16 de dezembro de 1948 no Teatro Marigny.

[3] A estreia de *O senhor de Santiago* se deu no Teatro Hébertot, em Paris, a 26 de janeiro de 1948, em montagem dirigida por Paul Œttly.

sobretudo, muito individualista. Mas me parece que nela se forma a linguagem trágica e que esta nos transmite mais coisas do que o próprio drama. De qualquer maneira, as tentativas e pesquisas das quais trouxe aqui alguns exemplos de maior prestígio, embora não nos deem a certeza de que é possível um renascimento trágico, pelo menos nos dão a esperança. O caminho ainda por fazer deve ser percorrido primeiramente por nossa própria sociedade, em busca de uma síntese entre liberdade e necessidade, e por cada um de nós, que devemos preservar em nós mesmos nossa força de revolta sem ceder ao nosso poder de negação. Com isso, a sensibilidade trágica que ganha forma em nossa época poderá desabrochar e encontrar expressão. Basta dizer que a verdadeira tragédia moderna é aquela que não lerei aqui, pois ainda não existe. Para nascer, ela precisa da nossa paciência e de um gênio.

Mas eu quis apenas fazê-los sentir que hoje existe na dramaturgia francesa uma espécie de nebulosa trágica, em cujo interior se preparam núcleos de coagulação. Uma tempestade cósmica pode varrer essa nebulosa, claro, e, com ela, os futuros planetas. Mas, se esse movimento tiver continuidade, apesar das tormentas do tempo, essas promessas darão frutos, e o Ocidente talvez conheça um renascimento teatral. Com certeza ele está sendo preparado em todos os países. Entretanto, e o digo sem nacionalismo (gosto demais do meu país para ser nacionalista), é na França que podemos perceber os sinais precursores desse renascimento.

Sim, na França, mas minha exposição terá bastado para que os senhores tenham certeza, assim como eu, de que para nós o gênio grego continua sendo o modelo e a fonte inesgotável. Para expressar essa esperança e uma dupla gratidão, primeiro dos escritores franceses em relação à Grécia, pátria comum, e também a minha pela hospitalidade que aqui recebi, a melhor maneira de terminar esta última conferência será ler um trecho da transposição, magnífica e eruditamente bárbara, que Paul Claudel fez das *Eumênides* de Ésquilo,[1] na qual nossas duas línguas se transfiguram reciprocamente num só verbo insólito e glorioso. [*Leitura*.]

---

[1] A adaptação das *Eumênides* de Ésquilo por Claudel foi publicada em 1920 pela NRF.

A Espanha e o dom-quixotismo
1955

No dia 23 de outubro de 1955, realiza-se no Anfiteatro Richelieu da Sorbonne uma cerimônia para celebrar os trezentos e cinquenta anos da publicação de Dom Quixote.[1] *Albert Camus aproveita o convite que lhe é feito para homenagear não apenas o clássico de Cervantes, que incluía entre "as três ou quatro obras [...] que coroam o enorme acúmulo das criações do espírito",[2] como também a memória de Miguel de Unamuno. O intelectual espanhol é considerado figura importante do antifranquismo desde seu famoso discurso de 12 de outubro de 1936 na Universidade de Salamanca, da qual é reitor na época. Nesse dia, ante uma plateia de dirigentes franquistas e falangistas, Unamuno faz um chamado à razão e ao direito, ao mesmo tempo denunciando a força brutal das tropas de Franco. Demitido do cargo, em prisão*

---

[1] A primeira parte do romance de Cervantes foi publicada em Madri em 1605, e a segunda, em 1615.

[2] Ver "Por Dostoiévski", p. 287.

domiciliar, Unamuno morre de tristeza meses depois. A fala de Camus foi publicada no jornal Le Monde libertaire *em 12 de novembro de 1955.*

No ano de 1085, durante as Guerras de Reconquista, Afonso VI, rei inquieto que teve cinco mulheres, três delas francesas, tomou a mesquita de Toledo aos árabes. Avisado de que a vitória fora possibilitada por uma traição, mandou devolver a mesquita aos adversários e depois reconquistou Toledo e a mesquita pelas armas. A tradição espanhola está cheia de lances parecidos que não são apenas atos de honra, mas também, significativamente, testemunhos sobre a loucura da honra.

Na outra extremidade da história espanhola, Unamuno, diante dos que lamentavam a fraca contribuição da Espanha às descobertas científicas, deu uma resposta de incrível desdém e humildade: "Cabe a eles inventar." Eles eram as outras nações. Quanto à Espanha, tinha sua própria descoberta, que podemos chamar, sem trair Unamuno, de loucura da imortalidade.

Nesses dois exemplos, tanto no rei guerreiro quanto no filósofo trágico, encontramos o paradoxal gênio da Espanha em estado puro. E não espanta que, no apogeu de sua história, esse gênio paradoxal tenha se encarnando numa obra irônica, de uma ambiguidade categórica, que viria a se tornar o evangelho da Espanha e, em mais um paradoxo, o maior livro de uma Europa que, no entanto, se intoxicava com o próprio racionalismo. A altiva e leal renúncia à vitória roubada, a obstinada recusa às realidades do século e a inatualidade, enfim, erigida em filosofia, encontraram em Dom Quixote um porta-voz ridículo e régio.

Mas é importante notar que essas recusas não são passivas. Dom Quixote luta e nunca se resigna. "Engenhoso e temível", segundo o título de uma velha tradução francesa, ele é o combate perpétuo. Essa inatualidade é ativa, portanto, ela abraça sem trégua o século que recusa, deixando nele as suas marcas. Recusa que é o contrário da renúncia, honra que se ajoelha diante da humildade, caridade que empunha armas, eis o que Cervantes encarnou em seu personagem, zombando dele com uma zombaria por sua vez ambígua, a zombaria de Molière com Alceste, que convence melhor que um sermão exaltado. Pois é verdade que Dom Quixote fracassa no século e é enganado pelos criados. Entretanto, Sancho, quando governa sua ilha com o sucesso que sabemos, o faz lembrando-se dos preceitos do seu senhor, sendo os dois principais preceitos a honra — "Glorifica-te da humildade da tua linhagem, Sancho; porque, quando virem que não te envergonhas dela, ninguém quererá fazer-te ruborizar" — e a caridade: "[...] porque, ainda que sejam iguais todos os atributos de Deus, mais resplandece e triunfa aos nossos olhos o da misericórdia que o da justiça."

Ninguém vai negar que essas palavras, honra e misericórdia, hoje soam sinistramente. Os mercadores de ontem desconfiam delas; e, quanto aos carrascos de amanhã, pudemos ler pela pena de um poeta de plantão um belo julgamento do *Dom Quixote*, considerado um manual do idealismo reacionário. Na verdade, essa inatualidade não cessou de aumentar, e chegamos hoje ao cúmulo do paradoxo espanhol, a este momento em que Dom Quixote é jogado na prisão, e sua Espanha, para fora da Espanha. É verdade que todos os espanhóis podem remeter-se ao nome de Cervantes. Mas nenhuma tirania jamais foi capaz de remeter-se à genialidade. A tirania mutila e simplifica o que o gênio reúne na complexidade. Em matéria de paradoxo, ela prefere Bouvard e Pécuchet[a] a Dom Quixote, que há três séculos também vem sendo constantemente exilado entre nós. Mas esse exilado, por si só, é uma pátria que reivindicamos como nossa.

Celebramos, portanto, esta manhã trezentos e cinquenta anos de inatualidade. E celebramos com essa parte da Espanha que, aos olhos dos poderosos e dos estrategistas, é inatual. A ironia da vida e a fidelidade dos homens determinaram, assim, que esse solene aniversário se situe, entre nós, dentro do próprio espírito do quixotismo. Ele reúne, nas catacumbas do exílio, os verdadeiros fiéis da religião de Dom Quixote. É um ato de fé naquele que Unamuno já chamava de nosso senhor Dom Quixote, padroeiro dos perseguidos e humilhados, ele próprio perseguido no reino dos mercadores e das polícias. Aqueles

---

[a] Os dois personagens centrais do romance homônimo que o escritor francês Gustave Flaubert (1821-1880) deixou inacabado. É uma corrosiva sátira da voracidade de saber da época e da pretensão do diletantismo: Bouvard e Pécuchet são copistas que se arriscam desastradamente nos mais diversos campos do conhecimento e das atividades — científicas, artísticas, filosóficas, políticas... — com base apenas no ouvir-dizer e em obras de vulgarização. (*N. do T.*)

que, como eu, sempre comungaram essa fé e nem têm nenhuma outra religião sabem que ela é uma esperança e, ao mesmo tempo, uma certeza. A certeza de que, com certo grau de obstinação, a derrota culmina em vitória, a infelicidade abrasa-se alegremente, e a própria inatualidade, sustentada e levada a termo, acaba por se transformar em atualidade.

Mas, para isso, é preciso ir até o fim, é preciso que Dom Quixote, como no sonho do filósofo espanhol, desça aos Infernos para abrir as portas aos últimos infelizes. Talvez então, nesse dia em que, na estupenda expressão do Quixote, "a pá e a enxada se entenderão com a cavalaria errante", os perseguidos e exilados finalmente se reúnam, o sonho alucinado e febril da vida se transfigure na realidade última que Cervantes e seu povo inventaram e nos legaram, para que a defendêssemos incansavelmente, até que a história e os homens se decidam a reconhecê-la e saudá-la.

Homenagem a um jornalista exilado
1955

Em 7 de dezembro de 1955, Albert Camus toma a palavra durante um banquete em Paris, em homenagem a Eduardo Santos, presidente da Colômbia de 1938 a 1942 e mais tarde diretor do grande diário liberal El Tiempo, *de Bogotá. Durante a guerra civil colombiana, na qual liberais e conservadores se enfrentaram a partir de 1948, o prédio do diário foi alvo de vários atentados, chegando a ser incendiado em 1952. Depois do golpe de Estado militar do general Gustavo Rojas Minilla em 1953, a circulação de* El Tiempo *acabou sendo proibida, quando Eduardo Santos se recusou a publicar um comunicado imposto pelo governo. O discurso proferido por Camus no banquete foi publicado inicialmente nos* Cahiers des droits de l'homme *(janeiro-fevereiro de 1956) e, mais tarde, reproduzido com um* post-scriptum *na revista* La Révolution prolétarienne *de novembro de 1957. Reproduzimos aqui esta última versão.*

É com orgulho que recebemos esta noite um embaixador nada parecido com os outros. De fato, li que o governo que teve o triste privilégio de suspender a publicação do maior jornal da América do Sul oferecera antes a seu diretor, o presidente Eduardo Santos, uma embaixada em Paris. O senhor recusou essa honraria, presidente, não por desprezar Paris, como sabemos, mas por amar a Colômbia e certamente por saber que os governos às vezes consideram as embaixadas no exterior lugares de desterro dourado para cidadãos incômodos. O senhor permaneceu em Bogotá, portanto incomodou, como é da sua vocação, e foi censurado, dessa vez sem distinções diplomáticas e com o mais perfeito cinismo. Mas, ao mesmo tempo, conferiram-lhe os únicos títulos que hoje lhe valem a consideração de todos nós como o verdadeiro embaixador da Colômbia, não apenas em Paris, mas em todas as capitais onde a simples palavra liberdade faz bater os corações.

Não é assim tão fácil acreditar que se é livre. Na verdade, os únicos que afirmam essa facilidade são os que decidiram renunciar à liberdade. Pois não é por causa de privilégios, como nos querem fazer crer, que alguém recusa a liberdade, mas por causa das tarefas extenuantes que ela implica. Aqueles que, pelo contrário, têm como ofício e paixão dar à liberdade seu conteúdo de direitos e deveres sabem que se trata de um esforço diário, de uma vigilância sem esmorecimento e de um testemunho cotidiano em que o orgulho e a humildade entram em partes iguais. Se hoje nos sentimos tentados a lhe transmitir nosso afeto, é porque o senhor deu plenamente esse testemunho, sem se poupar. Ao recusar a desonra oferecida, que consistia em aceitar a retratação e o arrependimento que um governo ousava lhe ditar, preferindo ver destruído seu belo jornal a pô-lo a serviço da mentira e do despotismo, o senhor seguramente se colocou entre as testemunhas inflexíveis que em qualquer ocasião merecem nosso respeito. Mas isso ainda não seria suficiente para torná-lo uma testemunha da liberdade. Muitos imolaram tudo a grandes erros, e sempre achei que heroísmo e sacrifício não bastam para justificar uma causa. A teimosia por si só não é uma virtude. Ao contrário, o que confere verdadeiro significado à sua resistência, o que faz do senhor o companheiro exemplar que queremos saudar, é que, nas mesmas circunstâncias, quando era o respeitado presidente da Colômbia, o senhor não só não se valeu de seu poder para censurar os adversários como também impediu que fosse suspenso o jornal de seus inimigos políticos.

Esse ato basta para que saudemos no senhor um autêntico homem livre. A liberdade tem filhos que nem sempre são legítimos nem admiráveis. Aqueles que só a aplaudem quando ela protege seus privilégios e só têm censura nos lábios quando os ameaça não são dos nossos. Mas aqueles que, como dizia Benjamin Constant,[1] não querem tolerar nem possuir meios de opressão, que querem a liberdade para si e para os outros, esses, num século que a miséria e

---

[1] Benjamin Constant expõe essa ideia na segunda parte do seu ensaio *De l'esprit de conquête et de l'usurpation avec la civilisation européenne* [Do espírito de conquista e da usurpação com a civilização europeia] (1814).

o terror votaram aos desvarios da opressão, são as sementes sob a neve, de que falava um dos maiores dentre nós.[1] Passada a tempestade, o mundo se nutrirá deles. Homens assim, bem o sabemos, são raros. A liberdade hoje não tem muitos aliados. Já me ocorreu dizer que a verdadeira paixão do século XX é a servidão. Era um comentário amargo e injusto com todos aqueles, entre os quais o senhor, cujo sacrifício e exemplo, diariamente, nos ajudam a viver. Mas eu queria apenas expressar essa angústia que sinto todo dia ante o declínio das energias liberais, a prostituição das palavras, as vítimas caluniadas, a justificação complacente da opressão, a admiração maníaca pela força. Assistimos à proliferação dessa mentalidade que, já disse alguém, parece fazer do gosto pela sujeição um ingrediente da virtude. Vemos a inteligência buscar justificativas para o medo e encontrá-las sem dificuldade, pois cada covardia tem sua filosofia. A indignação é calculada, os silêncios, combinados, a história já não passa do manto de Noé estendido sobre a obscenidade das vítimas. Todos, enfim, fogem da responsabilidade verdadeira, do cansaço de ser fiel ou de ter opinião própria, atirando-se aos partidos e às falanges que pensarão, se indignarão e calcularão por eles. A inteligência contemporânea só parece capaz de avaliar a verdade das doutrinas e das causas pelo número de divisões blindadas que podem mobilizar. Desse modo, tudo serve para justificar o assassinato da liberdade, seja

---

[1] Albert Camus refere-se aqui ao romance *A semente sob a neve* (1940), do escritor italiano Ignazio Silone (1900-1978).

a nação, o povo ou a grandeza do Estado. O bem-estar do povo, em especial, sempre foi o álibi dos tiranos, que, além disso, tem a vantagem de dar boa consciência aos lacaios da tirania. No entanto, seria fácil destruir essa boa consciência clamando: se querem a felicidade do povo, que lhe seja dada a palavra, para dizer qual é a felicidade que ele quer e a que não quer! Mas, na verdade, aqueles mesmos que recorrem a tais álibis sabem que não passam de mentiras; confiam a seus intelectuais de plantão a tarefa de acreditar neles e demonstrar que a religião, o patriotismo e a justiça só podem sobreviver com o sacrifício da liberdade. Como se a liberdade, quando vai embora de algum lugar, não fosse a última a desaparecer, depois de tudo o que representava nossa razão de viver. Não, a liberdade não morre sozinha. Junto com ela, a justiça é exilada para sempre, a pátria agoniza, a inocência é crucificada diariamente.

É verdade que a liberdade não basta para tudo, que ela tem fronteiras. A liberdade de cada um encontra limites na dos outros; ninguém tem direito à liberdade absoluta. O limite onde começa e acaba a liberdade, onde se ajustam seus direitos e deveres, chama-se lei, e o próprio Estado deve submeter-se à lei. Quando se esquiva dela, quando priva os cidadãos dos benefícios dessa lei, o que há é crime. Em agosto passado houve um crime na Colômbia, assim como há vinte anos há crime na Espanha. E nesses países, como em toda parte, seu exemplo nos ajuda a ter em mente que não se compactua com o crime. Ele deve ser rejeitado e combatido.

O terreno do seu combate tem sido a imprensa. A liberdade da imprensa talvez seja a que mais sofreu com a lenta degradação da ideia de liberdade. A imprensa tem seus proxenetas e seus policiais. O proxeneta a avilta, o policial a sujeita, e um usa o outro como pretexto para justificar seus desmandos. Entre esses senhores, disputa-se para ver quem protegerá a órfã e lhe dará abrigo, seja esse abrigo a prisão ou a casa de prostituição. A órfã, na verdade, tem o direito de recusar tanta solicitude e decidir que precisa lutar sozinha e, sozinha, decidir seu destino.

Não que a imprensa seja em si mesma um bem absoluto. Victor Hugo dizia em um discurso que ela era a inteligência, o progresso e não sei mais o quê.[1] Jornalista já veterano que sou, sei que ela não é nada disso e que a realidade é menos reconfortante. Mas, em outro sentido, a imprensa é melhor que a inteligência ou o progresso; ela é a possibilidade de tudo isso, e de outras coisas mais. A imprensa livre sem dúvida pode ser boa ou ruim, mas sem a liberdade com certeza será sempre ruim. Quando se sabe do que o ser humano é capaz, para o pior e para o melhor, sabe-se também que não é a pessoa humana em si mesma que devemos proteger, mas as possibilidades que ela encerra, ou seja, no fim das contas, sua liberdade. De minha parte, confesso só ser capaz de amar a humanidade inteira com um amor vasto e algo abstrato. Mas amo alguns homens

---

[1] Provável referência ao discurso pronunciado por Victor Hugo perante a Assembleia Constituinte, a 11 de outubro de 1848.

vivos ou mortos com tanta força e admiração que estou sempre ansioso por preservar nos outros aquilo que talvez um dia os torne semelhantes a esses que amo. A liberdade nada mais é que a oportunidade de ser melhor, ao passo que a servidão é a certeza do pior.

Assim, se, apesar de tantas concessões ou de tanto servilismo, é preciso continuar vendo no jornalismo, quando livre, uma das maiores profissões da nossa época, é apenas na medida em que ela possibilita a pessoas como o senhor e seus colaboradores servir no mais alto nível seu país e seu tempo. Com a liberdade de imprensa, os povos não têm certeza de que rumarão para a justiça e a liberdade. Mas, sem ela, eles têm certeza de que não rumarão. Pois só se faz justiça aos povos quando seus direitos são reconhecidos, e não há direito sem expressão desse direito. Nesse ponto, podemos acreditar em Rosa Luxemburgo, que já dizia: "Sem uma liberdade ilimitada da imprensa, sem uma liberdade absoluta de reunião e associação, a dominação de amplas massas populares é inconcebível."[1]

Devemos, portanto, ser intransigentes quanto ao princípio dessa liberdade. Ela não fundamenta apenas privilégios de cultura, como tentam hipocritamente nos convencer. Fundamenta também os direitos do trabalho. Aqueles que, para melhor justificar sua tirania, opõem trabalho e cultura não nos farão esquecer que tudo que sujeita a inteligência acorrenta o trabalho, e vice-versa. Quando a

---

[1] Esta citação, extraída de *A Revolução Russa*, publicada postumamente em 1918, consta dos *Cadernos II (1935-1948)* de Albert Camus.

inteligência é amordaçada, não demora para que o trabalhador seja subjugado, e assim também, quando o proletário é acorrentado, o intelectual rapidamente é condenado a se calar ou a mentir. Em suma, aquele que atenta contra a verdade ou sua expressão acaba por mutilar a justiça, mesmo quando julga servi-la. Desse ponto de vista, negaremos até o fim que uma imprensa seja verdadeira por ser revolucionária; ela só será revolucionária se for verdadeira, nunca o contrário. Enquanto tivermos em mente essas evidências, a sua resistência, senhor presidente, preservará o verdadeiro sentido, e, em vez de ser solitária, iluminará a longa luta que o senhor assim nos ajudará a não abandonar.

O governo colombiano acusou *El Tiempo* de ser um superestado dentro do Estado, e o senhor teve razão de refutar esse argumento. Mas seu governo também tinha razão, embora num sentido que ele não aceitaria. Pois, dizendo isso, estava homenageando a força da palavra. A censura e a opressão apenas provam que a palavra é suficiente para abalar o tirano, desde que ela seja apoiada pelo sacrifício. Pois só a palavra alimentada pelo coração e pelo sangue pode unir os homens, ao passo que o silêncio das tiranias os separa. Os tiranos monologam acima de milhões de solidões. Se recusamos a opressão e a mentira, pelo contrário, é porque recusamos a solidão. Cada rebelde, quando se levanta diante da opressão, afirma a solidariedade de todos os homens. Não, o que o senhor defendeu ao resistir à opressão não foi a si mesmo nem a um distante jornal, mas a toda a comunidade que nos une para além das fronteiras.

Aliás, acaso não é verdade que o seu nome sempre esteve ligado à causa das liberdades, em todo o mundo? Como deixar de lembrar aqui que o senhor foi e é um dos mais fiéis amigos da nossa Espanha, a Espanha republicana, hoje espalhada pelo mundo, traída por aliados e amigos, esquecida de todos, a Espanha humilhada que, justamente, só se mantém de pé pela força do próprio grito? No dia em que a outra Espanha, cristã e penitenciária, entrar com seus carcereiros e sua censura para a organização das nações que se dizem livres, nesse dia, bem o sei, o senhor estará conosco, silenciosamente, mas sem olhar para trás, ao lado da Espanha livre e infeliz.

Permita-me então agradecer-lhe essa fidelidade em nome da minha segunda pátria e em nome de todos aqueles que, aqui reunidos, lhe transmitem reconhecimento e amizade. Aceite nossos agradecimentos por estar entre os poucos que, nos tempos da servidão e do medo, se mantêm firmes em seu direito. A todo momento ouvimos queixas de que o senso do dever está desaparecendo. E como seria diferente, se ninguém cuida dos próprios direitos? Só aquele que se mostra intransigente quanto aos próprios direitos preserva a força do dever. Os grandes cidadãos de um país não são os que se ajoelham diante da autoridade, mas os que, se necessário enfrentando a autoridade, não transigem na honra e na liberdade desse país. E o seu país sempre haverá de saudar no senhor o seu grande cidadão, como fazemos aqui, por ter sabido, desprezando qualquer tipo de oportunismo, enfrentar a injustiça integral que lhe era infligida. No momento em que o realismo mais obtuso, uma concepção degradada do poder, a paixão da desonra e a devastação do medo desfiguram o mundo, no exato momento em que podemos pensar que tudo está perdido é que começa, pelo contrário, alguma coisa, pois nada mais temos para perder. E o que começa é o tempo dos irredutíveis, já agora voltados para a defesa incondicional da liberdade. Por isso sua atitude serve de exemplo e consolo para aqueles que, como eu, se separam hoje de muitos dos seus amigos tradicionais, recusando a cumplicidade, mesmo que provisória e, sobretudo, tática, com os regimes ou os partidos, sejam de direita ou de esquerda, que justificam, ainda que minimamente, a eliminação de uma única das nossas liberdades!

Para concluir, permita-me dizer-lhe que, lendo outro dia a admirável mensagem que o senhor enviou ao seu povo, pude avaliar tanto sua firmeza e fidelidade quanto o prolongado sofrimento pelo qual deve ter passado. Quando a opressão triunfa, todos aqui o sabemos, aqueles que acreditam na justiça de sua própria causa sofrem de uma espécie de tristeza perplexa ao descobrir a aparente impotência da justiça. Vêm então as horas de exílio e solidão, pelas quais todos passamos. Mas eu gostaria de lhe dizer que, a meu ver, o pior que pode acontecer no mundo em que vivemos é um desses homens de liberdade e coragem a que me referi vacilar sob o peso do isolamento e da longa adversidade, duvidar de si mesmo e daquilo que representa. E parece-me que, nesse momento, seus semelhantes deverão acorrer, esquecendo títulos e precauções de estilo, apenas com a linguagem do coração, para lhe dizer que não está sozinho e que sua ação não é vã, que sempre chega o dia em que os palácios da opressão desmoronam, em que o exílio termina, em que a liberdade resplandece. Essa tranquila esperança justifica sua ação. Se, no fim das contas, os homens nem sempre podem fazer com que a história tenha um sentido, sempre podem agir para que sua própria vida o tenha. Acredite-me quando digo que, através de milhares de quilômetros, desde a longínqua Colômbia, o senhor e seus colaboradores nos mostraram um pouco do duro caminho que ainda precisamos percorrer juntos, em direção à liberdade. E aceite, em nome dos amigos fiéis e gratos que aqui o recebem, que eu saúde fraternalmente no senhor e nos seus colaboradores os grandes companheiros da nossa comum libertação.

Por Dostoiévski

1955

Numa entrevista de 1958, Albert Camus qualifica Dostoiévski como "verdadeiro profeta" do século XX. Profeta cuja obra ele descobre aos 20 anos, ainda estudante em Argel. É lá que ele monta em 1938, com a companhia do Teatro da Equipe, então sob sua direção, uma adaptação de Os irmãos Karamazov, *na qual interpreta o papel de Ivã. O autor se estenderia posteriormente em numerosas reflexões sobre a obra de Dostoiévski, em seus ensaios* O mito de Sísifo, O homem revoltado *e em seus* Cadernos. *Por fim, depois de "vários anos de trabalho e obstinação", Camus concretiza em 1959 um de seus projetos mais acalentados e antigos: a adaptação teatral do romance* Os demônios. *Anos antes, em 1955, participara de uma homenagem coletiva a Dostoiévski, promovida pela* Radio Europe. *O texto que então escreve, reproduzido a seguir, foi publicado em 1957 na revista* Témoins.

Recebi meses atrás um jovem e simpático soviético que muito me espantou ao se queixar de que os grandes escritores russos não fossem suficientemente traduzidos em francês. Mostrei-lhe que a grande literatura russa do século XIX, dentre todas as literaturas da época, fora a que mais e melhores traduções recebera entre nós. E, por minha vez, também lhe causei enorme espanto ao afirmar que, sem Dostoiévski, a literatura francesa do século XX não seria o que é. Para convencê-lo definitivamente, disse-lhe enfim: "Você está no escritório de um escritor francês muito envolvido com o movimento de ideias do seu tempo. Quais são os dois únicos retratos que vê aqui?" Ele se voltou na direção em que eu apontava e seu rosto se iluminou ao dar com os retratos de Tolstói e Dostoiévski.

Essa luz que pude ver no rosto do meu jovem amigo e que, por si só, poderia lançar no esquecimento as tolices e as crueldades que hoje se acumulam para separar os homens, eu não creditei à Rússia nem à França, mas ao gênio da criação que resplandece acima das fronteiras e que sentimos em ação, quase sem descanso, em toda a obra de Dostoiévski.

Entrei em contato com essa obra aos vinte anos, e ainda hoje perdura o abalo que então senti, passados mais vinte anos. Para mim, *Os demônios* está ao lado de três ou quatro grandes obras, como a *Odisseia*, *Guerra e paz*, *Dom Quixote* e o teatro de Shakespeare, que coroam o enorme acervo das criações do intelecto. Admirei Dostoiévski antes de mais nada pelo que ele me revelava da natureza humana. Revelar é bem a palavra. Pois ele só nos ensina o que sabemos, mas nos recusamos a reconhecer. Além disso, ele satisfazia em mim um gosto bem indulgente pela lucidez por si mesma. Mas, bem depressa, à medida que eu vivia mais cruelmente o drama da minha época, amei em Dostoiévski aquele que viveu e expressou com mais profundidade nosso destino histórico. Para mim, Dostoiévski é, acima de tudo, o escritor que, muito antes de Nietzsche, soube identificar o niilismo contemporâneo, defini-lo, prever seus desdobramentos monstruosos e tentar indicar os caminhos da salvação. Seu tema principal é o que ele mesmo chama de "espírito profundo, espírito de negação e de morte",[1] ao espírito que, reivindicando a liberdade ilimitada do "tudo é permitido", vai dar na destruição de tudo ou na servidão de todos. Seu sofrimento pessoal vem do fato de participar disso e, ao mesmo tempo, recusar aquilo de que participa. Sua esperança trágica é curar a humilhação com a humildade e o niilismo com a renúncia.

O homem que escreveu "As questões de Deus e da imortalidade são as mesmas que as questões do socialismo, mas por um outro ângulo"[2] sabia que agora nossa civilização reivindicaria a salvação para todos, ou então para ninguém. Mas sabia que a salvação não podia ser estendida a todos se fosse esquecido o sofrimento de um único. Em outras palavras, não queria saber de uma religião que não fosse socialista, no sentido mais amplo da palavra, mas recusava um socialismo que não fosse religioso, no sentido

---

[1] Fiódor Dostoiévski, *Os irmãos Karamazov*.
[2] *Ibid.*

mais amplo do termo. Dessa maneira, salvou o futuro da verdadeira religião e do verdadeiro socialismo, embora hoje o mundo pareça desmenti-lo nos dois planos. Apesar disso, a grandeza de Dostoiévski (como a de Tolstói, que disse exatamente a mesma coisa, embora de outra maneira) não vai parar de crescer, pois nosso mundo ou bem morrerá ou terá de lhe dar razão. Venha esse mundo a morrer ou a renascer, Dostoiévski, nos dois casos, estará justificado. Por isso, ele domina nossas literaturas e nossa história do alto de sua estatura, apesar de suas imperfeições e por causa delas. Ainda hoje ele nos ajuda a viver e a ter esperança.

Apelo por uma trégua civil na Argélia

1956

Em artigos publicados na revista L'Express, *no outono de 1955, Albert Camus exorta ao diálogo as diferentes forças que se enfrentam no conflito argelino, pedindo que tenham como prioridade poupar as populações civis. Passa então dos textos aos atos ao lançar em 22 de janeiro de 1956, no Círculo do Progresso de Argel, o seu "Apelo por uma trégua civil". Embora, no interior do recinto, o ambiente entre árabes e franceses seja fraterno, enquanto isso, do lado de fora, ocorrem violentas manifestações em que radicais contrários à independência da Argélia francesa gritam "Morte a Camus!". A reunião termina em clima de tensão e por pouco não descamba para confrontos. Consciente do fracasso da iniciativa, Camus se desliga da revista e decide não se manifestar mais publicamente sobre a Argélia. No entanto, continuaria a agir nos bastidores, pedindo clemência para numerosos condenados à morte. O apelo de Camus seria publicado no semanário* Demain *de 26 de janeiro de 1956 e posteriormente incluído pelo autor no sumário de suas* Atuais III — Crônicas argelinas *(1939-1958).*

Senhoras e senhores,

Apesar das precauções de que foi preciso cercar esta reunião, apesar das dificuldades que encontramos, não falarei esta noite para dividir, mas para unir. Pois esse é o meu desejo mais ardente. Uma das minhas maiores decepções — e a palavra aqui é fraca — é ter de reconhecer que tudo conspira contra esse desejo e que, por exemplo, um homem, um escritor que dedicou uma parte da vida a servir à Argélia corre o risco de lhe recusarem a palavra antes mesmo de saberem o que ele vai dizer. Mas, ao mesmo tempo, isso confirma a urgência do esforço de apaziguamento que temos de empreender. Esta reunião, portanto, precisava se realizar para pelo menos mostrar que não estão perdidas as possibilidades de diálogo e para que o desânimo geral não leve à aceitação do pior.

Eu disse "diálogo", portanto não vim aqui fazer uma conferência formal. Na verdade, nas atuais circunstâncias eu nem teria ânimo para isso. Mas me pareceu possível e considerei mesmo meu dever trazer-lhes um apelo de simples humanidade, capaz, pelo menos num ponto, de calar a violência e unir a maioria dos argelinos — franceses ou árabes —, sem que eles precisem abandonar suas convicções. Esse apelo, corroborado pelo comitê que organizou esta reunião, dirige-se aos dois campos, pedindo que aceitem uma trégua que envolveria exclusivamente os civis inocentes.

Preciso apenas, portanto, justificar esta iniciativa para os senhores. Vou tentar fazê-lo brevemente.

Em primeiro lugar, digo e insisto que, por força das coisas, nosso apelo é alheio à política. Não fosse assim, eu não estaria qualificado para falar a esse respeito. Não sou um político, minhas paixões e meus gostos não me conduzem às tribunas públicas. Só as frequento forçado pela pressão das circunstâncias e pela ideia que às vezes tenho do meu ofício de escritor. Quanto ao fundo do problema argelino, aliás, à medida que os acontecimentos se precipitam e aumenta a desconfiança de ambas as partes, eu teria, talvez, mais dúvidas do que certezas para manifestar. Para falar sobre essa questão, minha única qualificação é ter vivido o drama argelino como tragédia pessoal e, particularmente, não ser capaz de me rejubilar com nenhuma morte, qualquer que seja. Durante vinte anos, com poucos recursos, fiz o possível para auxiliar na concórdia dos nossos dois povos. Pode-se até rir da cara de quem prega a reconciliação ante a resposta que a história lhe dá, mostrando-lhe os dois povos que ele amava abraçando-se exclusivamente num mesmo furor mortal. Ele próprio, de qualquer maneira, não acha graça. Ante semelhante fracasso, sua única preocupação só pode ser poupar seu país de um sofrimento excessivo.

Cabe acrescentar ainda que as pessoas que tomaram a iniciativa de apoiar esse apelo tampouco agem em caráter político. Entre eles estão membros de grandes famílias religiosas que se dispuseram a apoiar um dever de humanidade, obedecendo a sua mais alta vocação. E também há pessoas que não estavam destinadas pela profissão nem pela sensibilidade a se meter em questões públicas. Na maioria desses casos, a profissão, útil em si mesma para a comunidade, bastava para lhes preencher a vida. Poderiam ter-se mantido a distância, como tantos outros, observando a briga, apenas com o inconveniente de ter de exalar vez por outra alguma bela frase melancólica. Mas consideraram que construir, ensinar, criar são tarefas de vida e generosidade e que não é possível dar-lhes continuidade no reino do ódio e do sangue. Uma decisão assim, tão carregada de consequências e compromissos, não lhes confere nenhum direito, com exceção de um: o de exigir que se reflita sobre o que estão propondo.

Devo dizer, por fim, que não esperamos dos senhores uma adesão política. Se nossa intenção fosse explorar o mérito do problema, correríamos o risco de não obter o acordo de que precisamos. Podemos adiar as soluções necessárias e mesmo os meios de alcançá-las. Confrontar novamente posições mil vezes definidas, e deformadas, no momento apenas aumentaria o peso dos insultos e execrações sob o qual sufoca e se debate nosso país.

Mas uma coisa pelo menos nos une, o amor à nossa terra comum e a angústia. Angústia diante de um futuro que a cada dia se fecha um pouco mais, diante da ameaça de uma luta degradante, de um desequilíbrio econômico já grave, que, agravado a cada dia, pode atingir tal ponto que nenhuma força mais será capaz de levantar a Argélia antes de decorrido muito tempo.

É a essa angústia que queremos nos dirigir, mesmo e sobretudo naqueles que já escolheram seu campo. Pois mesmo no mais convicto, até no calor da refrega, há uma parte, posso afirmá-lo, que não se conforma com o assassinato e o ódio e sonha com uma Argélia feliz.

É a essa parte de cada um dos senhores, franceses ou árabes, que apelamos. Sem evocarmos mais uma vez os erros do passado e ansiosos apenas com relação ao futuro, gostaríamos de dizer aos que não se conformam em ver esse grande país partir-se em dois e ficar à deriva que é possível, hoje, num ponto preciso, primeiro nos unirmos e depois salvarmos vidas humanas, preparando assim um clima mais favorável à discussão enfim racional. A deliberada modéstia e, apesar disso, a importância desse objetivo deveriam, no meu parecer, justificar o mais amplo acordo entre os senhores.

Do que se trata? De conseguir que o movimento árabe e as autoridades francesas, sem a necessidade de entrar em contato nem se comprometer com nada mais, declarem simultaneamente que, enquanto durar o conflito, a população civil será respeitada e protegida em toda e qualquer circunstância. Por que essa medida? A primeira razão, na qual não vou insistir muito, é, como disse, de simples humanidade. Quaisquer que sejam as origens antigas e profundas da tragédia argelina, um fato é claro: nenhuma causa justifica a morte do inocente. Ao longo da história, diante da incapacidade de acabar com a própria guerra, a humanidade se empenhou em limitar seus efeitos, e, por mais terríveis e repugnantes que tenham sido as últimas guerras mundiais, as organizações de socorro e solidariedade conseguiram introduzir nessas trevas o débil raio de compaixão que nos impede de perder completamente a esperança no ser humano. Essa necessidade parece tanto mais urgente por se tratar de uma luta que, sob tantos aspectos, assume a aparência de combate fratricida, sombria refrega na qual as armas já não distinguem entre homem e mulher, soldado e operário. Desse ponto de vista, nossa iniciativa, ainda que salvasse apenas uma vida inocente, já estaria justificada.

Mas ela também se justifica por outras razões. Por mais sombrio que seja, o futuro argelino ainda não está completamente comprometido. Se cada um, árabe ou francês, se esforçasse por refletir sobre as razões do adversário, pelo menos poderiam ser identificados os elementos de um debate fecundo. Mas, se as duas populações argelinas, cada uma acusando a outra de ter começado, se atirassem uma contra a outra numa espécie de delírio xenófobo, toda e qualquer chance de entendimento seria definitivamente afogada no sangue. É possível — e é essa nossa maior angústia — que estejamos caminhando para tais horrores. Mas isto não deve, não pode ocorrer sem que aqueles de nós, árabes e franceses, que recusam a loucura e a destruição do niilismo tenham lançado um último apelo à razão.

A razão, aqui, demonstra claramente que, nesse ponto pelo menos, a reciprocidade francesa e árabe é inevitável, na morte e na vida, na destruição e na esperança. A face abominável dessa reciprocidade se manifesta na dialética infernal segundo a qual o que mata uns também mata os outros, estão cada um atribui a culpa ao outro e justifica sua violência com a violência do adversário. A eterna discussão sobre o primeiro responsável perde então sentido.

E por não terem sido capazes de viver juntas, duas populações, ao mesmo tempo semelhantes e diferentes, mas igualmente respeitáveis, condenam-se a morrer juntas, com o coração cheio de raiva.

Mas há também uma comunidade de esperança que justifica nosso apelo. Essa comunidade se baseia em realidades contra as quais nada podemos. Nesta terra estão reunidos um milhão de franceses estabelecidos há um século, milhões de muçulmanos, árabes e berberes, instalados há séculos, várias comunidades religiosas, fortes e vivas. Essas pessoas precisam viver juntas, nessa encruzilhada de rotas e raças em que a história as colocou. E podem fazê-lo, com a única condição de dar alguns passos umas em direção às outras, num confronto livre. Nossas diferenças deveriam então nos ajudar, em vez de nos opor. De minha parte, nisso como em tudo mais, acredito apenas nas diferenças, e não na uniformidade. Para começar, porque aquelas representam as raízes sem as quais a árvore da liberdade, a seiva da criação e da civilização ressecam. No entanto, cá estamos imobilizados, uns diante dos outros, como que acometidos de uma paralisia que só se libera nas crises brutais e breves da violência. É que a luta adquiriu um caráter inexpiável que, de ambos os lados, provoca indignações incontidas e paixões que só servem para a escalada.

"Já não há discussão possível", eis o clamor que esteriliza qualquer futuro e qualquer possibilidade de vida. E, a partir daí, é a luta cega em que o francês decide ignorar o árabe, embora saiba, em algum lugar lá dentro, que a reivindicação de dignidade dele é justificada, e o árabe decide ignorar o francês, mesmo sabendo, em algum lugar lá dentro, que os franceses da Argélia também têm direito à segurança e à dignidade em nossa terra comum. Fechado no ressentimento e no ódio, cada um fica então impossibilitado de ouvir o outro. Qualquer proposta, seja em que sentido for, é recebida com desconfiança, prontamente deformada e não aproveitada. Entramos aos poucos num nó inextricável de acusações antigas e novas, vinganças intransigentes, rancores inesgotáveis, em revezamento constante, como naqueles velhos processos de família em que as queixas e os argumentos se acumulam ao longo de gerações, a tal ponto que nem os juízes mais íntegros e humanos são capazes de resolver. Dificilmente se pode imaginar o fim de uma tal situação, e a esperança de uma associação entre franceses e árabes, de uma Argélia pacífica e criadora, dia a dia vai desaparecendo.

Portanto, se quisermos preservar um pouco dessa esperança, pelo menos até o dia em que seja possível debater as questões de fundo, se quisermos fazer com que esse debate tenha uma chance de chegar a um resultado, por meio de um esforço recíproco de compreensão, deveremos agir sobre o próprio caráter dessa luta. Estamos amarrados demais pela amplitude do drama e pela complexidade das paixões desencadeadas para termos esperanças na cessação imediata das hostilidades. Para isso, seriam necessários posicionamentos puramente políticos que no momento talvez nos dividissem ainda mais.

Mas pelo menos podemos agir sobre o que a luta tem de odioso e propor, sem nada mudar na atual situação, que se abra mão apenas daquilo que a torna atroz, ou seja, o assassinato dos inocentes. O fato de associar franceses e árabes, igualmente empenhados em não caminhar na direção do irreparável e da miséria irreversível, daria a tal união sérias probabilidades de intervenção junto aos dois campos.

Se nossa proposta tivesse uma chance de ser aceita, como de fato tem, não teríamos apenas salvado vidas preciosas, teríamos restabelecido um clima propício ao debate sadio, a salvo de intransigências absurdas, teríamos preparado o terreno para uma compreensão mais justa e ponderada do problema argelino. Ao ensejar esse esboço de retomada do diálogo num ponto específico, teríamos a esperança de um dia desmanchar por completo o bloco intransigente de ódios e exigências absurdas em que estamos imobilizados. A palavra estaria então com os políticos, e cada um teria o direito de defender novamente as próprias convicções e explicar sua diferença.

É pelo menos a posição limitada em que podemos por enquanto esperar alguma convergência. Qualquer plataforma mais ampla, no momento, só nos levaria a mais um campo de discórdia. Precisamos ser pacientes com nós mesmos.

Mas, após madura reflexão, creio que de uma iniciativa assim, ao mesmo tempo limitada e capital, nenhum francês ou árabe poderá discordar. Para convencer-nos disso, basta imaginar o que aconteceria se essa ação fracassasse, não obstante as precauções e os limites estritos em que a circunscrevemos. O que acontecerá será o divórcio definitivo, a destruição de qualquer esperança e um sofrimento de que só temos pálida ideia. Nossos amigos árabes, hoje corajosamente unidos a nós nesta *no man's land* em que somos ameaçados de ambos os lados, também eles atribulados, tendo já tanta dificuldade de resistir a essa escalada, serão forçados a ceder e se entregarão a uma fatalidade que vai esmagar qualquer possibilidade de diálogo. Direta ou indiretamente, entrarão na luta, embora pudessem ter sido artífices da paz. É, portanto, do interesse de todos os franceses ajudá-los a escapar dessa fatalidade.

Da mesma maneira, contudo, o interesse direto dos moderados árabes é nos ajudar a escapar a outra fatalidade. Pois, se fracassarmos em nossa iniciativa e dermos mostras de impotência, os franceses liberais que consideram possível a coexistência da presença francesa com a presença árabe, que acreditam que essa coexistência fará justiça aos direitos de uns e outros, que, em todo caso, estão convencidos de que só ela pode salvar da miséria o povo deste país, esses franceses estarão reduzidos ao silêncio.

Em vez dessa ampla comunidade com que sonham, serão remetidos então à única comunidade viva que os justifica; refiro-me à França. Equivale a dizer que também nós, por ação ou omissão, entraremos na luta. Para exemplificar essa evolução dos dois lados, que devemos temer e que determina a urgência da nossa ação, não posso falar em nome dos nossos amigos árabes. Mas sou testemunha de que ela é possível na França. Assim como senti aqui a desconfiança árabe em relação a tudo o que lhes é proposto, podemos sentir na França, como devem saber, o crescimento da dúvida e de uma desconfiança paralela que podem se consolidar se os franceses, já impressionados com a continuação da guerra do Rife após a volta do sultão[1] e com o despertar do fellaguismo[a] na Tunísia,[2] forem forçados, pelos desdobramentos de uma luta atroz, a pensar que o objetivo dessa luta não é apenas a justiça para um povo, mas a concretização de ambições estrangeiras, à custa da França e para sua definitiva ruína. O raciocínio que muitos franceses farão é simétrico ao raciocínio da maioria dos árabes, se estes acabassem por perder toda e qualquer esperança, por aceitar o inevitável. E esse raciocínio será: "Somos franceses. Levar em conta o que há de justo na causa de nossos adversários não nos levará a ser injustos com aquilo que, na França e em seu povo, merece sobreviver e crescer. Que não se espere nosso aplauso para todos os nacionalismos, mas somente para o francês; nem nossa absolvição para todos os pecados, mas somente para os da França. Na situação extrema em que nos encontramos, já que é preciso escolher, não podemos escolher outra coisa que não seja nosso país."

---

[1] No Marrocos, apesar da volta de Maomé V do exílio e da assinatura dos acordos de La Celle-Saint-Cloud, em novembro de 1955, prevendo o fim do protetorado francês, a insurreição tem prosseguimento na região setentrional do Rife.

[a] Ação dos *fellagas* ou *fellaghas*, guerrilheiros que combatiam a colonização francesa. (*N. da R.*)

[2] Depois da autonomia conquistada com a assinatura dos acordos de 3 de junho de 1955, a Tunísia exige a independência. Esse período, no qual se opõem os partidários de Habib Bourguiba e de Salah Ben Youssef, é marcado pela retomada das atividades dos *fellagas*.

Desse modo, pelo mesmo raciocínio, mas em sentido inverso, nossos dois povos se separarão definitivamente, e a Argélia será transformada por muito tempo num campo de ruínas, ao passo que um simples esforço de reflexão ainda poderá, hoje, mudar a face das coisas e evitar o pior.

Esses são os riscos que nos ameaçam, o dilema mortal diante do qual nos encontramos. Ou bem conseguiremos, pelo menos num ponto, associar-nos para limitar os estragos, favorecendo assim uma evolução satisfatória, ou bem fracassaremos na tentativa de nos unir e de convencer, e esse fracasso vai repercutir no futuro. É o que justifica nossa iniciativa e determina sua urgência. Por isso meu apelo será mais que insistente. Se eu tivesse o poder de dar voz à solidão e à angústia de cada um de nós, é com essa voz que me dirigiria aos senhores. Quanto a mim, amei apaixonadamente esta terra em que nasci, dela recebi tudo que sou e nunca discriminei em minha amizade ninguém que nela vive, fosse qual fosse sua raça. Embora tenha conhecido e partilhado as misérias que não lhe faltam, ela sempre foi para mim a terra da felicidade, da energia e da criação. E não me conformo em vê-la tornar-se por muito tempo a terra da infelicidade e do ódio.

Sei que a face horrível das grandes tragédias da história muitas vezes fascina os homens. Diante dela, eles ficam imóveis, sem se decidir a nada, senão esperar. Esperam, e um dia a Górgona os devora. Pois eu gostaria, pelo contrário, de compartilhar aqui minha convicção de que esse feitiço pode ser rompido, de que essa impotência é uma ilusão, de que a força do coração, a inteligência e a coragem bastam para derrotar o destino e às vezes invertê-lo. Basta querer, não cegamente, mas com uma vontade firme e refletida.

É com muita facilidade que nos resignamos à fatalidade. Com muita facilidade admitimos que, afinal, só o sangue faz a história avançar e o mais forte progride com a fraqueza do outro. Essa fatalidade talvez exista. Mas o que cabe aos homens não é aceitá-la, nem se sujeitar a suas leis. Se a tivessem aceitado nas primeiras eras, ainda estaríamos na pré-história. O que cabe aos homens de cultura e de fé não é desertar das lutas históricas nem servir ao que elas têm de cruel e desumano. É manter-se nelas, ajudando o homem diante daquilo que o oprime, favorecendo sua liberdade frente às fatalidades que o cercam.

Só assim a história avança verdadeiramente, só assim, numa palavra, ela inova, cria. Em tudo o mais ela se repete, como boca ensanguentada que só vomita um balbucio furioso. Estamos hoje nesse balbucio; no entanto abrem-se para o nosso século enormes perspectivas. Estamos no duelo de facas, ou quase, e o mundo caminha na velocidade dos nossos aviões supersônicos. No mesmo dia em que estampam o pavoroso relato de nossas disputas provincianas, os jornais anunciam o *pool* atômico comum dos países europeus. Amanhã, se pelo menos a Europa se entender consigo mesma, torrentes de riquezas cobrirão o continente e, transbordando até aqui, tornarão nossos problemas obsoletos e nossos ódios, caducos.

É para esse futuro ainda inimaginável, mas próximo, que devemos nos organizar e nos dar os braços. O que há de absurdo e aflitivo na tragédia que vivemos fica evidente no fato de que, para um dia abordar essas perspectivas do tamanho de um mundo, precisamos hoje nos reunir pobremente, em pequeno número, para pedir apenas, sem pretender ainda nada mais, que um punhado de vítimas inocentes seja poupado num ponto solitário do globo. Mas, como é essa a nossa tarefa, por mais obscura e ingrata que ela seja, devemos abordá-la com determinação, para um dia merecermos viver como homens livres, ou seja, como homens que se recusam tanto a exercer o terror quanto a se submeter a ele.

Poznań

1956

No início de 1956, a Polônia vive num clima político e social de instabilidade. Em Poznań, as condições de vida dos operários da siderurgia regridem, enquanto as normas de trabalho se tornam mais rigorosas. Depois de uma tentativa de negociação infrutífera, declara-se uma greve em 28 de junho. Mais de cem mil pessoas vão às ruas, prédios oficiais são atacados. Não demora e o ministro da Defesa, Konstantin Rokossovski, convoca o exército, que reprime a rebelião com derramamento de sangue: cerca de cinquenta manifestantes são mortos, centenas ficam feridos. Nada permite afirmar que Camus tenha feito esta alocução em público. Como o texto não consta de nenhuma publicação feita em vida do autor, decidimos integrá-lo ao presente volume.

Um dirigente comunista internacional, que eventualmente se apresenta como sindicalista, declarou que a revolta de Poznań era obra de agitadores inspirados pelo exterior. Até então, esse gênio político limitava-se a expressar, em suma, o mesmo que qualquer jornalista burguês diante das insurreições operárias ou coloniais que o incomodam em sua ideia de felicidade. Já o argumento invocado por ele, contudo, merece nossa plena adesão. Num país normal, disse ele, os postos de polícia não são atacados para atender a reivindicações operárias. Temos de aplaudir essa observação pertinente. Pois, de fato, num país normal as liberdades sindicais autorizam a luta pacífica pelas reivindicações operárias. Mas onde o direito de greve não existe, onde a legislação operária anula numa penada cem anos de conquistas sindicais, quando operários que recebem apenas o mínimo vital veem corroído por decisão governamental o salário que sequer basta para a subsistência, que lhes resta senão o clamor e a fúria?

Não, não é normal um regime em que o operário se vê obrigado a escolher entre a miséria e a morte. E aqueles que, de perto ou de longe, com ou sem precauções, caluniam ou criticam os mártires de Poznań, esses se isolam definitivamente da comunidade dos homens livres e desonram a revolução que alegam defender. O Sr. Cyrankiewicz,[1] que nos é apresentado por certa imprensa como um liberal brando, e de fato distribui belas palavras enquanto seus comandados executam operários, também escolheu palavras infelizes para anunciar a repressão. Todo aquele que levantar a mão contra o povo, disse, pode estar certo de

---

[1] Jósef Cyrankiewicz (1911-1989) foi o chefe do governo polonês de 1947 a 1952 e de 1954 a 1970.

que ela será cortada. Se essa punição for tão efetiva quanto afirma o presidente do Conselho polonês, então seu país e alguns outros, podemos ter certeza, logo serão governados por um estado-maior de manetas. Pois esses governantes e esses burocratas não se limitaram a levantar a mão contra o povo: eles o agrediram e abateram de modo cruento. Mas sangue operário não traz felicidade! Esses tiranos assustados, que atiram e falam a torto e a direito, unem-se hoje na mesma cumplicidade consciente. Sabem, não tenham dúvida, sabem que são culpados!

Por isso, nessa questão, só podemos receber com indignação a atitude do governo iugoslavo e da sua imprensa oficial. Ao insultar e caluniar as vítimas de Poznań, o governo iugoslavo acaba de prestar magnífica homenagem a Stálin. Frustrou a expectativa daqueles que, apesar de tudo, depositavam nele alguma confiança e condenou-se por muito tempo aos olhos da esquerda livre. Mas, afinal, essas calúnias, assim como as precauções de linguagem dos progressistas daqui, nada nos ensinam que já não soubéssemos. Elas nos ensinam que, hoje, a esquerda também é reacionária. Ou pelo menos seria, se os sacrifícios dos operários poloneses e a solidariedade que despertaram no mundo inteiro, entre tantas pessoas semelhantes às que se encontram nesta sala, não fossem mais um testemunho da honra e da coragem incansáveis do movimento operário. Mas excluíram-se do movimento operário e de sua honra todos aqueles que, ante o espetáculo de trabalhadores avançando de braços dados na frente dos tanques, para exigir pão e liberdade, têm como única reação chamar esses mártires de fascistas ou lamentar virtuosamente que eles não tenham tido a paciência de morrer de fome calados, à espera de que o regime se disponha, como se diz, a se liberalizar.

De minha parte, decerto não vou estimular, por menos que seja, a revolta e a luta de gente de cujo combate não participo. Mas, se esses homens se insurgiram, cansados de humilhações, e foram assassinados, eu me desprezaria se ousasse fazer a menor ressalva e de manifestar ante seu sacrifício outra coisa que não fosse o meu respeito e a minha solidariedade absoluta. Eles não precisam, podemos estar certos, de nossos parabéns. Precisam apenas que, onde quer que prevaleça a liberdade com suas mil vozes, seu clamor ecoe, sua aflição seja ouvida, exposta aos olhos do mundo, que seja conhecida e respeitada sua vontade de acabar com essa mistificação segundo a qual teriam consentido livremente com o sacrifício de suas liberdades em nome do pão para todos. A verdade, clamaram, é que não tinham pão nem liberdade, que não querem nem podem abrir mão de nenhum dos dois, que sabem, como todos nós, que os dois são inseparáveis e que, privado de liberdade, o escravo só recebe seu pão se assim quiser o senhor.

Nos últimos meses, um mito desmorona irresistivelmente ante nossos olhos. Sentimos hoje tristeza ao constatar que tivemos razão por não considerarmos os regimes do Leste revolucionários e proletários. Tristeza, de fato: quem poderia se alegrar por ter anunciado, com razão, que milhões de pessoas sofriam realmente miséria e opressão? Hoje, a verdade, a terrível verdade, explode, o mito se estilhaça. Mas sabemos que, durante anos, esse mito perverteu as consciências e as inteligências europeias. Mesmo na luz meridiana, os cegos continuarão dizendo que é noite. Mas hoje o dirão com mais dificuldade. Os operários de Poznań acabam de dar o golpe de misericórdia em uma mistificação que triunfou por muito tempo, e cínica. As chamas da insurreição polonesa iluminam aos olhos de todos a decadência e a miséria de uma revolução pervertida. Já não pode haver cegos nem ingênuos, hoje, em torno dessa decadência. Pode haver apenas cúmplices.

Nós não seremos, jamais seremos esses cúmplices! Tampouco seremos fariseus triunfantes. Essa vitória da verdade custou mortos demais e sangue demais, e só podemos recebê-la com uma determinação dolorosa. Ainda hoje, os operários desarmados que são fuzilados na sombra, para salvar o que resta dos regimes moribundos, nos fazem sentir apenas o horror e a dor que acompanharam essa longa mentira. Mas esses mortos desesperados nos impõem uma fidelidade que teremos de jurar mais uma vez. Fidelidade à palavra que eles gritaram diante da repressão, à palavra que converteu até soldados das fileiras do exército, à palavra que sobreviveu às opressões com que a esmagavam, às mistificações de que era revestida, fidelidade à liberdade incansável, à liberdade invencível e sagrada. Sim, só de longe podemos responder a esse clamor dilacerante dos operários de Poznań e fazê-lo ecoar mundo afora. Mas devemos fazê-lo sem trégua, para que o clamor nunca mais se apague. Liberdade ou barbárie, eis o que aprendemos nos longos anos da história que acaba de passar, eis o que aprendemos nesta nova tragédia. A escolha então não será difícil. Escolheremos a liberdade contra as barbáries antigas e novas e a escolheremos de uma vez por todas, até o fim, para não desmerecer nem um só dia o sacrifício dos militantes operários da Polônia sempre oprimida.

O partido da liberdade:
homenagem a Salvador de Madariaga
1956

Em 30 de outubro de 1956, realiza-se em Paris uma manifestação em homenagem ao septuagésimo aniversário do intelectual espanhol Salvador de Madariaga (1886-1978), por iniciativa de um comitê que reuniu personalidades francesas e estrangeiras como Édouard Herriot, Eduardo Santos, Robert Schuman, Paul-Henri Spaak, Victoria Ocampo, Pablo Casals, Karl Jaspers e André Malraux. Ministro da Instrução Pública por breve período e depois ministro da Justiça, durante a Segunda República espanhola (1931-1939), Salvador de Madariaga também representou a Espanha na Sociedade das Nações no início da guerra civil, até ser obrigado a se exilar (na Inglaterra, no México e depois nos Estados Unidos) após a vitória de Franco. O discurso proferido por Camus na homenagem daquela noite foi publicado em abril de 1957 na revista Monde nouveau, *com o título "O partido da liberdade".*

Ao dar início à homenagem que hoje prestamos a um homem que todos admiramos e amamos, eu gostaria de registrar uma frase que terá ressonância, estou certo, em muitos dos que estão aqui reunidos e que resume com muito orgulho o destino e a vocação de nosso amigo Salvador de Madariaga. Essa frase era proposta por Nietzsche há oitenta anos a todo espírito livre: "Escolherás o exílio para poderes dizer a verdade."[1] Não é infalível, claro, sempre escolher ir para o exílio. Mas com certeza se escolhe permanecer nele e nele viver, e, para aceitar uma decisão tão dura, é preciso nada mais, nada menos que o amor à verdade e à liberdade.

Seja como for, nada definiria melhor Salvador de Madariaga do que essas duas paixões, mas devemos logo acrescentar que ele soube vivê-las e exemplificá-las sem tormentos espetaculares, com a finura e o humor que apreciamos nele e que, em certas pessoas de caráter, são manifestações de decência. Entretanto, por decente que seja, sua paixão pela verdade não deixa de ser indomável; esse lutador cortês também é, bem sabemos, um combatente orgulhoso. Não estou dizendo, e Salvador de Madariaga não me permitiria dizê-lo, que em sua obra nos espera uma verdade pronta e arrematada. Mas nela encontramos um esforço incansável em direção à verdade, a abordagem prudente e ousada do intelecto que se recusa a satisfazer-se com palavras vãs, que denuncia o conforto intelectual e só se rende às evidências. Autor de tantos livros impactantes e

---

[1] *Dez mandamentos de um espírito livre*, fragmento póstumo de 1876.

sagazes, quando ele nos propõe uma ideia ou uma solução, podemos estar certos de que ele não foi previamente pedir a receita a um partido ou a uma igreja.

Como tantos grandes espíritos espanhóis e contrariando a opinião corrente (depois que um imbecil declarou um dia que não há filosofia espanhola, logo apareceram cem pessoas inteligentes para repeti-lo), ele é um dos raros contemporâneos capazes de merecer legitimamente o título de filósofo. Apesar de sua cultura enciclopédica, ele não acredita, como nossos pensadores oficiais, que a filosofia consiste em ensinar história da filosofia, mas, ao que tudo indica, sabe que consiste em exercer o pensamento para buscar, ao mesmo tempo, os segredos do mundo e regras de conduta, em tentar viver o que se pensa, enquanto se procura pensar corretamente a vida e a própria época. Por isso esse pesquisador da verdade também é uma das nossas raras testemunhas da verdade. Aquilo em que acredita, ele estará pronto a defender e, enquanto passa metade da vida em retiro estudioso, refletindo sobre o homem deste tempo, dedica a outra metade a servi-lo. Terei, portanto, resumido meu pensamento ao dizer que quem homenageamos aqui não é um homem de letras, mas um fidalgo das letras.

Mas gostaria de tranquilizar meu amigo e dizer-lhe que minha intenção não é cobri-lo de elogios acadêmicos. Meu propósito, pode estar certo, é menos solene e talvez mais sério. O seu septuagésimo aniversário já foi comemorado, até em música, e já se prestou à sua obra a homenagem que merecia. Permita apenas que um quarentão diga por que, com todo o respeito e a deferência que lhe dedica, o considera um companheiro de luta.

Tenho certeza de que esta afirmação não o surpreenderá. Mas se o surpreendesse, eu lhe pediria que levasse em consideração o estado da nossa sociedade intelectual, pensadores que se pavoneiam em toda parte e o alimento estragado que oferecem ao nosso apetite de verdade e dignidade. Então avaliaria melhor o tipo de solidão em que viveriam alguns de nós, na busca das grandes lições, se um punhado de homens, entre os quais o senhor, não preservasse obstinadamente, acima das fronteiras, os direitos, os deveres e a honra do pensamento.

Pois é preciso dizer que não fomos propriamente bem aquinhoados em matéria de grandes exemplos. Nem me refiro ao generalizado enfraquecimento do caráter e da inteligência entre os que tinham como função nos governar e nos representar. Entretanto, para ficar só no terreno do pensamento, as pessoas da minha geração, que nasceram para a vida histórica com a tomada do poder por Hitler e os processos de Moscou, viram inicialmente os filósofos de direita, por ódio a uma parte da nação, justificar a sujeição de toda esta nação por um exército e uma polícia estrangeiros. Foi necessário então que a inteligência também empunhasse armas para reparar esse lamentável raciocínio.

Mal havíamos recuperado a paz e a honra, estabeleceu-se uma nova conspiração, ainda mais dolorosa para nós, contra a inteligência e suas liberdades. Vimos e ainda vemos pensadores de esquerda, por ódio a uma parte da nação, justificar com belos argumentos a supressão do direito de greve e das conquistas operárias, o regime concentracionário, a abolição de todas as liberdades de pensamento e expressão e até o antissemitismo, desde que professado e exercido com etiquetas humanistas. Desse modo, com dez anos de intervalo, um frio delírio de autopunição transformou nossos teóricos da nação ou da liberdade em servidores apaixonados das piores tiranias jamais vistas no mundo e, para resumir numa palavra, em adoradores do fato consumado. Quantos e quantos de nossos intelectuais e artistas, tomados por esse delírio, não acabaram se assemelhando às moças que, diante da hospedaria de Peirebeilhe,[1] cantavam a plenos pulmões para encobrir os gritos dos hóspedes degolados por seus virtuosos pais. Em nome da história e de seu realismo, em todo caso, um prodigioso complô contra o espírito e contra a liberdade se desenvolveu durante anos, quando foi necessário lutar de novo sem esmorecimento.

Nessa luta interminável, que ainda não cessou, em quem poderíamos nos apoiar, em pensamento e ação, senão em homens como o senhor? Com seu exemplo e seus escritos, o senhor nos ajudou a entender por que as posições cínicas e realistas são tão decisivamente prestigiadas. Elas possibilitam julgar e desprezar, ao passo que as outras atitudes, como a sua, se obrigam a compreender e pressupõem um esforço constante sobre si mesmo. Donde o prestígio que

---

[1] Hospedaria situada no departamento francês de Ardèche, no sudeste alpino, que ficou conhecida como "hospedaria vermelha" ou "hospedaria sangrenta", em referência aos assassinatos que nela teriam sido cometidos entre 1805 e 1830.

aquelas gozam junto a certos intelectuais, amigos do menor esforço. A inteligência sem caráter é bem pior, no fim, do que a imbecilidade feliz. Sem vontade firme, ela tende a adotar uma doutrina implacável, e foi assim que vimos surgir esta espécie tão característica do nosso tempo: o intelectual duro, pronto para justificar todos os terrores em nome exclusivamente do realismo.

Ante essa atitude e seus belos discursos, com o senhor pudemos aprender a paciência e a firmeza. O vidro também é duro, só o diamante o risca; no entanto, o primeiro choque o estilhaça. Precisamos apenas esperar e aguentar firme, se possível sorrindo, para nos mantermos fiéis ao seu ensinamento. Em suma, o senhor nos impediu de perder a esperança na inteligência do nosso tempo, mostrando-nos, pela força do exemplo, que ao intelectual duro podia se opor o intelectual firme.

Quando, nas nossas revistas especializadas, lemos belas apologias do ódio, escoradas na denúncia do seu contrário, que seria a mansidão ovina, não nos sentimos, graças ao senhor, nem mansos nem ovinos, e podemos responder que o contrário do ódio não é o idealismo tímido, mas a justiça generosa. Depois, basta esperar, deixando que nossos adversários proclamem que não há justiça eficaz sem um pouco de ódio. A história, a famosa história deles, está aí para lhes ensinar, mais cedo ou mais tarde, que a justiça se perde no ódio como o rio no oceano. Pois as moscas da carruagem histórica, que hoje pululam, não modificam o andar da história. Zumbem, mentem, gritam que o povo gosta de ser subjugado e um dia, verdadeiramente histórico, uma capital é tomada por revoltosos que morrem e vencem sob o estandarte da liberdade.

Sim, caro dom Salvador, foram homens como o senhor que nos impediram de perder a esperança, e, quando pediram que eu me dirigisse ao senhor, hoje, decidi que seria esta a primeira coisa que lhe diria. Aqueles que se sentem feitos antes de tudo para admirar e amar, e, no deserto do mundo contemporâneo, podiam morrer de fome e sede, têm uma dívida infinita de reconhecimento para com aqueles que, em tempos de desonra, lhes ofereceram uma imagem digna e altiva do homem e do intelectual. É esse reconhecimento que quero lhe transmitir, com todo o meu afeto. Graças ao senhor e alguns outros, raros, os eternos franco-atiradores que somos têm um partido. Que partido? Pois bem, o partido dos insultados pelos duros e os totalitários que, ao mesmo tempo, vêm pedir-lhes uma assinatura para salvar a vida de seus militantes! Por essa definição, o senhor saberá que me refiro aos liberais!

Mas o senhor deu — e está aí a sua originalidade — conteúdo a essa noção de liberalismo, que agonizava tanto sob as calúnias dos adversários quanto sob a covardia dos partidários. O senhor foi capaz de dizer que liberdade não é liberdade de prosperar ou de matar de fome, mas o compromisso com o dever cívico. Recusou-se a escolher qualquer dos conformismos da hora e soube traçar os limites além dos quais as noções pelas quais vivemos perdem sentido. Nós o ouvimos repetir incansavelmente que a liberdade nada é sem a autoridade, mas que a autoridade sem liberdade não passa de sonho de tirano, que os privilégios do dinheiro são inaceitáveis, mas que não há sociedade sem hierarquia e o nivelamento é o contrário da verdadeira justiça, que o poder só é legítimo por assentimento popular, mas que o sufrágio popular direto é um fermento de anarquia ou tirania, que os nacionalismos são a praga do nosso tempo, mas que a sociedade internacional não pode prescindir das nações, pois estas, para se superarem, precisam cuidar antes de existir.

Um pensamento tão atento, vigilante, preocupado com a veracidade e a maneira como o senhor o exemplificou com sua vida fazem do senhor o digno herdeiro dessa grande tradição espanhola que ainda hoje, do outro lado dos Pireneus, é a única realmente viva. O senhor também se voltou para a história, mas enxergou nela, segundo a magnífica frase de Ortega,[1] "uma guerra ilustre contra a morte" e, em consequência, o lugar privilegiado em que o homem combate sem trégua as forças da noite, pela vida e pela liberdade.

Está aí o segredo de sua juventude e sua força, de alguém que não estagnou em nenhum posicionamento. Para dar apenas um exemplo, eu sei, sem lhe termos conversado a respeito, qual é hoje sua emoção ante a heroica e perturbadora insurreição dos estudantes e operários da Hungria. Mas também sei que o senhor deve ter rido ao saber que o

---

[1] José Ortega y Gasset. Ver p. 227.

general Franco protestava, certamente lembrado de Guernica, contra o recurso a um exército estrangeiro para esmagar um povo em armas. O senhor riu, como eu ri, com o devido desprezo. Pois de fato somos solidários, totalmente, ao povo húngaro rebelado contra seus senhores estrangeiros. Mas por também sermos, totalmente, solidários ao povo espanhol, igualmente oprimido, na expectativa de uma libertação que as nações desunidas lhe roubaram.

O senhor escreveu recentemente, com certa amargura, sobre o declínio da indignação. É verdade que a indignação está em declínio. Pior, ela se organiza, é exercida em horários fixos e em sentido único. Nossos contestadores ficaram hemiplégicos. Escolhem vítimas e decretam que umas são enternecedoras e outras, obscenas. O senhor denunciava então, com sua habitual clarividência, um dos males que nos acometem. E acrescentava: "Estamos reduzidos a buscar nossa esperança em nosso próprio desespero. A humanidade caiu tão baixo que só pode subir de volta." Com isso, no entanto, o senhor esqueceu, num desses momentos de desânimo que todos conhecemos, o seu próprio ensinamento; esqueceu que a longa luta em que o senhor e seus semelhantes se empenharam começa a dar frutos. Permita então, para concluir, que um dos seus leitores venha lhe lembrar: não pode haver trégua, o senhor mesmo já disse, no combate do homem pela luz e pela liberdade. A história não se estabiliza na felicidade dos povos nem em sua infelicidade. Hoje, quando julgávamos ter chegado ao auge da infelicidade, a esperança desperta, a humanidade sobe de volta, a liberdade novamente ilumina com sua chama cidades até agora prisioneiras!

A Europa que se constrói hoje no sangue inocente pagará terrivelmente caro, e nós, que consideramos insubstituível cada vida humana, não poderemos saudar seu renascimento com gritos de alegria. Mas ela renascerá, e nós a saudaremos com circunspecção, ela renascerá a Oeste e a Leste, em Madri e em Budapeste, e terá o seu rosto, e vai reconhecer seus verdadeiros mestres, pois já está renegando seus falsos profetas. Será a grande professora de liberdade e ordem com que o senhor sonhou.

"A terra continua girando", disse o ministro de Relações Exteriores Chepilov,[1] depois de relatar a selvagem intervenção das tropas russas. De fato, ela gira, e com ela declina a mentira que triunfou por tanto tempo, enquanto a verdade longamente encoberta começa a nos iluminar. Mundos artificiais, cujo único cimento eram o sangue e o terror, estão desmoronando em meio à desorientação e ao silêncio dos que louvavam suas virtudes. A liberdade, que, segundo anunciavam e demonstravam, é vã e necessariamente desapareceria, desbarata em um dia os milhares de doutos volumes e os exércitos sob os quais a mantinham enterrada. Ela volta a caminhar, e milhões de pessoas sabem novamente que ela é o único fermento da história, a única razão para viverem e o único pão de que nunca nos saciamos.

---

[1] Ver "Kádár teve seu dia de medo", p. 327.

Se essa esperança renasce hoje, se finalmente recobramos a honra de viver, saiba que o devemos a homens como o senhor, como muitos daqueles que, simplesmente, sem medo nem ódio, ficaram firmes. Por isso, ao concluir, não lhe desejarei o descanso que outros considerariam merecido. Pois ainda precisamos do senhor. Precisamos do senhor para continuar o que começamos. E, sabendo que estarei respondendo aos anseios de seu jovem coração, desejo-lhe a luta perene e orgulhosa pela verdade e pela liberdade que o senhor e nós colocamos acima de tudo.

A esse desejo desconfortável, acrescentarei apenas a expressão pessoal de uma gratidão e de uma amizade que, como bem sabe, não serão fingidas. Como esquecer jamais que, em meio a tantas traições, o senhor se manteve fiel às razões de viver que comungamos? E como, então, não nos sentiríamos tentados a dizer-lhe juntos, esta noite, o que Turguêniev, no leito de morte, escrevia a Tolstói: "Tive a felicidade de ser seu contemporâneo."[1] Mas, no fim das contas, fomos mais que seus contemporâneos (há contemporâneos dos quais não nos orgulhamos!), participamos de suas angústias e de sua esperança, nossas derrotas também foram suas, assim como a libertação, tão esperada por todos nós, será devida ao seu exemplo e à sua ação, que continua, para nossa honra comum.

---

[1] Carta de 11 de julho de 1883.

Mensagem aos jovens franceses em favor da Hungria

1956

Em outubro de 1956, ocorre na Hungria um importante movimento de contestação, com a participação de intelectuais, estudantes e operários, que no dia 23 evolui para uma insurreição popular. No dia 28, o reformista Imre Nagy volta a ser nomeado primeiro-ministro e mobiliza o país num processo que abre caminho para a democracia e a emancipação em relação a Moscou. Embora inicialmente tivesse apoiado a política de Nagy, o secretário do Partido Comunista Húngaro, János Kádár, forma secretamente um governo paralelo, em nome do qual negocia a intervenção do Exército Vermelho. Em 4 de novembro, os tanques russos entram em Budapeste. A repressão deixaria mais de dois mil e quinhentos mortos, levando duzentos mil húngaros para o exílio. Imre Nagy seria executado em 16 de junho de 1958. Em Paris, a Associação dos Franceses Livres promove uma reunião de apoio aos húngaros no dia 23 de novembro de 1956. Convidado e impossibilitado de comparecer, Camus pede a uma integrante da associação, Michelle Dalbret, que leia a mensagem reproduzida aqui.

Senhorita,

Lamentei sinceramente não poder atender ao seu convite como era do seu desejo. Mas fiquei sensibilizado com seus argumentos e com a simpatia que demonstrou. Todavia, além da minha natural aversão a falar em público, não tenho como atender a todas as solicitações dirigidas ao mesmo tempo e de todas as partes a um escritor livre. Por outro lado, a recusa com que já tive de responder a outros convites me dificultava atender ao seu. E gostaria, por fim, de me dedicar tanto quanto possível a alcançar sucesso no apelo dos escritores europeus à ONU, cuja iniciativa foi minha.[1]

Contudo, não gostaria de estar totalmente ausente na terça-feira à noite. Como se dirige a ouvintes jovens, a senhorita talvez pudesse dizer-lhes aquilo que, se estivesse presente, eu lhes diria, e que tentarei resumir.

A única coisa que posso afirmar em público hoje, depois de ter participado direta ou indiretamente de vinte anos da nossa sangrenta história, é que o valor supremo, o bem definitivo pelo qual vale a pena viver e combater, continua sendo a liberdade.

---

[1] No início de novembro de 1956, a União dos Escritores Húngaros lança pelo rádio um pedido de socorro aos intelectuais do mundo inteiro. Mencionado nominalmente, Albert Camus publica, já a 10 de novembro de 1956, um texto na *Franc-Tireur*, intitulado "Por uma ação conjunta dos intelectuais franceses junto à ONU".

As pessoas da minha geração tinham 20 anos na época em que Hitler tomava o poder e se organizavam os primeiros processos de Moscou. Durante dez anos, tivemos de lutar, primeiro, contra a tirania hitlerista e contra os direitistas que a apoiavam. E, durante mais dez anos, tivemos de combater a tirania stalinista e os sofismas de seus defensores de esquerda. Hoje, apesar das sucessivas traições e das calúnias de que foi coberta por intelectuais de todas as tendências, a liberdade, e ela em primeiro lugar, continua sendo nossa razão de viver. Confesso ter sido tentado, nos últimos anos, a perder a esperança no destino da liberdade. Traída pelos que tinham como vocação defendê-la, espezinhada pelos nossos letrados diante de povos calados, temi sua morte definitiva e por isso me pareceu às vezes que a desonra da nossa época se estendia sobre todas as coisas. Mas a juventude húngara, a da Espanha ou a da França, a juventude de todos os países prova hoje que isso não procede, que nada abate nem jamais abaterá essa força violenta e pura que leva a humanidade e os povos a reivindicar a honra de viver de pé. Todos vocês, que entram agora em nossa história, não devem se esquecer disso. Não se esqueçam em lugar algum nem em tempo algum! E, embora possam aceitar lealmente discutir qualquer coisa, jamais aceitem que a liberdade de pensamento, da pessoa, da nação seja questionada, mesmo provisoriamente, ainda que por um segundo.

 Vocês precisam saber agora que, quando o pensamento é agrilhoado, o trabalho é subjugado, que o escritor é amordaçado quando o operário é oprimido e que, quando a nação não é livre, o socialismo não liberta ninguém e subjuga todo mundo.

Que o sacrifício húngaro, ante o qual tivemos de ruminar nossa vergonha e nossa impotência, pelo menos sirva para nos lembrar disso. Ficaremos então menos tentados a esmagar nossa própria nação, e apenas ela, sob seus pecados históricos. Teremos mais cuidado com sua sobrevivência e sua liberdade, sem deixar de exigir dela toda a justiça de que é capaz. Desse modo, não precisarão nos imitar, a nós que, nessa longa luta, nos exaurimos a combater para retificar palavras e denunciar mistificações, em intermináveis e estéreis lutas civis. Buscarão o que os une, e não o que os separa. E poderão assim ser poupados de certa solidão, dura de viver. E então talvez reconstruam juntos este país que eu amo hoje como a própria liberdade e que, não obstante suas aflições, suas fraquezas, seus erros, continua a merecer neste mundo a nossa fidelidade. Mas, de qualquer maneira, sempre e em toda parte, guardem a lembrança do que acabamos de viver, para se manterem fiéis à liberdade, a seus direitos e deveres, para nunca aceitarem, jamais, que alguém, um ser humano, por maior que seja, ou um partido, por mais forte que seja, pense por vocês e lhes dite sua conduta. Esqueçam os mestres, aqueles que tanto lhes mentiram, como agora sabem, e os outros também, pois não foram capazes de convencê-los. Esqueçam todos os mestres, esqueçam as ideologias caducas, os conceitos moribundos, os slogans vetustos com que ainda pretendem alimentá-los. Não se deixem intimidar por nenhuma das chantagens, de direita ou de esquerda. E, por fim, não aceitem mais lições do que os jovens combatentes de Budapeste, que morrem pela liberdade. Eles não mentiram quando clamaram que o pensamento livre e o trabalho livre, numa nação livre, no seio de uma Europa livre, são os únicos bens desta terra e da nossa história pelos quais vale a pena lutar e morrer.

Eis então, senhorita, o que eu gostaria de dizer terça-feira ao seu auditório. E que talvez possa dizer em meu lugar. Queira aceitar meus sentimentos respeitosos.

Albert Camus

Kádár teve seu dia de medo

1957

Tendo contribuído para o esmagamento da insurreição húngara pelas tropas russas, em 4 de novembro de 1956, em Budapeste, János Kádár é nomeado chefe do governo húngaro e instaura um comunismo proletário aprovado pelo Kremlin. Em 15 de março de 1957, dia da comemoração da revolução húngara de 1848-1849 contra o Império da Áustria, a associação libertária Solidariedade Internacional Antifascista promove na Salle Wagram (Paris) um grande comício de apoio à insurreição húngara e às dezenas de milhares de exilados. Convidado a falar ao lado dos insurgentes György Szabó e Balazs Nagy, Albert Camus faz o discurso reproduzido a seguir, que é publicado em 18 de março de 1957 na revista Franc-Tireur, *sendo reproduzido como prefácio de* Budapest (23 de outubro de 1956), *texto do intelectual húngaro Tibor Méray, refugiado em Paris.*

O ministro de Estado húngaro Marosan,[1] cujo nome já parece todo um programa, declarou dias atrás que não haveria mais contrarrevolução na Hungria. Pelo menos uma vez, um ministro de Kádár disse a verdade. Como poderia haver contrarrevolução se ela já tomou o poder? Na Hungria, agora, só pode haver revolução.

Não sou desses que desejam que o povo húngaro volte a empunhar armas numa insurreição fadada a ser esmagada, ante os olhos de uma sociedade internacional que não a privará de aplausos nem de lágrimas virtuosas, mas que logo voltará aos seus chinelos, como faz o público das arquibancadas, no domingo à noite, depois de um jogo da copa. Já há mortos demais no estádio, e só podemos ser generosos com nosso próprio sangue. O sangue húngaro se revelou valioso demais para a Europa e a liberdade para que não nos mostremos avaros de cada gota.

Mas tampouco sou desses que consideram que pode haver uma acomodação, ainda que resignada, provisória, com um regime de terror que tem tanto direito de se dizer socialista quanto os carrascos da Inquisição tinham de se chamar cristãos. E neste dia em que se comemora a liberdade, desejo com todas as minhas forças que a resistência muda do povo húngaro se mantenha, se fortaleça e, ecoando em todas as vozes que pudermos lhe dar, consiga que a opinião internacional unânime boicote seus opressores. E, se essa opinião for pusilânime ou egoísta demais para fazer justiça

---

[1] György Marosan (1908-1992) foi uma figura importante do Politburo húngaro até 1962.

a um povo mártir, se nossas vozes também forem fracas demais, desejo que a resistência húngara se mantenha até que o Estado contrarrevolucionário desmorone em todo o Leste sob o peso das próprias mentiras e contradições.

Ritos sangrentos e monótonos

Pois de fato se trata de um Estado contrarrevolucionário. Como designar de outra maneira o regime que obriga o pai a denunciar o filho, o filho a exigir a punição suprema para o pai, a mulher a testemunhar contra o marido, Estado que elevou a delação à altura de virtude? Tanques estrangeiros, polícia, jovens de vinte anos enforcadas, conselhos operários acéfalos e amordaçados, patíbulo mais uma vez, escritores deportados e encarcerados, imprensa mentirosa, campos de internação, censura, juízes presos, criminosos legislando e ainda e sempre o patíbulo, será que tudo isso é socialismo, grandes festas de liberdade e justiça?

Não, nós passamos por isso, já conhecemos isso, são os ritos sangrentos e monótonos da religião totalitária! O socialismo húngaro hoje está na prisão ou no exílio. Nos palácios do Estado, armados até os dentes, vagam os tiranos medíocres do absolutismo, que só a palavra liberdade deixa apavorados, e a palavra verdade, descontrolados! A prova é que hoje, 15 de março, dia de verdade e liberdade invencível para os húngaros, não passou de um longo dia de medo para Kádár.

Durante longos anos, no entanto, esses tiranos, ajudados no Ocidente por cúmplices que não eram forçados por nada nem por ninguém a tanto zelo, espalharam torrentes de fumaça sobre suas verdadeiras ações. Quando algo delas transparecia, eles ou seus intérpretes ocidentais nos explicavam que tudo se resolveria em uma dezena de gerações, que, enquanto isso, todo mundo marchava alegremente para o futuro, que os povos deportados tinham cometido o erro de engarrafar um pouco o trânsito na soberba estrada do progresso, que os executados estavam perfeitamente de acordo com a própria eliminação, que os intelectuais se diziam encantados com sua linda mordaça porque ela era dialética e que, por fim, o povo estava radiante com o próprio trabalho, pois, se cumpria horas extras contra salários miseráveis, era no bom sentido da história.

Infelizmente, o próprio povo tomou a palavra. Começou a falar em Berlim,[1] na Tchecoslováquia,[2] em Poznań[3] e afinal em Budapeste. Na capital húngara, ao mesmo tempo, os intelectuais arrancavam a mordaça. E os dois, em uníssono, disseram que não se estava avançando, mas recuando, que se havia matado por nada, deportado por nada, subjugado por nada, e agora, para ter certeza de avançar no bom caminho, era preciso dar verdade e liberdade a todos.

Assim, quando soou o primeiro grito da insurreição na Budapeste livre, filosofias eruditas e obtusas, quilômetros

---

[1] Ver "Conferência na Mutualité [Calendário da Liberdade: 17 de junho de 1953]", p. 213.
[2] *Ibid.*
[3] Ver "Poznań", p. 305.

de argumentos falsos e belas doutrinas enganosas pulverizaram-se. E a verdade, a verdade nua, por tanto tempo ultrajada, explodiu aos olhos do mundo.

Mestres desdenhosos, ignorando até que estavam insultando a classe operária, haviam assegurado que o povo dispensava facilmente a liberdade se lhe dessem pão. E, de repente, o próprio povo lhes respondia que nem sequer tinha pão, mas que, supondo-se que o tivesse, ainda quereria outra coisa. Pois não foi nenhum professor erudito, mas um ferreiro de Budapeste que escreveu o seguinte: "Quero ser considerado um adulto que quer e sabe pensar. Quero poder expressar meu pensamento sem temer nada e também quero ser ouvido."

Quanto aos intelectuais aos quais se havia pregado e urrado que a única verdade era a que servia aos objetivos da causa, eis o juramento que prestavam no túmulo dos companheiros assassinados pela referida causa: "Nunca mais, nem mesmo sob ameaça e tortura, nem por um amor mal compreendido à causa, sairá de nossa boca outra coisa que não seja a verdade." (Tibor Méray no túmulo de Rajk.)[1]

O cadafalso não se liberaliza

Depois disso, a coisa é clara. Esse povo massacrado é nosso. O que a Espanha foi para nós há vinte anos, a Hungria será

---

[1] László Rajk (1909-1949), líder comunista húngaro durante a Segunda Guerra Mundial. Acusado de ser espião do regime iugoslavo de Tito, foi condenado à morte nos processos de expurgo movidos por Mátyás Rákosi. Enforcado em 15 de outubro de 1949, seria reabilitado em 1956.

hoje. As sutilezas, os artifícios de linguagem e as considerações eruditas com que ainda tentam maquilar a verdade não nos interessam. A rivalidade entre Rákosi[1] e Kádár com que nos distraem não tem importância. Os dois são da mesma laia. Diferem apenas no número de troféus de caça, e, se o resultado de Rákosi é o mais sangrento, não o será por muito tempo.

Em qualquer caso, quer seja governada pelo matador careca, quer pelo perseguido perseguidor, a Hungria não vê diferença quanto à liberdade de que desfruta. Lamento, nesse sentido, ainda ter de fazer o papel de Cassandra e frustrar as novas esperanças de certos colegas incansáveis, mas não há evolução possível numa sociedade totalitária. O terror não evolui, a não ser para pior, o cadafalso não se liberaliza, o patíbulo não é tolerante. Em lugar nenhum do mundo se viu um partido ou uma pessoa que dispusesse de poder absoluto e não o usasse de modo absoluto.

O que define a sociedade totalitária, de direita ou de esquerda, é antes de tudo o partido único, e o partido único não tem motivo algum para se autodestruir. Por isso a única sociedade capaz de evolução e liberalização, a única que merece nossa simpatia a um tempo crítica e ativa, é aquela em que a pluralidade dos partidos seja institucionalizada. Só ela permite denunciar a injustiça e o crime, logo, corrigi-los. Só ela, hoje, permite denunciar a

---

[1] Mátyás Rákosi (1892-1971), membro da Internacional Comunista, passou a Segunda Guerra Mundial na Rússia. De volta à Hungria em 1945, foi nomeado secretário-geral do Partido Comunista Húngaro, cargo que ocuparia até 1956.

tortura, a ignóbil tortura, tão desprezível em Argel quanto em Budapeste.

O que Budapeste defendia

A ideia de que um partido pode dispor de privilégios especiais em relação à história só por se dizer proletário é defendida entre nós por intelectuais cansados das próprias vantagens e da própria liberdade. A história não confere privilégios, ela deixa que lhe sejam tomados.

E não é tarefa dos intelectuais nem dos trabalhadores exaltar, por menos que seja, o direito do mais forte e o fato consumado. A verdade é que ninguém, nem homem nem partido, tem direito ao poder absoluto nem a privilégios definitivos numa história que está sempre mudando. E nenhum privilégio, nenhuma razão suprema pode justificar a tortura ou o terror.

Nesse ponto, Budapeste mais uma vez nos mostrou o caminho. Essa Hungria derrotada e acorrentada que nossos falsos realistas comparam, condoídos, à Polônia, ainda num ponto de equilíbrio, fez mais pela liberdade e pela justiça do que qualquer outro povo nos últimos vinte anos. Contudo, para que a lição chegasse ao Ocidente e convencesse os que tapavam olhos e ouvidos, foi necessário, e disso jamais nos consolaremos, que o povo húngaro derramasse torrentes de sangue que já está secando nas memórias.

Pelo menos nos esforçaremos por ser fiéis à Hungria como fomos à Espanha. Na solidão em que a Europa se encontra hoje, só temos um meio para isto, que é nunca trair, em nosso país ou em qualquer outro, aquilo por que os combatentes húngaros morreram, nem jamais justificar, entre nós nem em parte alguma, ainda que indiretamente, o que os matou.

A incansável exigência de liberdade e verdade, a comunhão entre trabalhador e intelectual (que continuam a ser opostos estupidamente entre nós, em benefício da tirania), a democracia política, por fim, como condição, não suficiente, é verdade, mas necessária e indispensável da democracia econômica, eis o que Budapeste defendia. E, ao fazer isso, a grande cidade revoltada lembrava à Europa Ocidental sua verdade e sua grandeza esquecidas. E punha no devido lugar esse estranho sentimento de inferioridade que debilita a maioria dos nossos intelectuais e ao qual me recuso a ceder.

Resposta a Chepilov[1]

São inumeráveis as taras, os crimes e as culpas reais do Ocidente. Mas não devemos esquecer, afinal, que só nós temos o poder de aperfeiçoamento e emancipação que reside no espírito livre. Não devemos esquecer que, enquanto a sociedade totalitária, por princípio, obriga o amigo a entregar o amigo, a sociedade do Ocidente, não obstante seus desvarios, continua produzindo o tipo de gente que conserva a

---

[1] Dimitri Chepilov (1905-1995) foi ministro das Relações Exteriores da URSS de junho de 1956 a fevereiro de 1957.

honra de viver; refiro-me às pessoas que estendem a mão ao próprio inimigo para salvá-lo da desgraça ou da morte.

Quando o ministro Chepilov, de volta de Paris, ousa escrever que "a arte ocidental se destina a esquartejar a alma humana e formar massacradores de todo tipo", está na hora de lhe responder que nossos escritores e artistas, pelo menos eles, nunca massacraram ninguém e pelo menos são suficientemente generosos para não acusar a teoria do realismo socialista pelos massacres acobertados ou ordenados por Chepilov e seus semelhantes.

A verdade é que há lugar para tudo entre nós, mesmo para o mal e até para os escritores de Chepilov, mas também para a honra, para a vida livre do desejo, para a aventura da inteligência. Ao passo que na cultura stalinista não há lugar para nada, senão para os sermões de patrocínio, a vida cinzenta e o catecismo da propaganda. É o que os escritores húngaros acabam de proclamar para aqueles que ainda duvidassem, manifestando sua escolha definitiva, pois hoje preferem se calar a mentir para cumprir ordens.

Teremos grande dificuldade de nos mostrar à altura de tantos sacrifícios. Mas devemos tentar, numa Europa enfim unida, esquecendo nossas disputas, fazendo justiça a nossos próprios erros, multiplicando nossas criações e nossa solidariedade. Àqueles, por fim, que quiseram nos diminuir e nos fazer crer que a história pode justificar o terror, responderemos com nossa verdadeira fé, a fé que compartilhamos, agora sabemos, com os escritores húngaros, poloneses e mesmo, sim, com os escritores russos, igualmente amordaçados.

Nossa fé é que está em marcha no mundo, paralelamente à força de coerção e morte que ensombrece a história, uma força de persuasão e vida, um imenso movimento de emancipação que se chama cultura e se realiza pela criação livre e pelo trabalho livre.

Nossa tarefa cotidiana, nossa longa vocação é enriquecer essa cultura com nossos trabalhos, e não lhe subtrair o que quer que seja, mesmo provisoriamente. Mas nosso dever mais glorioso é defender pessoalmente, até o fim, a liberdade dessa cultura, vale dizer, a liberdade do trabalho e da criação contra a força de coerção e de morte, venha de onde vier.

Esses operários e intelectuais húngaros, ao lado dos quais nos posicionamos hoje com tanta tristeza e impotência, entenderam isso e nos ajudaram a entender melhor. Por isso, se a infelicidade deles é nossa, a esperança deles também nos pertence. Apesar do sofrimento, do exílio, das cadeias, eles nos legaram uma herança real que precisamos merecer: a liberdade, que não escolheram, mas que nos devolveram em um só dia!

Mensagem aos escritores húngaros no exílio

1957

Depois da sangrenta repressão da insurreição húngara pelas tropas russas no início de novembro de 1956, muitos intelectuais são encarcerados e mais de duzentos mil húngaros são forçados a deixar o país. Albert Camus os apoia com seus posicionamentos públicos, ao mesmo tempo que toma iniciativas junto ao governo húngaro em favor dos intelectuais presos na Hungria. Em 4 de novembro de 1957, um ano depois dos violentos acontecimentos de Budapeste, a Associação dos Escritores Húngaros no Exílio organiza uma reunião em Londres. Convidado, mas impossibilitado de comparecer, Albert Camus incumbe o historiador François Fejtö, com o qual participaria em 1958 da obra coletiva A verdade sobre o caso Nagy[1] *(1958), de ler em seu nome a mensagem reproduzida aqui. O texto é publicado em 6 de novembro de 1957 no jornal* Le Monde.

---

[1] Sobre Imre Nagy, ver "Mensagem aos jovens franceses em favor da Hungria", p. 322.

Quero apenas manifestar a solidariedade que há um ano liga os intelectuais livres do Ocidente ao destino da Hungria.

Por mais dura que seja a ideia da solidão na qual deixamos morrer os combatentes húngaros, na qual deixamos viver os sobreviventes, a convergência que se deu na Europa a esse respeito confere algum sentido a esse combate desesperado.

Os regimes totalitários não têm melhores aliados que o cansaço e o esquecimento. Nossas palavras de ordem, portanto, são evidentes: memória e obstinação. Só essa obstinação pode suscitar para a Hungria o dia da reparação.

Os húngaros não precisam do nosso pranto nem das nossas lamentações. Precisam apenas que seu clamor ecoe em toda parte e que seja conhecida e respeitada sua vontade de acabar com a mentira que os oprime.

Não estaremos à altura dos revoltosos de outubro enquanto a liberdade não for devolvida à nação e ao povo húngaros.

É este juramento de fidelidade que deve nos unir esta noite.

Discurso de Estocolmo

10 de dezembro de 1957

Em 16 de outubro de 1957, a Academia Sueca anuncia que o Prêmio Nobel de Literatura foi atribuído a Albert Camus. Apesar do pânico e da perturbação causada pela notícia, o escritor aceita a honraria e assim obedece à regra segundo a qual o contemplado deve ir a Estocolmo receber o prêmio e proferir um discurso. No dia 10 de dezembro de 1957, portanto, Albert Camus toma a palavra na cerimônia solene de entrega dos prêmios Nobel na sede da Prefeitura de Estocolmo. Na edição do discurso, publicado em janeiro de 1958 pelas Éditions Gallimard, Albert Camus dedica o prêmio a Louis Germain, seu professor na escola pública de Belcourt (Argel), ao qual escrevera já no dia 19 de novembro de 1957: "Sem o senhor, sem a mão afetuosa que estendeu ao menininho pobre que eu era, sem o seu exemplo, nada disso teria acontecido."

Ao receber a distinção com que esta livre Academia me honrou, minha gratidão se tornou ainda mais profunda quando ponderei até que ponto essa recompensa ultrapassava meus méritos pessoais. Todo ser humano e, com mais razão, todo artista deseja ser reconhecido. Eu também desejo. Mas não pude tomar conhecimento dessa decisão sem comparar sua repercussão àquilo que sou realmente. Como é que um homem quase jovem, cuja única riqueza são as dúvidas e uma obra ainda em construção, habituado a viver na solidão do trabalho ou no retiro da amizade, não teria sentido uma espécie de pânico ao ser informado de uma deliberação que de repente o projetava, sozinho e contando só consigo, no foco de um holofote? E com que sentimento podia receber essa honraria no momento em que, na Europa, outros escritores, e dos maiores, são silenciados, no exato momento em que sua terra natal passa por incessante adversidade?

Experimentei essa desorientação e essa perturbação íntima. Para recobrar a paz, em suma, tive de me adaptar ao excesso de generosidade do destino. E, como não podia me ombrear com ele apoiado apenas nos meus méritos, só encontrei, para me ajudar, o que sempre me deu sustentação ao longo da vida, nas circunstâncias mais adversas: a ideia que tenho da minha arte e do papel do escritor. Que me seja permitido apenas dizer, com sentimento de gratidão e amizade, qual é essa ideia, da maneira mais simples que me for possível.

Não sou capaz, pessoalmente, de viver sem a minha arte. Mas nunca coloquei essa arte acima de tudo. Pelo contrário, se ela me é necessária, é por não se separar de ninguém e me permitir viver, exatamente como sou, no nível de todos. Para mim, a arte não é um divertimento solitário. É um meio de tocar o maior número possível de pessoas, oferecendo-lhes uma imagem privilegiada dos sofrimentos e alegrias comuns. Ela obriga o artista, portanto, a não se isolar; submete-o à verdade mais humilde e mais universal. E aquele que, muitas vezes, escolheu o seu destino de artista por se sentir diferente bem depressa aprende que só nutrirá sua arte, e sua diferença, admitindo sua semelhança com todos. O artista se forja nesse perpétuo ir e vir entre si e os outros, a meio caminho entre a beleza de que não pode abrir mão e a comunidade da qual não pode se desligar. Por isso, os verdadeiros artistas não desprezam nada; obrigam-se a compreender, em vez de julgar. E, se devem tomar algum partido neste mundo, só pode ser o de uma sociedade em que, na excelente expressão de Nietzsche, já não reinará o juiz, mas o criador, seja ele trabalhador ou intelectual.

Da mesma maneira, o papel do escritor não está dissociado de deveres difíceis. Por definição, ele não pode se pôr, hoje em dia, a serviço daqueles que fazem a história: está a serviço dos que a sofrem. Caso contrário, estará sozinho e privado de sua arte. Nem todos os exércitos da tirania, com seus milhões de homens, poderão tirá-lo da solidão, mesmo e sobretudo se aceitar acompanhar sua marcha. Mas o silêncio de um prisioneiro desconhecido, entregue a humilhações do outro lado do mundo, basta para tirar o escritor do exílio, pelo menos toda vez que, em meio aos privilégios da liberdade, ele for capaz de não esquecer esse silêncio e de lhe dar repercussão pelos meios da arte.

Nenhum de nós está plenamente à altura de semelhante vocação. Entretanto, em todas as circunstâncias de sua vida, obscuro ou provisoriamente célebre, preso aos ferros da tirania ou livre por algum tempo para se expressar, o escritor pode encontrar o sentimento de uma comunidade viva que o justificará, desde que aceite, na medida do possível, os dois encargos que fazem a grandeza do seu ofício: servir a verdade e servir a liberdade. Como sua vocação é unir o maior número possível de pessoas, ele não pode se conformar com a mentira e a servidão que, onde quer que reinem, multiplicam as solidões. Sejam quais forem nossas imperfeições pessoais, a nobreza do nosso ofício estará sempre enraizada em dois compromissos difíceis de cumprir: recusa de mentir sobre o que se sabe e resistência à opressão.

Durante mais de vinte anos de uma história de desvarios, perdido e sem ajuda nas convulsões da época, como todos os da minha idade, fui sustentado pelo obscuro sentimento de que escrever hoje em dia é uma honra, pois esse ato impõe uma obrigação, e não só a obrigação de escrever. Pessoalmente, exatamente como eu era e segundo minhas forças, ele me obrigava a carregar, ao lado de todos aqueles que viviam a mesma história, a infelicidade e a esperança que comungávamos. Aquelas pessoas que, nascidas no início da Primeira Guerra Mundial, tinham 20 anos no momento em que se instauravam, ao mesmo tempo, o poder hitlerista e os primeiros processos revolucionários, que em seguida se viram defrontadas, para completar sua educação, com a Guerra Civil Espanhola, com a Segunda Guerra Mundial, com o universo concentracionário, com a Europa da tortura e das prisões, devem hoje criar os filhos e suas obras num mundo ameaçado pela destruição nuclear. Creio que ninguém pode lhes pedir que sejam otimistas. E sou mesmo da opinião de que devemos compreender, sem deixar de lutar contra eles, o erro dos que, num excesso de desespero, reivindicaram o direito à desonra e se precipitaram nos niilismos da época. Mas o fato é que, no meu país e na Europa, recusamos majoritariamente esse niilismo e saímos em busca de uma legitimidade. Tivemos de forjar uma arte de viver em tempos de catástrofe, para nascer uma segunda vez e depois lutar de peito aberto contra o instinto de morte em ação na nossa história.

Decerto, cada geração se considera destinada a refazer o mundo. Mas a minha sabe que não vai refazê-lo. Sua tarefa, contudo, talvez seja maior. Consiste em impedir que o mundo se desfaça. Herdeira de uma história corrompida em que se misturam revoluções desvirtuadas, técnicas enlouquecidas, deuses mortos e ideologias extenuadas, em que poderes medíocres podem hoje destruir tudo, mas já não sabem convencer, em que a inteligência se rebaixou a ponto de se tornar servidora do ódio e da opressão, essa geração teve de restabelecer em si mesma e ao seu redor, contando apenas com suas negações, um pouco daquilo que faz a dignidade de viver e morrer. Ante um mundo ameaçado de desintegração, em que nossos grandes inquisidores podem estabelecer para sempre os reinos da morte, ela sabe que, numa espécie de corrida louca contra o relógio, precisará restabelecer entre as nações uma paz que não seja a paz da servidão, reconciliar novamente trabalho e cultura e refazer com todos os homens uma arca da aliança. Não é seguro que um dia consiga realizar essa tarefa imensa, mas é seguro que, em todo o mundo, ela já cumpre sua aposta de verdade e liberdade, e, se necessário, sabe morrer por ela sem ódio. É ela que merece ser saudada e estimulada onde quer que esteja, sobretudo onde se sacrifica. É para ela que, certo da profunda concordância dos senhores, eu gostaria de transferir a honra que acabam de me dar.

Ao mesmo tempo, depois de afirmar a nobreza do ofício de escrever, eu teria posto o escritor de novo em seu devido lugar, sem mais qualificações que as compartilhadas com os companheiros de luta, vulnerável, mas teimoso, injusto e entusiasta da justiça, construindo sua obra sem sentir vergonha nem orgulho aos olhos de todos, sempre dividido entre a dor e a beleza e afinal destinado a extrair de seu ser duplo as criações que tenta obstinadamente construir no movimento destruidor da história. Em vista disso, quem poderia esperar dele soluções prontas e belos preceitos morais? A verdade é misteriosa, fugidia, sempre por conquistar. A liberdade é perigosa, dura de viver, mas também exaltante. Devemos caminhar em direção a esses dois objetivos, de modo penoso, mas resoluto, desde logo convencidos de nossas falhas num caminho tão longo. Que escritor ousaria então, em sã consciência, apresentar-se como pregador da virtude? De minha parte, devo dizer mais uma vez que não sou nada disso. Nunca fui capaz de renunciar à luz, à felicidade de ser, à vida livre em que cresci. Mas essa nostalgia, embora explique muitos dos meus erros e pecados, por certo me ajudou a entender melhor meu ofício e ainda me ajuda a me manter, cegamente, ao lado de todos aqueles que, calados, só suportam neste mundo a vida que lhes é reservada graças à lembrança ou à volta de momentos breves e livres de felicidade.

Reduzido, assim, àquilo que sou realmente, a meus limites, a minhas dúvidas, assim como à minha fé difícil, sinto-me mais livre para lhes mostrar, concluindo, o alcance e a generosidade da honra que me concedem, mais livre para lhes dizer também que gostaria de recebê-la como uma homenagem a todos aqueles que, participando do mesmo combate, dele não receberam nenhum privilégio, conhecendo, pelo contrário, miséria e perseguição. Resta-me então agradecer-lhes, do fundo do coração, e fazer-lhes publicamente, como testemunho pessoal de gratidão, a mesma e antiga promessa de fidelidade que todo verdadeiro artista faz todos os dias a si mesmo, em silêncio.

Conferência na Universidade de Uppsala

14 de dezembro de 1957

Em 14 de dezembro de 1957, quatro dias depois da cerimônia oficial de entrega dos prêmios Nobel em Estocolmo, Albert Camus faz uma conferência no grande anfiteatro da mais antiga universidade da Suécia, em Uppsala. Na edição de Discursos da Suécia, *publicada em janeiro de 1958 pelas Éditions Gallimard, o texto dessa alocução é acompanhado do discurso oficial pronunciado por Camus no dia 10 de dezembro de 1957 na sede da Prefeitura de Estocolmo.*

Um sábio oriental sempre pedia, em suas orações, que a divindade se dispusesse a poupá-lo de viver numa época interessante. Como não somos sábios, a divindade não nos poupou, e vivemos numa época interessante. De qualquer maneira, ela não admite que possamos nos desinteressar dela. Os escritores de hoje sabem disso. Se falam, são criticados e atacados. Se, tornando-se reservados, se calam, só lhe falarão do seu silêncio, para incriminá-los ruidosamente.

Em meio a todo esse alarido, o escritor já não pode ter a expectativa de se manter à parte, para prosseguir nas reflexões e imagens que lhe são caras. Até agora, e na medida do possível, a abstenção sempre foi praticável na história. Aquele que não aprovasse sempre podia se calar ou falar de outra coisa. Hoje, tudo mudou, até o silêncio se reveste de sentido assustador. A partir do momento em que a própria abstenção é considerada uma escolha, punida ou louvada como tal, o artista, queira ou não, está escalado. Escalado aqui me parece mais justo que engajado. Com efeito, não se trata de um engajamento voluntário do artista, mas de um serviço militar obrigatório. Todo artista hoje está escalado para remar na galé do seu tempo. E deve se resignar, mesmo que sinta nessa galé um cheiro muito forte de arenque, que ache excessivo o número de comitres e que, ainda por cima, a rota esteja errada. Estamos em alto-mar. O artista, como os outros, também tem de remar, se possível sem morrer, ou seja, continuando a viver e a criar.

Na verdade, não é fácil, e eu entendo que os artistas sintam saudade do antigo conforto. A mudança é um pouco brutal. Claro que sempre houve mártir e leão no circo da história. Aquele se sustentava de consolações eternas; este, de alimento histórico bem sangrento. Mas o artista até agora estava nas arquibancadas. Cantava à toa, para si mesmo, ou, na melhor das hipóteses, para encorajar o mártir e fazer o leão se esquecer um pouco do seu apetite. Agora, pelo contrário, o artista está no circo. Sua voz, necessariamente, já não é a mesma; está muito menos segura.

Vemos então tudo que a arte pode perder com essa constante obrigação. Para começar, o desembaraço e a divina liberdade que respira na obra de Mozart. Entendemos melhor a perplexidade e a obstinação de nossas obras de arte, sua sisudez e seus súbitos colapsos. E assim se explica por que temos mais jornalistas que escritores, mais amadores em pintura do que Cézannes e, enfim, por que a biblioteca cor-de-rosa e o *roman noir* tomaram o lugar de *Guerra e paz* e *Cartuxa de Parma*. Naturalmente, sempre podemos opor a esse estado de coisas a lamentação humanista, tornar-nos aquilo que Stiepan Trofímovitch, em *Os demônios*,[1] quer ser a todo custo: a encarnação da recriminação. Podemos também ter acessos de tristeza cívica, como esse personagem. Mas essa tristeza em nada modifica a realidade. Na minha opinião, é melhor reconhecer a importância da nossa época, já que ela o exige com tanta força, e admitir tranquilamente que o tempo dos queridos mestres, dos artistas de camélia na lapela e dos gênios de sofá chegou ao fim. Criar, hoje, é criar perigosamente. Toda publicação é um ato, e esse ato expõe às paixões de um século que nada perdoa. A questão, assim, não é saber se isso é ou não prejudicial à arte. A questão, para todos aqueles que não podem viver sem a arte e o que ela significa, é apenas saber de que maneira, entre as polícias de tantas ideologias (quantas igrejas, quanta solidão!), a estranha liberdade da criação continua sendo possível.

---

[1] Ver "Por Dostoiévski", p. 287.

Não basta dizer, nessa questão, que a arte está ameaçada pelos poderes de Estado. Neste caso, o problema seria simples: o artista resiste ou capitula. O problema é mais complexo, mais mortal também, a partir do momento em que nos damos conta de que o combate ocorre dentro do próprio artista. O ódio à arte de que nossa sociedade oferece tão belos exemplos só tem tanta eficácia, hoje, por ser alimentado pelos próprios artistas. A dúvida dos artistas que nos antecederam dizia respeito a seu próprio talento. A dos artistas de hoje diz respeito à necessidade de sua arte, logo, à sua própria existência. Racine, em 1957, se desculparia por escrever *Bérénice* em vez de lutar pela defesa do Edito de Nantes.

Esse questionamento da arte pelo artista tem muitas razões, dentre as quais nos cabe considerar apenas as mais importantes. Ele é explicada, no melhor dos casos, pela impressão que o artista contemporâneo pode ter de estar mentindo ou de estar falando à toa, se não levar em conta as misérias da história. O que caracteriza nosso tempo, com efeito, é a irrupção das massas e de sua condição miserável diante da sensibilidade contemporânea. Sabemos que elas existem, ao passo que antes se tendia a esquecê-lo. E se o sabemos, não é porque as elites, artísticas ou de outra natureza, se tenham tornado melhores, não, podemos nos tranquilizar, é porque as massas se tornaram mais fortes e impedem que as esqueçamos.

Mas há outras razões, algumas menos nobres, para essa deserção do artista. Entretanto, quaisquer que sejam, essas razões contribuem para o mesmo objetivo: desestimular a criação livre investindo contra o seu princípio essencial, que é a confiança do criador em si mesmo. "A obediência de um homem a seu próprio gênio", disse Emerson esplendidamente, "é a fé por excelência."[1] E outro escritor americano do século XIX acrescentava: "Enquanto um homem permanecer fiel a si mesmo, tudo contribuirá a seu favor, governo, sociedade, o próprio sol, a lua e as estrelas."[2] Esse prodigioso otimismo hoje parece morto. Na maioria dos casos, o artista se envergonha de si mesmo e dos seus privilégios, quando os tem. Deve responder antes de tudo à pergunta que faz a si mesmo: a arte seria um luxo enganador?

I

A primeira resposta honesta que se poderia dar é a seguinte: de fato a arte pode ser um luxo enganador. No tombadilho das galés, sempre é possível, em qualquer lugar ou circunstância, como sabemos, cantar as constelações em versos, enquanto os forçados remam no porão; sempre é possível registrar a conversa frívola das arquibancadas do circo enquanto os ossos da vítima estalam sob os dentes do leão. E é bem difícil objetar alguma coisa a essa arte que teve exemplos tão bem-sucedidos no passado. A não

---

[1] Ralph Waldo Emerson (1803-1882), *Self-Reliance* (1841).
[2] Henry David Thoreau (1817-1862). A citação lhe é atribuída por Emerson em seus diários (*The Heart of Emerson's Journals*, Bliss Perry, 1926).

ser o fato de que as coisas mudaram um pouco e de que, em especial, o número de forçados e mártires aumentou prodigiosamente na superfície do globo. Diante de tanta miséria, essa arte, se quiser continuar sendo um luxo, deve aceitar, hoje, também ser uma mentira.

Do que ela falaria? Se se adequar ao que nossa sociedade pede, em sua maioria, ela será um divertimento sem maior alcance. Se se recusar cegamente à sociedade, se o artista decidir isolar-se em seu sonho, ela estará exprimindo apenas uma rejeição. Teremos então produtos de criadores de entretenimento ou de gramáticos da forma, o que redunda, nos dois casos, numa arte desligada da realidade viva. Vivemos há cerca de um século numa sociedade que não é sequer a sociedade do dinheiro (o dinheiro e o ouro podem provocar paixões carnais), mas dos símbolos abstratos do dinheiro. A sociedade dos comerciantes pode se definir como uma sociedade em que as coisas desaparecem para dar lugar aos signos. A classe dirigente que já não mede sua fortuna pelas extensões de terra ou pelos lingotes de ouro, mas pelo número de algarismos idealmente correspondentes a certo número de operações de câmbio, devota-se a colocar certo tipo de mistificação no cerne da sua experiência e do seu universo. Uma sociedade baseada em signos é, em essência, uma sociedade artificial em que a verdade carnal do homem é mistificada. Não surpreende, assim, que essa sociedade tenha escolhido uma moral de princípios formais para transformá-la em sua religião, e que inscreva palavras como liberdade e igualdade tanto em suas prisões quanto em seus templos financeiros. Todavia, não se prostituem impunemente as palavras. O valor mais caluniado hoje é certamente o valor liberdade. Mentes perspicazes (sempre achei que há dois tipos de inteligência, a inteligência inteligente e a inteligência burra) transformam em doutrina a afirmação de que ela nada mais é que um obstáculo no caminho do verdadeiro progresso. Mas só terá sido possível proferir disparates tão solenes porque durante cem anos a sociedade mercantil fez uso excludente e unilateral da liberdade, considerando-a um direito, e não dever, sem temor de, sempre que pôde, pôr a liberdade de princípio a serviço da opressão de fato. Desse modo, o que haverá de espantoso no fato de essa sociedade não ter solicitado à arte que fosse um instrumento de libertação, em vez de um exercício sem maiores consequências, um simples divertimento? Assim foi que toda uma alta sociedade, que sofria principalmente de dores financeiras e apenas de chateações sentimentais, contentou-se durante décadas com seus romancistas mundanos e a arte mais fútil do mundo, aquela sobre a qual Oscar Wilde,[1] pensando em si mesmo antes de ir para a prisão, dizia que o vício supremo é ser superficial.

Os fabricantes de arte (eu ainda não disse os artistas) da Europa burguesa, antes e depois de 1900, aceitaram, assim, não assumir responsabilidades, pois a responsabilidade pressupunha uma ruptura desgastante com a sociedade (os que realmente romperam chamavam-se Rimbaud,

---

[1] Albert Camus escreve em 1952 um prefácio para a edição francesa de *A balada do cárcere de Reading*, de Oscar Wilde (Éditions Falaize).

Nietzsche, Strindberg, e sabemos o preço que pagaram). É dessa época que data a teoria da arte pela arte, que nada mais é que a reivindicação dessa ausência de responsabilidade. A arte pela arte, divertimento de um artista solitário, é justamente a arte artificial de uma sociedade factícia e abstrata. Sua consumação lógica é a arte dos salões ou a arte puramente formal que se nutre de preciosismos e abstrações e acaba na destruição da realidade. Desse modo, algumas obras encantam alguns, enquanto muitas invenções grosseiras corrompem muitas outras obras. Por fim, a arte se constitui fora da sociedade e se desliga de suas raízes vivas. Aos poucos, o artista, mesmo muito festejado, está sozinho, ou pelo menos só é conhecido de sua nação por intermédio da grande imprensa ou do rádio, que dele oferecerão uma ideia cômoda e simplificada. Quanto mais a arte se especializa, mais necessária se torna a divulgação. Milhões de pessoas terão, então, a sensação de conhecer este ou aquele grande artista do nosso tempo porque ficaram sabendo pelos jornais que ele cria canários ou que seus casamentos nunca duram mais de seis meses. O auge da celebridade, hoje, consiste em ser admirado ou detestado sem ter sido lido. Todo artista que pretender ser famoso em nossa sociedade deverá saber que famoso não será ele, mas outra pessoa com seu nome, que acabará por lhe escapar e talvez um dia por matar nele o verdadeiro artista.

Em vista disso, o que haverá de surpreendente no fato de que quase tudo que foi criado de válido na Europa mercantil dos séculos XIX e XX, por exemplo em literatura, tenha sido construído contra a sociedade da época!

Podemos dizer que até às vésperas da Revolução Francesa, a literatura praticada era, *grosso modo*, uma literatura de consentimento. A partir do momento em que a sociedade burguesa derivada da revolução se estabiliza, desenvolve-se, pelo contrário, uma literatura de revolta. Os valores oficiais são então negados, entre nós por exemplo, seja pelos portadores de valores revolucionários, românticos ao estilo de Rimbaud, seja pelos mantenedores dos valores aristocráticos, dos quais Vigny e Balzac são bons exemplos. Nos dois casos, povo e aristocracia, que são as duas fontes de toda civilização, manifestam-se contra a sociedade factícia de seu tempo.

Mas essa rejeição, mantida por muito tempo e enrijecida, também se tornou factícia, levando a outro tipo de esterilidade. O tema do poeta maldito, nascido numa sociedade mercantil (do qual Chatterton[1] é o mais belo exemplo), petrificou-se num preconceito que acaba dando a entender que só pode ser grande artista quem se opõe à sociedade do seu tempo, seja ela qual for. Legítimo na origem, quando afirmava que um verdadeiro artista não pode transigir com o mundo do dinheiro, o princípio tornou-se falso quanto se extraiu dele a conclusão de que um artista só pode se afirmar sendo contra tudo em geral. E, assim, muitos dos nossos artistas aspiram a ser malditos, têm a consciência pesada por não serem malditos e desejam, ao

---

[1] Thomas Chatterton (1752-1770), poeta inglês. Sem condições de viver da arte, ele se suicida aos 17 anos, depois de lutar vários dias contra a fome. Sua vida inspirou a Alfred de Vigny o drama epônimo (1835).

mesmo tempo, aplausos e vaias. Naturalmente, a sociedade, hoje cansada ou indiferente, só aplaude e vaia por acaso. E o intelectual da nossa época se torna cada vez mais intransigente para se engrandecer. Mas, de tanto rejeitar tudo, até a tradição da sua arte, o artista contemporâneo cai na ilusão de criar sua própria norma e acaba por se julgar Deus. Ao mesmo tempo, julga-se capaz de criar sua própria realidade. Contudo, longe de sua sociedade, só vai criar obras formais ou abstratas, interessantes como experiências, mas isentas da fecundidade própria da verdadeira arte, cuja vocação é congregar. Para concluir, podemos dizer que há tanta diferença entre as sutilezas e abstrações contemporâneas e a obra de um Tolstói ou de um Molière quanto há entre uma letra de câmbio negociada sobre um trigo ainda invisível e a terra densa do campo arado.

II

A arte, então, pode ser um luxo enganador. Não surpreende, portanto, que muitas pessoas ou artistas tenham desejado dar marcha a ré e voltar à verdade. A partir desse momento, negaram que o artista tenha direito à solidão e lhe ofereceram como tema não os sonhos dele, mas a realidade vivida e sofrida por todos. Convencidos de que a arte pela arte, com seus temas e seu estilo, escapa à compreensão das massas, ou então não expressa nada da verdade delas, essas pessoas quiseram que o artista se propusesse, pelo contrário, a falar da e para a maioria. Que ele traduza os sofrimentos e a felicidade de todos na linguagem de todos, e será compreendido universalmente. Como recompensa pela fidelidade absoluta à realidade, alcançará a comunicação total entre os homens.

De fato, esse ideal da comunicação universal é o ideal de todo grande artista. Contrariamente ao preconceito vigente, se alguém não tem direito à solidão, é justamente o artista. A arte não pode ser um monólogo. O próprio artista solitário e desconhecido, quando invoca a posteridade, nada mais faz que reafirmar sua vocação profunda. Considerando impossível o diálogo com contemporâneos surdos ou distraídos, ele recorre a um diálogo mais numeroso, com as gerações.

Entretanto, para falar de todos e a todos, é preciso falar do que todos conhecem e da realidade que nos é comum. O mar, a chuva, a necessidade, o desejo, a luta contra a morte, eis o que nos une a todos. Nós nos unimos naquilo que vemos juntos, no que sofremos juntos. Os sonhos mudam com os homens, mas a realidade do mundo é nossa pátria comum. A ambição do realismo, portanto, é legítima, pois está profundamente ligada à aventura artística.

Sejamos, pois, realistas. Ou, por outra, tentemos sê-lo, se é que é possível. Pois não é garantido que essa palavra tenha sentido, não é garantido que o realismo, ainda que desejável, seja possível. Primeiro cabe perguntar se o realismo puro é possível em arte. A julgar pelas declarações dos naturalistas do século XIX, ele é a exata reprodução da realidade. Estaria para a arte, portanto, como a fotografia está para a pintura: aquela reproduz, esta escolhe. Mas o que ela reproduz e o que é realidade? Afinal, mesmo a melhor das fotografias não é uma reprodução suficientemente fiel, ainda não é suficientemente realista. O que poderia ser mais real, por exemplo, em nosso universo, do que uma vida humana e como esperar fazê-la reviver melhor do que num filme realista? Mas em que condições um filme assim seria possível? Em condições puramente imaginárias. Com efeito, seria preciso supor uma câmera ideal captando essa pessoa dia e noite e registrando sem descanso seus menores movimentos. O resultado seria um filme cuja projeção duraria uma vida humana e que só poderia ser visto por espectadores resignados a despender a própria vida no interesse exclusivo pelos detalhes da existência de outra pessoa. Mesmo em tais condições, esse filme inconcebível não seria realista, pelo simples motivo de que a realidade da vida de uma pessoa não está apenas onde ela se encontra. Está em outras vidas que dão forma à sua, vidas de entes queridos, para começar, que também deveriam ser filmados, mas igualmente vidas de pessoas desconhecidas, poderosas e miseráveis, concidadãos, policiais, professores, companheiros invisíveis das minas e dos canteiros de obras, diplomatas e ditadores, reformadores religiosos, artistas que criam mitos decisivos para a nossa conduta, humildes representantes, enfim, do soberano acaso que reina até sobre as existências mais ordenadas. Só existe, portanto, um filme realista possível, aquele mesmo que é constantemente projetado na tela do mundo, diante de nós, por um aparelho invisível. O único artista realista seria Deus, se existir. Os outros artistas são necessariamente infiéis ao real.

Desse modo, os artistas que rejeitam a sociedade burguesa e sua arte formal, que querem falar da realidade e só dela, se veem num impasse doloroso. Precisam ser realistas e não podem. Querem submeter sua arte à realidade, e não é possível descrever a realidade sem fazer uma escolha que a submete à originalidade de uma arte. A bela e trágica produção dos primeiros anos da Revolução Russa nos mostra claramente esse tormento. O que a Rússia nos deu naquele momento, com Blok[1] e o grande Pasternak,[2] Maiakóvski[3] e Iessiênin,[4] Eisenstein[5] e os primeiros romancistas do cimento e do aço, é um magnífico laboratório de formas e temas, uma inquietação fecunda, um desvario de buscas. Mas foi necessário concluir e dizer de que maneira se podia ser realista, embora o realismo fosse impossível. A ditadura, neste caso como em outros, decidiu sumariamente: segundo ela, primeiro, o realismo era necessário; segundo, era possível, desde que socialista. Qual o sentido desse decreto?

---

[1] Aleksandr Blok (1880-1921), poeta revolucionário russo.

[2] Bóris Pasternak (1890-1960), poeta e romancista russo. Após a publicação de seu romance *Doutor Jivago* na Itália (1957) e o Prêmio Nobel que lhe é conferido em 1958, o regime russo lança violenta campanha contra ele. Albert Camus o apoia publicamente num artigo publicado em 1º de novembro de 1958 no jornal *Le Figaro littéraire*, com o título "Pasternak seria um pária?".

[3] Vladímir Maiakóvski (1893-1930), poeta e dramaturgo russo, é um dos pioneiros do movimento futurista.

[4] Serguei Iessiênin (1895-1925), poeta russo próximo dos meios camponeses e partidário da ala esquerda do Partido Socialista Revolucionário. Foi casado com a dançarina americana Isadora Duncan de 1922 a 1924.

[5] Serguei Eisenstein (1898-1948), cineasta russo, realizador em especial de *O encouraçado Potemkin* (1925).

Na verdade, ele reconhece claramente que não é possível reproduzir a realidade sem fazer escolhas e rejeita a teoria do realismo, tal como formulada no século XIX. Só lhe resta encontrar o princípio de escolha em torno do qual o mundo se organizará. E ele não o encontra na realidade que conhecemos, mas na realidade que será, ou seja, no futuro. Para bem reproduzir o que é, também é necessário pintar o que será. Em outras palavras, o verdadeiro objeto do realismo socialista é, justamente, o que ainda não tem realidade.

Formidável contradição. Mas no fim das contas a própria expressão realismo socialista era contraditória. De fato, como seria possível um realismo socialista quando a realidade não é toda socialista? Ela não é socialista, por exemplo, no passado nem, completamente, no presente. A resposta é simples: será escolhido na realidade de hoje ou de ontem aquilo que prepara e serve a cidade perfeita do futuro. O empenho então será no sentido, por um lado, de negar e condenar tudo que não seja socialista na realidade, e, por outro, de exaltar o que é ou virá a ser socialista. O que obtemos é, inevitavelmente, a arte da propaganda, com seus bandidos e seus mocinhos, uma biblioteca cor-de-rosa, em suma, desligada, tanto quanto a arte formal, da realidade complexa e viva. Enfim, essa arte será socialista na medida exata em que não será realista.

Essa estética que se pretendia realista torna-se então um novo idealismo, tão estéril, para um verdadeiro artista, quanto o idealismo burguês. A realidade só é elevada ostensivamente a uma categoria soberana para ser mais bem liquidada. A arte é reduzida a nada. Ela serve, e, servindo, é subjugada. Só aqueles que se eximirem de descrever a realidade, justamente, serão considerados realistas e louvados. Os outros serão censurados, sob os aplausos daqueles. A celebridade, que consistia em não ser lido ou ser mal lido, na sociedade burguesa, consistirá em impedir que os outros sejam lidos, na sociedade totalitária. Também aqui a arte será desfigurada, ou amordaçada, e a comunicação universal, impossibilitada exatamente por aqueles que mais a desejavam.

Diante de tal fracasso, o mais simples seria reconhecer que o chamado realismo socialista pouco tem a ver com a grande arte e que os revolucionários, no próprio interesse da revolução, deveriam buscar outra estética. Sabemos, pelo contrário, que seus defensores proclamam que não há arte possível fora dele. É de fato o que proclamam. Mas minha convicção profunda é que não acreditam nisso e decidiram, no íntimo, que os valores artísticos devem ser submetidos aos valores da ação revolucionária. Se isso fosse declarado claramente, a discussão seria mais fácil. É possível respeitar essa grande renúncia em pessoas que sofrem demais com o contraste entre a adversidade de todos e os privilégios às vezes associados a um destino de artista, que recusam a insuportável distância entre os amordaçados pela miséria e aqueles cuja vocação, pelo contrário, é se expressar sempre. Poderíamos então compreender essas pessoas, tentar dialogar com elas, procurar dizer-lhes, por exemplo, que a supressão da liberdade criadora talvez não seja o melhor caminho para vencer a servidão e que, pretendendo falar por todos, seria insensato privar-se do poder de falar pelo menos por alguns. Sim, o realismo socialista deveria confessar seu parentesco, dizer que é irmão gêmeo do realismo político. Ele sacrifica a arte em nome de uma finalidade estranha à arte, que, no entanto, na escala de valores, pode parecer superior a ela. Em suma, ele suprime a arte provisoriamente para construir primeiro a justiça. Quando houver justiça, num futuro ainda impreciso, a arte ressuscitará. Aplica-se assim às coisas da arte a regra de ouro da inteligência contemporânea, segundo a qual não é possível fazer omelete sem quebrar ovos. Mas esse bom senso esmagador não deve nos enganar. Não basta quebrar milhares de ovos para fazer uma boa omelete, e parece-me que não é pela quantidade de cascas partidas que se avalia a qualidade do cozinheiro. Pelo contrário, os cozinheiros artísticos da nossa época devem temer gastar mais cestos de ovos do que gostariam e que, com isso, a omelete da civilização nunca mais dê certo e a arte por fim não ressuscite. A barbárie nunca é provisória. Não lhe é dada a devida importância, e é normal que, da arte, ela se estenda aos costumes. Então, da desgraça e do sangue dos homens, nascem as literaturas insignificantes, a imprensa comportada, os retratos fotografados e as peças patrocinadas em que o ódio toma o lugar da religião. A arte culmina, aqui, num otimismo de encomenda, justamente o pior dos luxos e a mais grotesca das mentiras.

Como se espantar? O sofrimento humano é um tema tão vasto que aparentemente ninguém seria capaz de tocá-lo, a não ser que seja como Keats,[1] tão sensível, ao que se diz, que seria capaz de tocar com as mãos a própria dor. É o que se pode constatar quando uma literatura dirigida resolve dar consolo oficial a essa dor. A mentira da arte pela arte fazia de conta que ignorava o mal e assim assumia a responsabilidade por ele. Mas a mentira realista, embora se incumba, com coragem, da tarefa de reconhecer a infelicidade humana do presente, também a trai seriamente, ao utilizá-la para exaltar uma felicidade vindoura da qual ninguém sabe nada e que, portanto, autoriza as mais diversas mistificações.

No entanto, as duas estéticas que se enfrentaram durante tanto tempo, a que recomenda a total recusa da atualidade e a que pretende rejeitar tudo que não seja da atualidade, acabam por convergir, longe da realidade, para uma mesma mentira e para a supressão da arte. O academicismo de direita ignora uma miséria que o academicismo de esquerda utiliza. Mas nos dois casos a miséria é reforçada ao mesmo tempo que a arte é negada.

III

Cabe concluir que essa mentira é a própria essência da arte? Direi, pelo contrário, que as atitudes de que falei até agora só são mentiras na medida em que não têm grande coisa a ver com a arte. Que é arte, então? Nada simples, isso é certo. E é ainda mais difícil sabê-lo em meio aos gritos de tanta gente que insiste em simplificar tudo. Por um lado, querem

---

[1] John Keats (1875-1921), poeta romântico inglês.

que o gênio seja esplêndido e solitário; por outro, ele é intimado a se assemelhar a todos. Infelizmente, a realidade é mais complexa. E Balzac resumiu esse fato numa frase: "O gênio se parece com todo mundo e ninguém se parece com ele." O mesmo no caso da arte, que nada é sem a realidade, e sem a qual a realidade é pouca coisa. Com efeito, como a arte prescindiria do real e como se submeteria a ele? O artista escolhe seu objeto tanto quanto é escolhido por ele. Em certo sentido, a arte é uma revolta contra o mundo no que ele tem de fugidio e incompleto: ela se propõe apenas, portanto, a dar outra forma a uma realidade que, no entanto, é obrigada a conservar, por ser a fonte de sua emoção. Nesse sentido, todos somos realistas e ninguém é. A arte não é a recusa total nem o consentimento total ao que existe. É ao mesmo tempo recusa e consentimento, e por isso não pode deixar de ser um embate perpetuamente renovado. O artista está sempre nessa ambiguidade, incapaz de negar o real, porém eternamente destinado a contestá-lo no que ele tem de eternamente inacabado. Para pintar uma natureza-morta, é necessário que um pintor e uma maçã se enfrentem e se corrijam reciprocamente. E as formas, embora nada sejam sem a luz do mundo, por sua vez também enriquecem essa luz. O universo real, que, com seu esplendor, suscita os corpos e as estátuas, ao mesmo tempo recebe deles uma segunda luz que fixa a luz do céu. O grande estilo, assim, está a meio caminho entre o artista e seu objeto.

Não se trata, então, de saber se a arte deve fugir do real ou sujeitar-se a ele, mas apenas qual a dose exata de real que deve lastrear a obra para que ela não desapareça nas nuvens, nem, ao contrário, se arraste com pés de chumbo. Cada artista resolve este problema como sente e pode. Quanto mais forte for a revolta de um artista contra a realidade do mundo, maior poderá ser o peso do real que a equilibrará. Mas esse peso jamais pode sufocar a exigência solitária do artista. A obra mais elevada será sempre — como nos trágicos gregos, em Melville, Tolstói ou Molière — aquela que equilibrar a realidade e a rejeição a essa realidade, em que cada uma faz a outra reverberar na erupção incessante da vida alegre e atormentada. Surge então, de tempos em tempos, um mundo novo, diferente do mundo de todos os dias, no entanto o mesmo, particular, mas universal, cheio de insegurança inocente, suscitado durante algumas horas pela força e pela insatisfação do gênio. É isso, no entanto não é isso, o mundo não é nada e o mundo é tudo, eis o duplo e incansável grito de cada artista verdadeiro, o grito que o mantém de pé, de olhos sempre abertos, e, de tempos em tempos, desperta para todos, em pleno mundo adormecido, a imagem fugaz e insistente de uma realidade que reconhecemos sem nunca a ter encontrado.

Da mesma forma, o artista, diante do seu século, não pode dar-lhe as costas nem se perder nele. Se lhe der as costas, estará falando no vazio. Mas, em sentido inverso, à medida que o toma como objeto, afirma sua própria existência enquanto sujeito e não pode submeter-se totalmente a ele. Em outras palavras, é no exato momento em que o artista escolhe compartilhar o destino de todos que afirma o indivíduo que é. E ele não poderá sair dessa ambiguidade. O artista toma da história o que dela pode ver ou o que nela sofre, direta ou indiretamente, vale dizer, a atualidade no sentido estrito da palavra, e os homens que vivem hoje, e não a relação dessa atualidade com um futuro imprevisível para o artista vivo. Julgar o homem contemporâneo em nome de um homem que ainda não existe é tarefa da profecia. O artista só pode avaliar os mitos que lhe propõem em função de sua repercussão no homem vivo. O profeta, religioso ou político, pode julgar em termos absolutos e, aliás, como sabemos, não se priva de fazê-lo. Mas o artista não pode fazer isso. Se julgasse em termos absolutos, estaria dividindo a realidade, sem nuances, entre o bem e o mal, fazendo melodrama. O objetivo da arte, pelo contrário, não é legislar nem reinar, mas, antes de mais nada, compreender. Às vezes ela reina, de tanto compreender. Mas nenhuma obra de gênio jamais se baseou no ódio e no desprezo. Por isso o artista, no fim de sua caminhada, absolve ao invés de condenar. Ele não é juiz, mas justificador. É o advogado perpétuo da criatura viva, porque ela está viva. Faz realmente a defesa do amor ao próximo, e não do amor ao distante, que rebaixa o humanismo contemporâneo a catecismo de tribunal. Pelo contrário, a grande obra acaba por fundir todos os juízes. Por meio dela, o artista presta homenagem à mais alta figura do homem enquanto se inclina diante do último dos criminosos. "Não há um só infeliz trancafiado comigo neste lugar miserável", escreve Wilde na prisão, "que não tenha uma relação simbólica com o segredo da vida." Sim, e esse segredo da vida coincide com o da arte.

Durante cento e cinquenta anos, os escritores da sociedade mercantil, com raras exceções, julgaram poder viver em alegre irresponsabilidade. De fato viveram e depois morreram sozinhos, como tinham vivido. Nós, escritores do século XX, nunca mais estaremos sós. Devemos saber, pelo contrário, que não podemos fugir da miséria comum e que nossa única justificação, se é que existe, é falar, na medida dos nossos recursos, por aqueles que não podem fazê-lo. Mas devemos fazê-lo por todos aqueles que sofrem neste momento, quaisquer que sejam as grandezas, passadas ou futuras, dos Estados e dos partidos que os oprimem: para o artista, não existem carrascos privilegiados. Por isso a beleza, mesmo hoje, sobretudo hoje, não pode servir a nenhum partido; no curto ou no longo prazo, ela só serve à dor ou à liberdade dos homens. O único artista engajado é aquele que, sem nada recusar do combate, pelo menos se recusa a entrar para os exércitos regulares; refiro-me ao franco-atirador. A lição que ele então encontra na beleza, se for tirada com honestidade, não é uma lição de egoísmo, mas de dura fraternidade. Entendida assim, a beleza nunca subjugou ninguém. E há milênios, pelo contrário, diariamente, a cada segundo, aliviou a servidão de milhões de homens, e às vezes libertou alguns para sempre. Para concluir, talvez tenhamos tocado aqui a grandeza da arte, nessa perpétua tensão entre beleza e dor, amor aos homens e loucura da criação, solidão insuportável e multidão estafante, recusa e consentimento. Ela caminha entre dois abismos, que são a frivolidade e a propaganda. Nessa corda bamba em que avança o grande artista, cada passo é uma aventura, um risco extremo. Mas nesse risco, e só nele, se encontra a liberdade da arte. Liberdade difícil e que mais se parece com uma disciplina ascética? Que artista poderia negá-lo? Que artista ousaria declarar-se à altura dessa tarefa incessante? Essa liberdade supõe saúde do coração e do corpo, um estilo que se assemelhe à força da alma e a um confronto paciente. Ela é, como toda liberdade, um risco perpétuo, uma aventura extenuante, e eis por que hoje se foge desse risco como se foge da exigente liberdade, para se atirar em todo tipo de servidão e pelo menos conseguir o conforto da alma. Mas, se a arte não for aventura, o que é e onde está sua justificação? Não, o artista livre, como o homem livre, não é o homem do conforto. O artista livre é aquele que, com grande dificuldade, cria ele próprio a sua ordem. Quanto mais tumultuado for o que ele precisa ordenar, mais estrita será sua regra e mais ele terá afirmado sua liberdade. Há uma frase de Gide que sempre aprovei, embora possa se prestar a mal-entendidos. "A arte vive de injunções e morre de liberdade."[1] É verdade. Mas não se deve depreender daí que a arte possa ser dirigida. A arte só vive das injunções que impõe a si mesma: das outras, ela morre. Em compensação, se não se impuser injunções, entrará em delírio, sujeitando-se a sombras. A arte mais livre e a mais revoltada será, assim, a mais clássica; vai coroar o maior esforço. Enquanto uma sociedade e seus artistas não aceitarem esse longo e livre esforço, enquanto se entregarem ao conforto das diversões ou do conformismo,

---

[1] André Gide, "L'évolution du théâtre", *Nouveaux Prétextes* (1911).

aos jogos da arte pela arte ou às prédicas da arte realista, seus artistas permanecerão no niilismo e na esterilidade. Dizer isso é dizer que o renascimento hoje depende da nossa coragem e da nossa vontade de clarividência.

Sim, esse renascimento está nas mãos de todos nós. Depende de nós que o Ocidente suscite os Contra-Alexandres destinados a reatar o nó górdio da civilização, cortado pela força da espada. Para isso, devemos assumir todos os riscos e todos os trabalhos da liberdade. Não se trata de saber se, buscando a justiça, conseguiremos preservar a liberdade. Trata-se de saber que, sem liberdade, nada realizaremos e perderemos a um tempo a justiça futura e a beleza antiga. Só a liberdade tira os homens do isolamento, pois a servidão só plana sobre uma multidão de solidões. E, em razão dessa livre essência que tentei definir, a arte une, quando a tirania separa. Não surpreende, assim, que seja a inimiga designada por todas as formas de opressão. Não surpreende que os artistas e os intelectuais tenham sido as primeiras vítimas das tiranias modernas, de direita ou de esquerda. Os tiranos sabem que há na obra de arte uma força de emancipação que só é misteriosa para aqueles que não a cultuam. Cada grande obra torna mais admirável e mágica a face humana, eis o seu segredo. Nem milhares de campos de concentração e de barras de prisão bastarão para ofuscar esse emocionante testemunho de dignidade. Por isso não é verdade que se possa, mesmo provisoriamente, suspender a cultura para preparar uma nova. Não é possível suspender o incessante testemunho do homem sobre sua miséria e sua grandeza, não se suspende uma respiração. Não há cultura sem herança, e nós não podemos nem devemos recusar o que quer que seja da nossa herança, a cultura do Ocidente. Quaisquer que sejam as obras do futuro, estarão todas carregadas do mesmo segredo, feito de coragem e liberdade, nutrido pela audácia de milhares de artistas de todos os séculos e de todas as nações. Sim, quando a tirania moderna nos mostra que, mesmo isolado em seu ofício, o artista é o inimigo público, ela tem razão. Mas assim está prestando homenagem, por meio dele, a uma figura do homem que nada até agora foi capaz de esmagar.

Minha conclusão será simples. Consistirá em dizer, mesmo em meio ao som e à fúria de nossa história: "Regozijemo-nos." Regozijemo-nos, por termos visto morrer uma Europa mentirosa e confortável e por nos vermos confrontados com verdades cruéis. Regozijemo-nos como homens, pois uma longa mistificação desmoronou e vemos com clareza o que nos ameaça. E regozijemo-nos como artistas, arrancados ao sono e à surdez, mantidos à força diante da miséria, das prisões, do sangue. Se, diante desse espetáculo, soubermos preservar a memória dos dias e dos rostos, se, inversamente, diante da beleza do mundo, soubermos não esquecer os humilhados, então a arte ocidental aos poucos recobrará sua força e sua realeza. São poucos na história, é verdade, os exemplos de artistas confrontados com problemas tão duros. Mas, justamente, quando as palavras e as frases, ainda as mais simples, custam o preço da liberdade e do sangue, o artista aprende a manejá-las com comedimento. O perigo torna clássico, e toda grandeza, no fim das contas, tem sua raiz no risco.

O tempo dos artistas sem responsabilidade passou. Sentiremos saudade dele, por nossas alegrias simples. Mas saberemos reconhecer que essa tribulação nos dá chances de autenticidade, e aceitaremos o desafio. A liberdade da arte não vale muito quando tem como único sentido garantir o conforto do artista. Para que um valor ou uma virtude se enraíze numa sociedade, convém não mentir a seu respeito, ou seja, convém pagar por ela, sempre que possível. Se a liberdade se tornou perigosa, é porque está a ponto de não ser mais prostituída. E não posso concordar, por exemplo, com os que hoje se queixam do declínio da sabedoria. Aparentemente, têm razão. Mas na verdade a sabedoria nunca declinou tanto quanto na época em que ela era o prazer sem riscos de alguns humanistas de biblioteca. Hoje, quando ela finalmente se defronta com perigos reais, há chances, pelo contrário, de que possa novamente manter-se de pé, ser novamente respeitada.

Dizem que Nietzsche, depois do rompimento com Lou Salomé, passando a viver em definitiva solidão, abatido e exaltado ao mesmo tempo pela perspectiva da obra imensa que devia levar a cabo sem qualquer ajuda, passeava à noite nas montanhas que dominam o golfo de Gênova e acendia grandes fogueiras com folhas e galhos e olhava-os consumir-se. Muitas vezes sonhei com essas fogueiras e cheguei a colocar diante delas, em pensamento, certos homens e certas obras, para testá-los. Pois bem, nossa época é uma dessas fogueiras cujo calor insuportável certamente vai incinerar muitas obras! Quanto às que restarem, contudo, seu metal estará intacto, e a propósito delas poderemos nos entregar sem moderação à suprema alegria da inteligência que se chama "admiração".

Decerto se pode desejar, e eu também desejo, uma chama mais suave, uma trégua, a pausa propícia ao devaneio. Mas talvez só haja para o artista a paz que se encontra no calor do combate. "Toda parede é uma porta", disse Emerson, com razão. Não busquemos a porta, e a saída, senão na parede contra a qual vivemos. Pelo contrário, busquemos a trégua onde ela está, em plena batalha. Pois, na minha opinião, e aqui vou concluir, é onde ela está. Já se disse que as grandes ideias vêm ao mundo pé ante pé. Talvez então, se prestarmos atenção, ouviremos, em meio ao alarido dos impérios e das nações, como um débil bater de asas, a suave agitação da vida e da esperança. Uns dirão que essa esperança está num povo, outros, num homem. Mas creio, pelo contrário, que é suscitada, revivida, sustentada por milhões de solitários, cujas ações e obras, diariamente, negam as fronteiras e as mais grosseiras aparências da história, para fazer resplandecer fugidiamente a verdade sempre ameaçada que cada um eleva para todos, acima de seus sofrimentos e alegrias.

O que devo à Espanha

1958

Em 22 de janeiro de 1958, o Círculo das Amizades Mediterrâneas promove uma recepção em homenagem a Albert Camus pelo Prêmio Nobel de Literatura que lhe fora concedido um mês antes em Estocolmo. Entre os oradores que antecedem Camus na tribuna estão o ministro israelense do Comércio e da Indústria, Peretz Bernstein, o ex-presidente da Colômbia e ex-diretor do diário colombiano El Tiempo, *Eduardo Santos, e o vice-presidente do Conselho de Estado, René Cassin. Último a falar, Albert Camus faz o discurso reproduzido aqui, publicado em março seguinte no número 85 da revista* Preuves.

Nas últimas vezes em que estive com vocês, a convite de "amizades mediterrâneas" e das organizações espanholas, eu me sentia claramente mais à vontade. O objetivo era homenagear homens que todos amávamos e respeitávamos, e eu estava incumbido de lhes transmitir uma parte do nosso sentimento comum. Pude então me expressar calorosamente, falando do coração, sem o embaraço que sinto esta noite.

Para falar a verdade, é de certa maneira o mesmo embaraço que sinto desde outubro.[1] De fato, eu nunca busquei honrarias, não por virtude, aliás, mas por causa dos meus defeitos. Nesse sentido, minha indiferença é quase uma convicção. Com frequência já me aconteceu de recusar, assim, e às vezes talvez de recusar demais, a julgar pelas reações que essas recusas provocaram. Mas, apesar disso, vieram até mim certas honrarias que, por decência, eu era obrigado a aceitar em silêncio e com a maior simplicidade possível. Entretanto, nunca me senti à vontade. Na verdade, eu sei por quê, mas minhas razões não têm interesse para vocês esta noite. E eu queria, antes de mais nada, apenas manifestar e fazê-los sentir esse embaraço, primeiro para pedir perdão por minhas eventuais reticências e, por outro lado, para me desculpar por antecipação pela falta de jeito com que certamente lhes agradecerei esta noite.

Embora tenha decidido agora me retirar, fiz questão de aceitar o convite que me fizeram. Vocês sabem por quê. Primeiro, porque entre vocês há homens do meu sangue, aos quais nunca fui capaz de recusar nada; depois, porque eu sabia que esses homens me receberiam de coração aberto; enfim, porque esses homens — e é o que gostaria

---

[1] Albert Camus refere-se ao Prêmio Nobel de Literatura que lhe foi entregue no dia 16 de outubro de 1957. Ver "Discurso de Estocolmo", de 10 de dezembro de 1957, p. 339.

de lhes dizer esta noite — foram os que me apoiaram nos momentos de desânimo de um ofício muitas vezes difícil.

Sim, esse ofício é difícil. Gostaria de lhes falar livremente a respeito, o que me será fácil. Na etapa da minha experiência em que me encontro, não preciso poupar nada, nem partido, nem igreja, nem nenhum dos conformismos dos quais nossa sociedade está morrendo, nada senão a verdade, na medida em que a conheça. Li recentemente que eu sou um solitário. Talvez, tanto quanto milhões de homens que são meus irmãos e cuja marcha acompanho. De qualquer maneira, solitário ou não, tento exercer meu ofício, e, se às vezes ele me parece duro, é por ser exercido principalmente na horrenda sociedade intelectual em que vivemos, na qual a deslealdade é ponto de honra, em que o reflexo tomou o lugar da reflexão, na qual se pensa à base de slogans, tal como o cão de Pavlov salivava ao ouvir a sineta, e onde a maldade tantas vezes tenta se passar por inteligência.

Se o escritor fizer questão de ler e ouvir o que é dito, não saberá mais a que santo recorrer. Certa direita o recriminará por assinar manifestos demais; a esquerda (pelo menos a nova, e eu sou da antiga), por assinar poucos. A direita o critica por ser um humanitário confuso; a esquerda, por ser aristocrata. A direita o acusa de escrever muito mal, e a esquerda, de escrever muito bem. Continue sendo artista ou tenha vergonha de sê-lo, fale ou se cale, de qualquer maneira você será condenado. Que fazer então, senão confiar na própria estrela e prosseguir obstinadamente na marcha cega, hesitante, que é a de todo artista e que de qualquer modo o justifica, desde que ele tenha uma ideia justa da grandeza do seu ofício e de sua imperfeição pessoal.

Isso significa muitas vezes descontentar todo mundo. Apesar disso, embora eu sinta cruelmente a degradação dessa sociedade, não me separo dela e também me incluo na acusação. Mas, pelo menos, me recuso a agravar suas fraquezas. Não sou daqueles cristãos que se apressam a pôr fogo na igreja pela simples satisfação de realizar esse belo trabalho antes dos materialistas. Não sou daqueles amantes da liberdade que querem adorná-la com correntes redobradas, nem daqueles servidores da justiça que consideram que ela só será bem servida se sucessivas gerações forem votadas à injustiça. Vivo como posso, num país infeliz, rico do seu povo e da sua juventude, provisoriamente pobre em suas elites, em busca de uma ordem e de um renascimento nos quais acredito. Mas, se vivo neste país e nesta sociedade, se considero inevitável e, ao mesmo tempo, justo sofrer do mal comum, não é por não ser capaz de imaginar outra vida, não é porque me baste esse fantasma de liberdade que sobrevive entre nós, cercado de senhores da servidão. Sem verdadeira liberdade e sem certa honra, não posso viver. E, depois que o reconheci uma vez, que julguei que esses bens estão acima de tudo, pareceu-me que deveriam ser assegurados a todos e que, enquanto seu reinado não chega, é preciso lutar sem trégua para dar testemunho em seu favor, na medida de nossas forças.

É a ideia que tenho do meu ofício. Não sei se já assinei demais ou de menos, se sou príncipe ou varredor. Mas sei que tentei respeitar o meu ofício, já que não podia julgar a mim mesmo ingenuamente. Sei também que tentei, em especial, respeitar as palavras que escrevia, pois, por meio delas, queria respeitar aqueles que pudessem lê-las e que eu não queria enganar. Foi necessário fazê-lo em lutas às vezes exaustivas, cujas marcas, para falar francamente, ainda trago em mim. Essas lutas são inevitáveis; eu as aceitei e aceitarei. Mas também sei que podem me endurecer, fazer-me passar por uma amargura para a qual não fui feito. Numa palavra, elas podem me tornar mesquinho e me privar dessa enorme força de alegria e de vida sem a qual um artista nada é.

Se afinal escapei desse risco, e é aonde queria chegar, é a alguns de vocês que o devo, embora possam ignorá-lo. Portanto, devo-lhes quase tudo. Esses homens são de todos os partidos e todas as pátrias. São meus amigos da França, que sabem que não posso falar deles em público. São meus amigos de Israel, do exemplar Israel que pretendem destruir com o álibi cômodo do anticolonialismo, mas cujo direito de viver defenderemos, nós que testemunhamos o massacre de milhões de judeus e que consideramos justo e bom que seus filhos fundem a pátria que não fomos capazes de lhes dar. São também meus amigos da América do Sul, em especial da Colômbia livre, enfim livre graças a homens cuja ação incansável deu frutos.[1]

---

[1] Em 10 de maio de 1957, o ditador colombiano Gustavo Rojas Pinilla transferiu o poder a um governo militar de transição. Em 1958, a democracia foi restabelecida no país graças a um acordo entre o partido conservador e o partido liberal sobre o modo de governo. Ver "Homenagem a um jornalista exilado", p. 276.

Mas me permitam simbolizar todos esses amigos, esta noite, na Espanha do exílio. Amigos espanhóis, de fato somos do mesmo sangue e tenho com sua pátria, sua literatura e seu povo, sua tradição, uma dívida que jamais se apagará. Mas tenho com vocês outra dívida que não conhecem nem poderiam conhecer. Na vida de um escritor de combate, são necessárias fontes calorosas para combater o entristecimento e o endurecimento que se encontram na luta. Vocês foram, vocês são uma dessas fontes, e sempre encontrei em meu caminho sua amizade ativa e generosa. A Espanha do exílio muitas vezes me demonstrou gratidão, mas essa gratidão é desproporcional. Os exilados espanhóis lutaram durante anos e depois aceitaram com altivez a dor interminável do exílio. De minha parte, limitei-me a escrever que tinham razão. E só por isso venho recebendo há anos, e volto a receber esta noite, nos olhares que encontro, a fiel, a leal amizade espanhola, que me ajudou a viver. Essa amizade, embora em parte seja imerecida, é meu maior orgulho. Ela é, na verdade, a única recompensa que posso desejar. E gostaria de lhes agradecer, a vocês e também a muitos outros, por terem saciado durante tanto tempo em mim uma fome que os homens não confessam facilmente, e que não precisarei nomear aqui.

Quero apenas dizer a todos vocês que me esforçarei para não desmerecer dessa amizade. Não os deixarei, vou me manter fiel. Será mais fácil aceitar o aumento de influência que acaba de ser associado ao meu nome pela academia livre de um país livre, por saber que posso colocá-lo a serviço de vocês. Como sabem, não costumo anunciar vitórias iminentes nem dias de festa. Vocês e eu sabemos que nossas lutas são intermináveis. Mas elas são a própria trama da nossa vida, elas são a nossa vida, e o essencial é que as vivamos juntos, lealmente, calorosamente, com o mesmo ânimo que hoje sinto, agradecendo-lhes uma última vez e dizendo-lhes a gratidão de seu fiel amigo!

Conferência na associação L'Algérienne
1958

Fundada em 1951 pelo coronel Pierre Furnari, a associação L'Algérienne tinha como objetivo reunir regularmente os argelinos que viviam em Paris, sem distinção de origem ou confissão, quase sempre em debates ou jantares com a presença de uma personalidade política ou literária. Embora não se manifestasse publicamente sobre a Argélia desde o fracasso do seu "Apelo por uma trégua civil",[1] Albert Camus aceita o convite do coronel Furnari e faz a palestra reproduzida a seguir num jantar em sua homenagem, no dia 13 de novembro de 1958. Como nenhum vestígio manuscrito dessa fala foi encontrado nos arquivos do autor, é provável que Albert Camus a tenha improvisado. O primeiro parágrafo e o estilo informal do texto parecem corroborar a hipótese.

---

[1] Ver "Apelo por uma trégua civil na Argélia", p. 291.

Senhoras e senhores,

Peço desculpas por não ter preparado nada, por fazer aqui um exercício de improvisação para o qual não estou certo de ter talento. Eu tinha sido convidado a tomar um trago em companhia de alguns argelinos e naturalmente estou surpreso de encontrá-los aqui tão numerosos, embora ao mesmo tempo fique contente de ver que dessa vez foram os argelinos que colonizaram Paris.

Também fico meio sem jeito para responder ao excesso de elogios que o coronel Furnari me fez; e gostaria de dizer apenas, já que estamos entre argelinos, que o fato de ser argelino é a razão da minha presença aqui e que, pessoalmente, ao longo de uma vida em que, em suma, houve mais sorte do que azar — refiro-me à minha vida —, a sorte maior, aquela que considerei principal, é justamente ter nascido na Argélia. Já tive oportunidade de dizer que nunca escrevi nada que não esteja ligado, de perto ou de longe, a essa terra.[1] Dizendo isso, expressava algo que sinto profundamente, e há muito tempo.

Devo à Argélia não apenas minhas lições de felicidade, mas também — e não são das menores na vida de um homem — minhas lições de sofrimento e infelicidade. Essas lições se tornaram um pouco pesadas de uns tempos para cá, mas, enfim, estão aí. O jeito é aceitá-las, e não estou certo de que, na terrível tragédia em que está mergulhada nossa terra comum, não haja não apenas razão de esperar,

---

[1] Entrevista a *Franc-Tireur*, 18 de outubro de 1957.

mas talvez também, para todos nós, árabes e franceses, razão de avançar, numa ação comum, em direção ao que podemos chamar de verdade. Não me orgulho de muitas coisas, em especial não me orgulho de tudo o que, por exemplo, o coronel Furnari tem a bondade de escrever sobre mim. Mas uma das coisas de que me orgulho como escritor, e como escritor argelino — e não será meu amigo Audisio[1] a me contradizer, já que foi o inspirador desse movimento —, é que nós, escritores argelinos, cumprimos nosso dever e o cumprimos há muito tempo.

O que estou querendo dizer, mais precisamente, é que somos muitos a esperar o que agora chamamos de Argélia de amanhã. Não sei se essa Argélia se concretizará. Tampouco sei em que condições se concretizará. Nem o que vai nos custar em sangue e desgraças, mas o que posso dizer é que essa Argélia de amanhã, nós, escritores argelinos, a fizemos ontem. Quero dizer que fomos uma escola de escritores argelinos e, quando digo escola, não quero dizer um grupo de homens que obedece a doutrinas ou regras, quero dizer simplesmente um grupo de homens que expressam certa força de vida, certa terra, certa maneira de encarar os homens.

Fomos então uma escola em que havia, na minha opinião — estou falando em termos de talentos —, tanto nomes árabes quanto nomes franceses. Audisio já o disse melhor que eu, mas vou repetir com toda força de que sou

---

[1] Gabriel Audisio (1900-1978), escritor e poeta, divulgador da riqueza e da diversidade da identidade mediterrânea.

capaz. No fim das contas, uma terra que produziu homens que se chamavam Roy,[1] Roblès[2] e Audisio, por um lado, e, por outro, Mammeri,[3] Feraoun[4] e alguns outros, que permitiu que esses escritores se expressassem ao mesmo tempo, na mesma língua e em plena liberdade, essa terra... pois afinal, sejamos justos, não foram as instituições que permitiram isso, mas simplesmente o trabalho que realizamos, todos juntos, em especial a maneira como tratamos uns aos outros. Pois bem, essa escola, a meu ver, deu um bom exemplo, um belo modelo do que poderia ser a Argélia de amanhã. Pessoalmente, é disso que mais me orgulho.

As honrarias que às vezes chovem em nossas cabeças são um pouco como as tempestades, ou seja, elas aconte-

---

[1] Nascido na Argélia, Jules Roy (1907-2000) veio a conhecer Camus em Paris em 1945. Em 1947, Camus publicou uma crítica elogiosa ao seu romance *La Vallée heureuse* [O vale feliz] (1946) na revista *L'Arche*.

[2] Originário de Orã, Emmanuel Roblès (1914-1995) conheceu Camus em Argel em 1937. Integrante do Teatro da Equipe, ele fundou com Camus a revista *Rivages* (1938) e publicou alguns artigos em *Alger Républicain*. Romancista e dramaturgo, diretor da coleção Méditerranée na editora Seuil, Roblès estaria ao lado de Camus em 1956 no lançamento do seu "Apelo por uma trégua civil na Argélia" (ver, p. 291).

[3] Mouloud Mammeri (1917-1989), escritor, poeta, linguista, antropólogo cabila, pioneiro da literatura argelina de língua francesa. Destacou-se em sua produção *La Colline oubliée* [A colina esquecida] (1952).

[4] Mouloud Feraoun (1913-1962), escritor cabila de língua francesa, autor de *Le Fils du pauvre* [O filho do pobre] (1950) e *La Terre et le sang* [Terra e sangue] (1953). Veio a conhecer Camus por intermédio de Emmanuel Roblès, estabelecendo com ele uma amizade que não seria comprometida pelas divergências entre os dois a respeito do conflito argelino. Professor e mais tarde inspetor dos centros sociais, seria assassinado em 15 de março de 1962 em El-Biar, perto de Argel, pela Organização do Exército Secreto (OAS, na sigla francesa).

cem e tentamos recebê-las com simplicidade, o que é uma maneira de se proteger delas. Essas honrarias não têm muita importância na minha opinião. E, falando a argelinos, não vou deixar ninguém surpreso ao dizer isso. Nós pomos muito mais alto virtudes que são muito mais simples, que são virtudes de coragem, fidelidade, tenacidade e obstinação. Essas virtudes têm sido praticadas neste grupo de escritores norte-africanos, e, quando chegar minha vez — o mais tarde possível — de fazer um balanço do meu esforço e da minha vida, pensarei que essa colaboração, essa criação de uma literatura norte-africana que realizamos a muitas mãos, com total fraternidade, estará entre as coisas positivas da minha vida e do meu esforço.

É mais ou menos isso que tenho consciência de representar entre vocês, muito mais, devo dizer, do que a literatura internacional. E lhes peço simplesmente, embora a Argélia nem sempre tenha concordado com minhas teses, e creio mesmo lembrar que certas frases que o coronel Furnari leu há pouco, de que ainda hoje eu abdicaria, não foram recebidas com a boa vontade que caberia, em vista do que diziam... Mas, seja como for, seja qual for a recepção, ou o que podem pensar da minha atitude, dos meus erros, pois os cometi e ainda cometerei, gostaria simplesmente que me recebessem na L'Algérienne, de modo direto e leal, como um representante dessa Argélia que tentamos prefigurar na nossa literatura.

Este livro foi composto na tipografia Minion Pro,
em corpo 11,5/16, e impresso em
papel off-white no Sistema Cameron da
Divisão Gráfica da Distribuidora Record.